우크라이나전쟁과 신세계질서

우크라이나 전쟁과 전쟁과 신세계 질서

이해영 지음

사계절

우크라이나전쟁[1]은 여러모로 참 난처한 사건이다. 특히 여기에 직간접적으로 연루되어 있는 사람에겐 더욱 그렇다. 한마디로 '동족'이라는 범주에 묶인 이 특수한 전쟁은 '생활세계'의 사실상 해체와 끝없는 긴장이라고 부를 만하다.

여러분 중 일부가 알다시피, 나는 2주 전에 키예프에서 캐나다로 온 32세 여성을 집에 묵게 했다. A는 강력하게 우크라이나를 지지할 뿐 아니라 SNS에서는 젤렌스키와 그의 대변자들을 응원하고 있다. A에게 들은 소식을 여러분과 함께 이야기하고 싶다.

A의 남동생(31세)은 이번 전쟁을 반대한다. (그는 짧은 기간 동안 군에 복무했다.) 남동생은 러시아인을 죽이고 싶지 않아 하며, 그래서 지금 은신 중이다. A의 아버지(60세)는 우크라이나어 사용을 거부하는데, 그에게는 러시아어가 모국어이기 때문이라고 한다. 8년 전에 도네츠크에서 키예프로 온 A의 친한 친구는 우크라이나를 강력하게 지지하지만, 그의 아버지는 도네츠크인민공화국에 살고 있

다. 친구의 아버지는 러시아의 열성적 지지자로, 아예 돈바스가 러시아에 병합되기를 바란다. 그는 딸과 함께 키예프로 가기를 거부하며 지난 8년간 우크라이나가 돈바스를 향해 얼마나 많은 포탄을 쏴댔는지 이야기했다.

A의 부모는 이혼했다. 어머니는 생활비를 아끼려고 외할머니를 모시고 우크라이나 북동부의 수미주로 이사했다. 그곳의 마트에서 풀타임 계산원으로 일하며 한 달에 약 8500흐리브냐[2]를 번다. 그런데 겨울철 난방비로만 매월 5000흐리브냐를 낸다. 나는 이 이야기를 듣고 "2013년 말에 야누코비치가 EU 대신 러시아와 경제를 협상한 걸 기억해?"라고 말했다. "그리고 야누코비치는 우크라이나는 러시아의 대규모 에너지 지원이 없으면 돌아가지 않을 것이라고 설명했어. 이제 알겠어?" A는 대답 없이 잠자코 있었다.

A의 사촌(23세)은 학창 시절부터 사귄 연인과 작년에 결혼했다. 얼마 후 남편은 우크라이나를 지키기 위해 군대에 자원했고 올해 3월에 전사했다. 또 다른 사촌(23세)은 지금 러시아 편에 서서 싸우고 있다. 두 사람은 어렸을 때부터 둘도 없는 친구 사이였다고 한다.

A는 지금 우크라이나에서는 가족들끼리도 이번 전쟁에서 지지하는 편이 서로 다른 게 보통이라고 설명했다. 2월까지만 해도 자신이 사는 동네가 러시아 땅인지 우크라이나 땅인지 아무도 신경 쓰지 않았다. 평화롭게 잘 살 수 있으면 그만이었다. 하지만 이제는 다르다. 적어도 키예프에서는 말이다. (중략)

내게도 오데사와 헤르손에 자주 연락하지는 않는 친척이 있다. 이제 60대가 된 그들은 내 어머니의 사촌이다.[3]

2001년 벨기에의 역사학자 안 모렐리는『전시 프로파간다의 기본 원칙』[4]이라는 책에서 제목이 가리키는 원칙을 열 가지로 정리했다.

1. 전쟁을 원한 건 우리가 아니다.
2. 전쟁의 책임은 오로지 적에게 있다.
3. 적장은 악마나 흉악범의 얼굴이다.
4. 우리는 오직 대의를 위해 싸울 뿐, 작은 이익도 탐하지 않는다.
5. 우리는 의도치 않게 잔혹 행위를 저지를 수 있지만, 적은 고의로 만행을 저지른다.
6. 적은 금지된 무기를 사용한다.
7. 우리의 피해는 미미하지만, 적의 피해는 다대하다.
8. 예술가와 지성인은 우리의 명분을 지지한다.
9. 우리의 대의는 신성하다.
10. 우리의 선전을 의심하는 자는 반역자다.

다시 읽어도 참으로 적절하다. 바로 여기에서 "전쟁의 첫 번째 희생자는 언제나 진실"이란 말이 생겼다고 할 수 있다. 특히 이번 우크라이나전쟁은 유난하다. 이런 유형의 현대전을 '하이브리드 전쟁'이라고 한다. 전장의 사상자들이 입은 피해에는 비교할 수 없지만, 그 누구도 가짜 정보와 오류, 그리고 그것을 보도하는 언론에 의해 우리가 입은 피해가 작다고는 말하지 못하리라 본다.

브레히트의 말이 떠오른다.

"적이 저기 있다고 외치는 자, 그자가 바로 적이다!"

어디에선가 '가짜 정보' 유포자를 '정보 테러리스트'로 분류해서 여차하면 죽이겠다고 위협한다. 내가 보기엔 모렐리가 정리한 열 가지 전시 프로파간다를 따르지 않는 자, 거기에 속지 않는 자가 '테러리스트'로 분류되지 않을까 싶다. 그러니 정보 테러리스트를 검열하는 자들이 진짜 적일지도 모른다.

어떤 의미에서 한국 언론도 이번 전쟁에 참 유난하다. 어떨 때는 혀를 내두를 정도다. 한국은 '서구 문명국가' 중 이 전쟁에 단 한 명의 종군기자도 나가지 않은—잠깐 다녀온 기자는 있다고 들었다—유일한 나라가 아닌가 싶다. 누군가에게 그 이유를 들었지만 나는 이해하기 힘들었다. 한국의 언론은 제휴하는 외국 통신사발 기사가 올라오면 그냥 번역할 뿐이다. 가끔은 창작까지 가미해서 말이다. 이제 조금 있으면 세계화를 외친 지 한 세대가 지나간다.

나는 이 책으로 그 무슨 '진실'을 알리겠다는 거창한 각오는 없다. 내가 궁금하고, 알고 싶은 것을 찾아 나섰을 뿐이다. 호기심으로 출발해 다소 체계를 가미했고, 입증할 자료나 근거를 찾아서 제시했다. 혹시나 만에 하나 그 무슨 '진실'에 닿는다면 나로선 다행이고 독자에겐 행운이겠다. 몇 가지 미리 짚을 것이 있다. 어차피 논란은 불가피하니 말이다.

첫째, 거의 매일 새로운 정보가 올라오는 해외 블로그를 비롯하여 서방의 주요 언론, 영문 서비스를 제공하는 러시아의 거의 모든 언론(유럽 같은 언론 '후진국'과 달리 우리나라에서는 다 볼 수 있다), 특히 책의 후반부에 주로 인용한 해외 30여 명의 트위터리안이 제공하는 실시간 정보와 유튜브 등의 군사 관련 주요 채널, 일부 텔레그램 채널이 나의 주요 정보원이다. 어떤 때는 밀려오는 정보의 파도에 휩쓸린 느낌이다. 하지만 정보 역시 사람이 만든 것이다. 특히 전쟁처럼 극도로 예민한 사안에서 만인의 해석이 일치하는 일은, 한마디로 없다. 결국 선택의 고통을 피할 도리가 없었다는 말이다. 하지만 여러 자료를 배열하고 비교하다 보면 그래도 근사치가 나오기 마련이다. 최대한 이를 선택하고자 했다.

둘째, 전쟁은 아직 끝나지 않았다. 아니, 언제 끝날지 아무도 모른다. 바이든도, 푸틴도 마찬가지다. 모든 것이 끝나고 '전쟁의 안개'가 걷힌 뒤 분석하고 평가하는 것이 당연히 좋다. 그럼에도 무한 확장할 수 없을 바에는 어느 시점을 골라서 '마감'해야 한다. 그런 면에서 우크라이나전쟁이 어떤 변곡점을 지나고 있는 지금이 내용을 정리할 적기라고 판단했다. 하지만 나의 내러티브뿐 아니라 미래를 예측하는 영역에서는 필시 오류 가능성이 생긴다. 오류를 피할 수 없다면 최소화하기 위해 노력하는 방법 외에 다른 길은 없다.

셋째, 전쟁은 결국 정치이다. 물론 '다른 수단'에 의한! 전쟁이 정치적인 것이라는 말은 적과 동지의 구별을 전제한다. 내가 이해하는 전쟁철학이 그러므로, 애당초 중립 같은 것은 고려하지 않았다. 가치 중립이 불가능하다면 결국 문제는 '기준'이 될 수밖에 없다. 그런데 기준이란 것은 언제나 논쟁적이다. 논쟁과 토론을 통해 해석의 간격을 좁혀가는 전략을 내가 선택했다는 말이다. 불가능한 가치 중립보다 차라리 이 방법이 더 쉽다. 그래서 나는 이 책에서 중립을 표방하기보다 객관성을 추구하기로 했다.

넷째, 우크라이나어와 러시아어 발음을 비롯한 외래어 표기에 대한 문제이다. 예컨대 우크라이나의 수도 '키예프'를 '키이우'라고 쓰는 것 말이다. 나는 그냥 키예프라고 쓰기로 했다. 그리고 대부분의 지명과 인명은 가장 많이 쓰는 알파벳 철자와 영어 표기법을 따랐다. 나는 러시아의 침공 직후 우크라이나대사관이 '자국의 수도를 우크라이나어 발음에 따른 키이우로 표기해달라'고 요청했고, 국립국어원에서는 키예프와 키이우를 둘 다 인정하는 방침을 세웠다고 알고 있다. 그러나 우리나라 언론에선 어느 때부터인지 키이우만 쓰고 있다. 미국과 영국의 주류 언론도 키이우라고 하는 경우가 꽤 있다. 그런데 독일이나 프랑스에서는 키예프라고 쓴다. 모르긴 해도 전 세계적으로 보면 키예프가 훨씬 많을 것이다. 게다가 나는 한 나라의 국어 정책, 그중에서도 외래어 표기법이 관계국의 요청에 따라 바뀌는 건 바람직하지 않다고 생각한다. 특히나 변경의 이유가 정치적이라면 더욱 그렇다. 혹 미구에 우크라이나에 친러시아 정권 혹은 중립 정권이 들어서서 가뜩이나 국제적으로 논란이 되었던 우크라이나 언어법을 개정한다면 그때는 어찌할 텐가.

지구상에는 두 개의 시간 개념이 있다. 하나는 크로노스chronos(양적 시간)이고 다른 하나는 카이로스kairos(질적 시간)이다. 내가 보기에 지금 우리는 카이로스의 시간을 살고 있다. '일각一刻이 여삼추如三秋'라고 하지 않나. 1크로노스가 3카이로스라는 말이다. 진정 세계가 급변하고 있다. 그리 보면 우리는 다소 한가하다. 더 지나가면 방향을 잃는다. 이 전쟁이 글로벌 카이로스를 훨씬 빠르게 만들어놓았다.

2022년 12월 저자 識

4장 　211

우크라이나전쟁과 신세계질서

5장 　263

한국의 '지정치경제적' 대위기?

6장 　287

클라우제비츠와 함께 칸트로?

우크라이나전쟁, 2022~

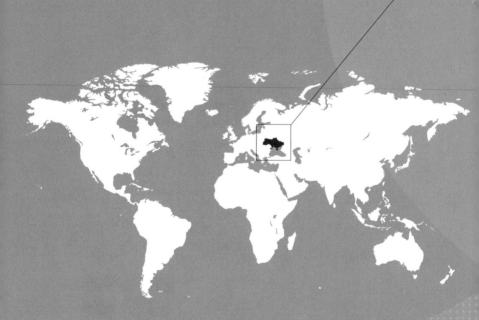

폴란.

슬로바키아

헝가리

◆ 러시아군

→ 러시아군의 경로

■ 친러시아 분리주의자들이 독립을 선언한 공화국

▨ 2014년 3월 러시아가 합병한 영토

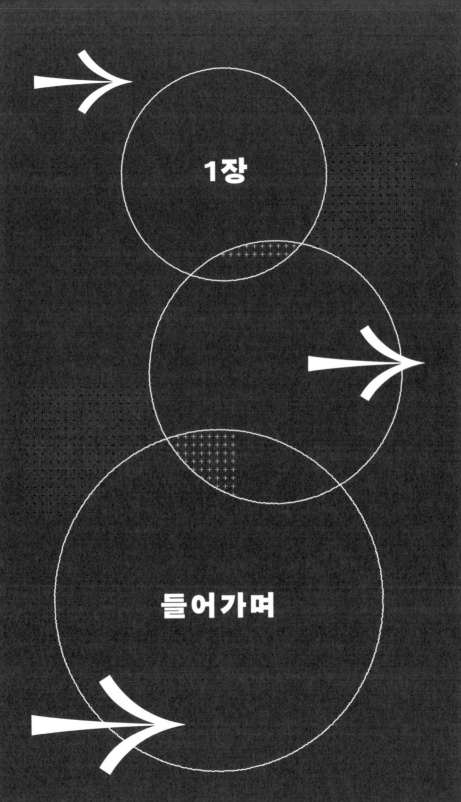

1장

들어가며

정답 없는 전쟁을 바라보며

우크라이나전쟁의 원인, 경과, 그리고 해법 등 이 사건과 관련된 모든 쟁점에서 이제 정답은 찾을 수 없다. 기대할 일도 아니다. 그 이유는 지금 상황이 합리적 담론의 영역을 오래전에 떠났기 때문이다. 정치적 입장과 노선, 그리고 이해관계에 따라 사건에 대한 이해가 극명하게 대립하는, 그 자체만으로 내러티브 전쟁터이다. 이 가운데 하나의 전형이자 정형으로 가장 자주 인용되고 언급되는 인물이 어느덧 아흔을 훌쩍 넘긴 글로벌 대원로 노엄 촘스키이다.

데이비드 버사미언(이하 '버사미언'): 전쟁의 배경과 관련해 (냉전 종식 당시) 아버지 부시 대통령이 소련 미하일 고르바초프에게 나토는 "단 1인치도 동쪽으로 확장하지 않을 것"이라고 약속했습니다. 이는 최근 기밀 해제된 외교 문서로 입증된 사실이죠. 그런데 고르바초프는 왜 이 약속을 문서 형태로 받지 않았을까요?

노엄 촘스키(이하 '촘스키'): 고르바초프는 구두 약속을 신사들 간의 신의로 받아들였습니다. 외교에서는 흔히 있는 일이죠. 악수한 번으로 서로의 약속을 믿는 것 말이에요. 게다가 종이에 서명한들 무엇이 달라진단 말인가요? 역사에 문서 형태의 조약이 파기된 사례는 무수히 많습니다. 중요한 것은 신뢰죠. 그리고 부시는 재임 중에 자신의 약속을 충실히 지켰습니다. (중략) 클린턴도 첫 2년(1993~94년) 동안은 전임자를 따랐습니다. 그런데 전문가들은 클린턴이 1994년부터 (나토의 동진과 관련해) 이중적 행태를 보이기 시작했다고 합니다. 러시아에는 "냉전 종식 당시의 약속을 지킬 것"이라고 말한 반면 미국 내 폴란드 등 동유럽 출신의 유권자들에게는 동유럽 국가를 나토에 가입시킬 것이라고 약속했습니다. 그리고 1996~97년 무렵이 되자 클린턴은 옐친 러시아 대통령(미국은 1996년 러시아 대선에서 옐친의 재선을 위해 협력을 아끼지 않았다)에게 분명히 말하기 시작했어요. "나토 확대에 간섭하지 말라. 오는 11월 대선에서 승리하기 위해서는 동유럽 출신의 유권자들에게 나토의 동진을 이야기해야 한다."

2014년부터 미국과 나토는 우크라이나에 대대적인 군사 지원을 시작했습니다. (중략) 최근에 나토 사무총장인 옌스 스톨텐베르그가 내놓고 자랑했을 정도입니다. 그는 "나토가 2014년부터 우크라이나 군대를 키웠노라"라고 말했죠. 매우 의도적이고 지극히 도발적인 발언입니다. 나토 지도자들은 러시아가 자신들의 행동을 결코 묵과할 수 없다는 걸 잘 알고 있었습니다. 2008년에는 프랑스와 독일이 우크라이나와 조지아의 나토 가입을 저지했으나, 이 문제는 아직도 확정되지 않았습니다. 나토, 즉 미국은 사실상 나토의 우크라이나 통합을 가속화했습니다. (중략) 국무부의 한 대변인은 러시아가 우크라이나를 공격하기에 앞서 미국에 안보 우려를 전하며 대화를 요청했지만 미국이 모두 거부했다고 인정했습니다. 여기까지가 이번 우크라이나전쟁의 배경입니다.

이 사태의 종식을 위해서는 오직 한 가지 방법밖에 남지 않았습니다. 그것은 외교협상입니다. 협상을 통해서만 푸틴에게 위기 탈출의 명분을 줄 수 있습니다. 다른 방법은 그저 전쟁을 질질 끌면서 모두가 고통을 겪는 장면을 지켜보는 것에 불과합니다. (중략) 그리고 미국과 유럽 대부분의 나라는 거의 만장일치로 '협상 없음' 전략을 선택했습니다. 너무나 분명하게 '계속해서 러시아를 공격하는 것이 우리의 선택이다'라고 말이죠. 다시 말해 이들은 러시아를 약화시키기 위해, 러시아에게 충분한 고통을 주기 위해 우크라이나와 아시아, 아프리카 사람들의 목숨과 문명의 미래를 희생시키는 도박을 하고 있습니다. (중략) 미국의 고위 관리와 장성들은 매우 고상한 도덕원칙을 지키기 위해 이번 전쟁을 벌였다고 떠들고 있는데, 이야말로 도덕적 우둔함의 극치입니다.[1]

이어서 촘스키는 서방의 선택적 분노에 대해 대답한다.

버사미언: 서방 언론과 미국과 유럽의 정치인은 러시아의 잔인함, 전쟁범죄, 집단 학살에 분노합니다. 당연히 모든 전쟁에서 이런 잔인한 일이 벌어집니다. 하지만 이번 사태에 대한 서방의 분노는 어쩐지 선택적이라는 생각이 드는데요.

촘스키: 『뉴욕타임스』가 자랑하는 '위대한 사상가' 토머스 프리드먼의 칼럼을 읽었나요? 2주 전에 그는 절망하며 탄식을 내뱉었습니다. 이렇게 말했지요. "이제 우리가 뭘 할 수 있지? 어떻게 전쟁범죄자와 같은 하늘 아래에서 살 수 있을까? 러시아의 푸틴…. 히틀러 이후 이런 전쟁범죄자는 없었다. 도대체 뭘 해야 할지 모르겠다. 문명화된 세계에 푸틴 같은 전범이 나타날 것이라고 상상이나 했을까?"

남반구 사람들이 그의 탄식을 듣는다면 아마도 실소를 터뜨리거나 어리둥절해 할 것입니다. 전범은 미국 도처에 널려 있기 때문입니다. 사실 미국인은 전범을 어떻게 처리해야 하는지 잘 알고 있습니다. 작년 9월로 해서 미국이 아프가니스탄을 침공한 지 20년이 지났습니다. 그 전쟁은 정당한 이유가 없는unprovoked 침략 행위였지요. 세계의 여론도 강력히 반대했습니다. 그런데 이 전쟁을 주도한 조지 W. 부시는 그로부터 1년 반 뒤 유엔의 승인 없이, 세계의 반대를 또 무릅쓰고 이라크도 침공했습니다. 그러니까 그는 심각한 전쟁범죄자입니다. 그런 전쟁범죄자를 '아프간 침공 20주년'을 맞아 『워싱턴포스트』가 인터뷰했습니다. 정치나 국제 섹션이 아니라 스타일 섹션에 실린 인터뷰에서 부시는 손자들과 놀아주는 사랑스럽고 너그러운 할아버지, 농담을 던지고 자신이 만난 유명 인사들의 (자신이 그린) 초상화를 자랑하는 멋진 인물처럼 보였습니다. 아름답고 다정한 분위기 속에서 말이죠.[2]

다른 인터뷰에서 촘스키는 외교적 해법을 좀 더 상설한다. "첫째는 우크라이나를 국제사회에서 멕시코 혹은 오스트리아와 비슷한 지위를 갖도록 중립화하는 것이다. 둘째, 더 이상 크림 문제를 제기하지 않는다. 그리고 셋째는 가능한 한 연방제 협정을 통해 돈바스에 높은 수준의 자치권을 부여하기로 합의하는 것인데, 국제적 레퍼렌덤referendum(국민투표)으로 해결하는 것이 바람직하다."³ 여기서 레퍼렌덤은 국제기구 등이 감시·감독하는 모델로 보인다. 하지만 우크라이나 문제는 방법이 없어서 해결되지 않는 것은 아니다. 그것이 미국이 원하는 정답이 아니기에, 즉 미국이 원하는 정답은 우크라이나의 평화가 아니라 우크라이나인이 죽도록 싸워 러시아를 약화시키는 것이기 때문이다.

그런데 촘스키에 대한 반론은 희한하게도 지금껏 진보라고 간주되던 쪽에서 나왔다. 그 주인공은 '마르크스주의자' 에티엔 발리바르.

질문으로 돌아갑시다. 얼마 전 촘스키는 우크라이나인들을 도와야 한다고 말하면서도, 푸틴에 대해서는 빠져나갈 길을 열어주자고 했습니다. 또 경제 제재가 러시아인의 과도한 반발을 초래해서도 안 된다고 말했지요. 그에 대한 경의에도 불구하고 저는 촘스키가 틀렸다고 생각합니다. 푸틴을 물러서게 하려면 강력한 타격이 필요합니다. 경제 제재는 양날의 검인 것도 사실이고 가스나 석유, 밀의 공급이 끊기면 유럽인들이 고통을 받을 수도 있습니다. 인플레이션이 심각해지겠지요. 세계 금융에는 '체계적 위험risque systémique'이 될지도 모릅니다. 다시 말하지만 가장 절대적으로 필요한 것은 우크라이나인에 대한 지원입니다. 그러므로 저는 푸틴에게 빠져나갈 길을 열어주고 싶지 않습니다. 무엇보다도 푸틴 본인이 그걸 원하지 않아요. 푸틴은 전부 아니면 전무라는 입장인데, 바로 그 점이 우려스럽습니다.

발리바르의 최종 목표는 우크라이나에서 푸틴을 몰아내는 것이 아니다. 정치적으로 더 흥미로운 궁극의 목표는 러시아 민중이 푸틴을 제거하는 것이다. 강한 유럽, 충분한 자위권을 가진 유럽에서 나토는 특정한 경우에 의지할 수 있는 최후의 수단으로 정의된다. 그리고 나토의 위협은 전쟁을 일으킬 핑계에 불과하다. "나토의 위협은 분명히 푸틴의 핑계라고 생각합니다. 푸틴을 전쟁으로 몰아넣은 것은 나토의 공세가 아니에요. 1991년 이후 러시아 주위를 침식하는 정책이 체계적으로 추진되었습니다. 지도만 봐도 그 사실을 알 수 있어요."[4]

또 다른 인터뷰에서 발리바르는 이 전쟁을 '정전Just War'으로 규정한다. "러시아 침공에 대항하는 우크라이나의 저항은 이 용어가 가진 강력한 의미 그대로 '정당한 전쟁'이다. (중략) 다음과 같은 명료한 설명을 덧붙이는 방식으로 이 범주를 다시 차용한다. '정당한 전쟁'은 침략에 맞서서 자신을 방어하는 자들의 정당성을 인정하는 것(국제법의 척도)만으로는 부족하다. 이것은 우리가 그들의 편으로 참여해야만 하는 전쟁이다."[5] 그에게 이 전쟁은 정당성을 승인하는 데 그치지 않고 더 나아가 함께 참전해야 하는 일이 되었다.

얼마 전에는 슬라보예 지젝이 영국 『가디언』에 글을 보내 요란스럽게 논쟁에 끼어들었다. 촘스키와 키신저의 외교 협상 요구를 프랑스의 급진좌파 장 뤽 멜랑숑과 극우의 선봉장 마린 르펜의 만남에 비유하면서 말이다.

| 우크라이나전쟁으로 인한 방향 상실은 도무지 속마음을 알 수 없는

동료를 만들어내고 있다. 바로 헨리 키신저와 노엄 촘스키 이야기이다. 키신저는 공화당 대통령 밑에서 국무장관을 했고 촘스키는 미국을 대표하는 좌파 지식인인바, 지금까지 정치적 스펙트럼의 양극단에 서서 자주 충돌하곤 했다. 그런데 러시아의 우크라이나 침공과 관련해서는 두 사람이 똑같은 주장을 하고 있다. 하루빨리 평화회담을 열기 위해 우크라이나더러 땅덩어리를 포기하라고 입을 맞춘다. 간단히 말해서 두 사람은 이 전쟁이 우크라이나에 관한 것이 아니라 전 세계의 지정학적 상황을 바꿔놓으려는 유혈 시도라는 핵심을 무시할 때나 겨우 통할 법한 '평화주의'를 지지하고 있다. 이 전쟁의 진짜 목표는 미국의 보수주의자와 러시아뿐 아니라 유럽의 극우와 극좌—이 지점에서 프랑스에서는 멜랑숑과 르펜이 만났다—도 옹호하는 '유럽 단결의 해체'이다.

지젝은 확고하게 우크라이나 편에 서라고 촉구한다. 만약 좌파라면 말이다. "오늘날 확고하게 우크라이나 편에 서지 않는 자는 좌파가 될 수 없다. '러시아를 이해하는 좌파'는 독일이 소련을 침공하기 전에 영국을 겨냥하여 펼친 반제국주의 레토릭을 진지하게 받아들이고 프랑스·영국과 독일의 전쟁에서 중립을 옹호한 자들과 똑같다. 만일 여기서 좌파가 실패한다면 게임은 끝난다." 여기에 또 하나의 요소를 더했는데, 바로 '강한 나토'이다. "우크라이나에게 빚을 가장 덜 지는 길은 완전한 지원이며, 이를 위해 우리는 더 강한 나토가 필요하다."[b]

미국의 『외교정책포커스Foreign Policy in Focus(FPIF)』는 국제관계 분야의 대표적인 진보 매체이다. 최근 여기에 실린 「우크라이나와 평화운동」은 '외교 우선론'을 주장하는 평화운동을 비판한다. 특히 이들 논변의 기초라 할 만한 관점이 눈에 띈다. "전 방면에 걸친 외부 간섭과 해묵은 부패로 몸살을 앓았지만, 우크라이나는 근본적으로 선거를 통해 지도자를 교체하는 민주국가이다. 전시라는 조건에서 위협을 받고 있지만 이 나라는 시민의 자유를 보장한다. 세계의 다른 나라들처럼 우크라이나에도 특히 악명 높은 아조프 연대를 포함한 극우와 네오나치 조직이 있다." 이어서 대우크라이나 무기 지원이 전쟁의 장기화를 초래한다는 좌파의 주장을 이렇게 반박한다. "좌파 다수가 워싱턴이 반러시아 '대리전쟁proxy war'을 하고 있고 최후의 우크라이나인이 남을 때까지 싸우라고 그들을 몰고 있다고 생각한다. 물론 미국은 러시아가 소진되는 것을 보고 싶어 하지만 우크라이나가 미국의 압력 때문에 견인불발하고 있다는 것은 거의 틀린 말이다. 우크라이나인은 스스로의 의지로 싸운다. 미국이 그들을 싸우게 할 수는 없다. 비록 미국이 무기 제공을 거부하는 방식으로 우크라이나의 항복을 강요할 수는 있더라도 말이다." 마지막으로 이 글은 좌파 혹은 평화운동을 향해 종전이 긴급하지만 이 목표를 달성하려면 '당장 외교'가 아니라 '당장 러시아군의 철수'가 먼저라고 말한다. 협상이 아니라 무력으로 러시아군을 몰아내야 한다는 촉구이다. "정의가 요구하는 것은 러시아군의 즉각, 무조건 철수다."[7]

우크라이나전쟁에 관련해 서방 일각의 좌파가 드러낸 비타협적이고 다소 근본주의적 경향을 나는 '진보네오콘' 혹은 '리버럴네오콘'이라는 범주로 묶어서 보고자 한다. 혹 과거에 유행하던 용어 창고를 다시 열어서 '제국주의의 진보적 벗'이라고 불러도 뜻은 통한다. 또 일부는 트로츠키주의적 루소포비아Russophobia(Russia 와 phobia의 합성어로, '러시아 혐오'를 뜻한다) 편향을 드러내기 도 했다. 이들의 논변과 입장, 그리고 분석에서 공통적으로 몇 가 지 특징을 발견할 수 있다.

첫째, 이들은 한결같이 거친 도덕적 성토와 더불어 러시아의 침 공이 국제법 위반이라고 강조한다. 여기에는 의문의 여지가 없다. 러시아는 침략 반대 및 주권과 영토의 불가침을 규정한 국제법 최 고 강행규범jus cogens을 위반했다. 하지만 동일한 규범은 우크라이 나 내 소수(?)민족인 돈바스 민중의 '자결권' 역시 확고하게 승인 하고 보장한다. 심지어 이들의 민족해방 투쟁을 지원하는 것은 국 제사회의 의무이다. 이런 관점에서 볼 때 푸틴은 우크라이나를 침 략했고, 포로셴코(우크라이나 전 대통령)와 젤렌스키(우크라이 나 현 대통령)는 우크라이나 내 돈바스를 침략했다. '침략'이라는 말이 부담스럽다면 '탄압'으로 바꾸면 된다. 2021년 2월 젤렌스키 는 돈바스에 대규모 병력을 동원했고, 2022년 2월 16일 우크라이 나 '통일의 날'을 맞아 돈바스에 대대적인 포격을 가했다.

아무튼 침략 금지도, 민족(인민) 자결도 국제법의 강행규범이 다. 둘 다 '서구 문명사회'가 정한 법규이다. 그러면 마르크스가 말 한 것처럼 동일한 권리를 가진 자들의 갈등은 폭력을 통해 해결해 야 하는가. 돈바스 자결 문제는 대다수 진보네오콘의 시야에서 제 거되었다. 요즘 유행어로 말하자면 '취소cancel'되었다.

둘째, 이들은 5라운드에 걸친 나토의 동진이 유럽의 안정을 해치 고 전쟁을 초래할 위험이 있었다는 점에 대해 입을 다문다. 이 위험 은 20년 전부터 경고등이 들어온 상태였다. 냉전의 설계자 조지 케넌부터 미어샤이머를 지니, 당시지 푸틴의 2007년 뮌헨 언설끼지 수많은 사람이 위험을 강조했다. 만약 나토 동진의 '제국주의적' 성격에는 침묵한 채로 푸틴의 제국주의 침략전쟁을 말한다면 균형이 맞지 않는다. 그런데도 나토 동진이라는 문제 역시 제거되었다.

셋째, 이들은 2014년 '쿠데타' 혹은 '보수혁명'과 그 이후 우크라이나 네오나치의 존재를 무시하거나 과소평가한다. 이때 등장하는 플레이북은 정해져 있다. ① 젤렌스키는 유대인이다. ② 선거에서 극우 정당의 득표율은 2퍼센트 이하이다. 앞에서 인용한 FPIF 기사는 젤렌스키 정권을 '근본적으로 민주정부'라고 설명했다. 젤렌스키의 신자유주의 정책과 그가 벌인 야당 탄압과 말살, 노동 탄압, 비밀경찰을 통한 민주 인사 암살 및 억압은 다른 조건과 마찬가지로 '취소'된 채 망각의 강을 건넜다.

넷째, 이들은 미국이 주도하는 '리버럴', '글로벌 단극 체제'가 결국은 벌거벗은 폭력, 반미 정권에 대한 쿠데타의 반복, 전복, 사보타주, 그리고 테러 등에 기반한 글로벌 전시 체제의 다른 이름이라는 사실에 침묵한다. 단극 체제에 대한 대안 세계 구상과 계획은 어디에도 없다. 중국과 러시아가 요구하는 다극 체제는 '권위주의 체제'의 연장으로 치부한다. 또한 미국이 주도한 단극 체제가 글로벌 불평등의 원천이었다는 점에 대해서도 모른 척한다.

다섯째, 이들은 사실상 최후의 우크라이나인이 남을 때까지 전우의 시체를 넘고 넘어 러시아군을 한 명이라도 더 죽이는 전쟁에 미국과 나토가 무기를 제공하는 옵션을 선호한다. 특히 FPIF의 글은 노골적이다. '외교 노, 러시아 아웃!' 아닌가. 서방이 러시아의 침략을 이유로 들며 우크라이나인의 멸절을 가져올 영구 전쟁을 합리화하는 것은 현실적으로나 도덕적으로나 정당하지 않고 PC(정치적으로 올바른politically correct)하지도 않다.

여섯째, 이들은 많은 경우에 서구 중심주의자이거나 오리엔탈리스트 성향이다. 혹여 글로벌사우스Global South를 말하더라도 그것은 다분히 외삽적이고 주변적인 요인에 불과하다. 이들에게 비서구는 그냥 비민주주의이며 권위주의일 뿐이다. 결과적으로 이들은 제국의 기득권에 공생하는 '기득권 좌파', 혹 피케티의 용어를 빌려 좀 더 우아하게 표현한다면 '브라만 좌파'이다.

나는 이 책을 앞, 뒤의 「1장. 들어가며」를 제하고 다섯 개의 장으로 구성했다. 이어질 2장은 전쟁의 성격과 원인에 대한 것이다. 전쟁의 주요한 두 측면, 즉 대리전쟁과 내전이라는 개념을 중심으로 설명을 시도했다. 특히 '나토 동진'과 2014년 마이단Maidan(우크라이나어로 '광장'이라는 뜻으로, 친유럽·반러시아 정책을 요구한 반정부 시민운동을 가리킨다), 그리고 네오나치 문제를 분석하는 데 많은 부분을 할애했다. 3장은 전쟁의 전개와 특징 등을 해명하는 곳이다. 익숙한 '주류' 내러티브와 차별성을 두기 위해 새로운 분석과 해석을 제시하려 했다. 4장은 신세계질서에 관한 장이다. 여기에서는 도래할 다극 체제의 다양한 측면과 성격을 분석해보았다. 우리에게 전쟁 자체보다는 이것이 더 중요할지도 모르겠다. 지금의 이 지정학적 대전환이 미래의 우리 삶을 구성할 것이기 때문이다. 5장은 '지금'을 한국 사회의 도전이자 위기로 포착하고 대전략grand strategy에 대한 공론화를 주문하기 위해 배치했으며, 6장은 논의를 정리했다. 본격적인 이야기에 앞서 전쟁 초기 국면에서 제기된 글로벌 시민사회의 입장 몇 가지를 「보론」으로 소개한다.

보론: 전쟁과 시민사회 1

논의의 균형을 잡기 위해 시민사회의 목소리를 들을 필요가 있다. 독일에서는 녹색당 출신의 안트예 폴머 전 연방하원 부의장을 위시로 여러 정당과 사회단체, 학계의 원로급 18인이 대우크라이나 무기 공급 중단과 즉각 정전을 요구하는 공개서한을 발표하고 외교적 해법을 촉구하고 있다. 아울러 키예프, 하르코프, 오데사에 대한 일체의 공격을 중단시키기 위해 1949년 제네바협약에 근거한 '무방호지구'[8] 선포를 촉구하고 나섰다.

> 친애하는 연방총리 숄츠 씨에게
>
> 우리는 나토, 러시아, 그리고 연방정부에 대해 서로 다른 정치적 생각과 입장을 가진 사람들입니다. 우리는 러시아의 우크라이나전쟁은 그 무엇으로도 정당화할 수 없다고 여기며 이 전쟁을 최대한으로 비난하는 바입니다. 우리는 다 함께 전 세계에 예측할 수 없는 결과를 초래할 이 전쟁의 통제 불가능한 확산에 대해 경고하고, 전쟁의 도구와 무기 제공으로 인한 유혈 사태에 반대합니다.
>
> 무기를 공급하면 독일과 나토 회원국은 사실상 전쟁 당사국이 됩니다. 그로 인해 우크라이나는 유럽의 안보 질서를 놓고 나토와 러시아가 지난 수년 동안 첨예하게 대립한 분쟁의 전장이 됩니다.
>
> 유럽 한복판에서 벌어지는 이 잔인한 전쟁으로 우크라이나 국민이 고통받고 있습니다. 이제 개시된 경제전쟁은 러시아와 전 세계 다수 빈곤국의 식량 공급을 위태롭게 만들 것입니다.
>
> 날이 갈수록 전쟁범죄에 대한 보도가 쌓이고 있습니다. 설사 지금은 이것의 진위를 검증하기 어렵다 하더라도, 과거의 다른 전쟁과

마찬가지로 이 전쟁에서도 잔혹 행위가 자행되고 있으며 시간이 갈수록 잔인함이 커지고 있다는 점은 분명합니다. 전쟁을 종식시켜야 하는 또 하나의 이유입니다.

이 전쟁은 마치 1차 세계대전 때처럼 확전의 위험과 통제 불가능한 군사적 긴장 고조를 배태하고 있습니다. 전쟁은 곧 양측 행위자와 도박꾼들에 의해 레드라인을 넘고 나선螺線을 따라 한 단계 더 고조될 것입니다.

친애하는 연방총리 귀하. 귀하와 같은 책임 있는 사람이 이 사태를 중단시킬 수 없다면, 종국에는 대전쟁이 기다리고 있을 것입니다. 이때는 핵무기의 사용으로 대규모 황폐화와 인류문명의 종말을 보게 될 것입니다. 더 이상의 희생자와 파괴를 막고, 긴장 고조를 피하는 일을 절대적 우선 과제로 삼아야 합니다.

우크라이나 군대의 일시적 성공에 대한 보도가 있지만, 우크라이나는 현격한 열세이며 그들이 이 전쟁에서 승리할 가능성은 거의 없습니다. 성공 여부와 별개로 더 이상의 군사적 저항은 더 많은 도시와 마을을 파괴하고 더 많은 국민을 희생시킬 것입니다. 나토의 무기 공급과 군사 지원은 전쟁을 연장시키고 외교적 해결을 요원하게 만듭니다.

우선 러시아에 무기를 내려놓으라고 요구해야 합니다. 하지만 유혈 사태와 추방을 조기 종식시키기 위한 다른 조치도 동시에 취해야 합니다.

반국제법적 폭력에서 물러서는 것이 설사 혹독하다 하더라도, 이것만이 기나긴 소모적 전쟁의 유일하게 현실적이며 인간적인 대안입니다. 이를 위한 첫 번째 그리고 가장 중요한 조치는 협상을 통한 즉각 휴전과 우크라이나에 대한 무기 공급의 일체 중단입니다.

우리는 연방정부, EU 및 나토 회원국 모두에게 우크라이나군에 대한 무기 공급을 중단하고, 키예프 정부에 휴전협상과 정치적 해결을 보장하는 대신 군사적 저항을 중단하라고 고무할 것을 촉구합니다. 젤렌스키 대통령이 모스크바에 제시한 안, 즉 가능한 중립화와 크림반도 승인에 대한 합의, 그리고 돈바스 내 공화국들의 미래 지위에 대한 국민투표가 실질적 기회가 될 것입니다.

러시아군의 신속한 철수와 우크라이나의 영토 보전 및 회복을 위한 협상에서 나토는 러시아와 그 인접국의 정당한 안보이익을 제안하는 형식으로 지원해야 합니다.

지금 즉시 도시의 대규모 파괴를 멈추고 휴전협상을 촉진하기 위해 독일 연방정부는 키예프, 하르코프, 오데사 등 위험에 처한 혹은 아직 덜 파괴된 도시를 1949년 제네바협약 제1의정서에 따라 '무방호지구'로 선포하자고 제안해야 합니다. 헤이그육전조약에 규정된 이 개념을 통해 2차 세계대전 중 수많은 도시가 전화를 피할 수 있었습니다.

지금의 전쟁 논리를 담대한 평화 논리로 대체하고, 러시아와 중국을 포함하는 새로운 유럽적이며 글로벌한 평화 구조를 창출해야 합니다. 독일은 이 과정의 주변에 머물지 말고 적극적인 역할을 해야 합니다.

작가 마르틴 발저를 비롯한 28인의 독일 지식인과 문화예술인도 2022년 4월 29일 공개서한을 발표했다. 이들은 3차 세계대전을 막기 위해 우크라이나에 중화기 공급을 중단하고 세계 평화에 기여할 수 있는 조치를 취하라고 촉구하고 나섰다. 국제 서명운동 사이트 change.org에 공개된 이 서한 "Offener Brief an Bundeskanzler Scholz"에 2022년 12월까지 47만 명이 서명했다. 아래에 전문을 수록한다.

친애하는 연방총리 귀하.

우리는 귀하께서 지금까지 우크라이나에서의 확전 위험, 전 유럽으로의 확전 위험, 그리고 3차 세계대전의 위험에 아주 올바르고 신중하게 대처한 점을 환영하는 바입니다. 우리는 여기에 더해 귀하께서 원래의 입장을 견지하면서 직접적이든 간접적이든 우크라이나에 중화기를 제공하지 말기를 희망합니다. 대신에 가능한 한 신속한 휴전과 양측이 수용 가능한 타협에 도달할 수 있도록 모든 노력을 다해주실 것을 청원합니다.

우리는 러시아의 침략이 국제법 강행규범을 위반했다는 판단에 동의합니다. 마찬가지로 침략적 폭력에 맞서 아무런 저항 없이 양보해서는 안 된다는 원칙적인 정치도덕적 의무가 존재한다는 확신에도 동의합니다. 하지만 이로부터 도출되는 모든 것은 또 다른 정치윤리상의 요청Gebot이라는 한계를 갖습니다.

우리는 이번 전쟁이 두 가지 한계선에 도달했다고 확신합니다. 첫째, 이 전쟁이 핵전쟁으로 비화할지도 모를 명백한 위험을 절대로 감수해서는 안 됩니다. 우크라이나에 대규모의 중화기를 공급하면 독일은 전쟁 당사국이 될 수 있습니다. 그리고 이에 대한 러시아의 응전은 곧바로 나토조약에 따른 원조 의무를 발생시켜서 세계대전으로 확전될 위험이 발생합니다. 두 번째 한계선은 우크라이나 민간인에 대한 파괴와 고통이라는 척도입니다. 침략자에 대한 정당한 항쟁일지라도 언젠가는 더 이상 견딜 수 없는 불균형 상태에 도달하게 됩니다.

우리는 이중의 오류에 대해서도 경고하고자 합니다. 하나는 핵전쟁으로 비화될 위험에 대한 책임은 전적으로 침략자에게 있을 뿐, 그것을 지켜보는 눈들이 범죄의 동기를 제공하는 것은 아니라는 생각입니다. 다른 한편으로 우크라이나 민간인의 생명 '비용'에 대한 도덕적 책임이 오직 해당 정부에게만 있다는 생각입니다. 도덕적으로 구속력 있는 규범은 본질적으로 보편적입니다.

군비 확장 압력이 커지면 전 세계는 나선형의 경쟁으로 치달을 것입니다. 그리고 이는 특히 전 지구적 보건과 기후변화에 재앙을 초래할 것입니다. 그 어떤 차이에도 불구하고 전 세계가 평화를 추구하는 것이 타당합니다. 유럽이 공유하는 다양성은 문제 해결의 모범이 될 수 있습니다.

친애하는 연방총리 귀하. 우리는 독일 정부의 수반이야말로 역사적 평가를 받게 될 어떤 해법에 결정적으로 기여할 수 있다고 확신합니다. 우리의 경제력뿐 아니라 역사적 책임과 공동의 평화로운 미래에 대한 희망을 믿습니다.

우리는 진정으로 귀하가 그렇게 하리라 희망하고 믿습니다.

보론: 전쟁과 시민사회 3

2022년 5월에는 도쿄대 명예교수 와다 하루키의 발의에 일군의 한일 지식인이 모여 즉시 정전을 호소하는 선언서를 발표했다. 두 차례에 걸쳐 발표한 이 성명은 유엔 사무총장에게 발송되었다. 아래는 그중 하나이다(번역 남기정 서울대학교 일본연구소 소장).

한국, 일본, 그리고 세계의 우려하는 시민은 우크라이나전쟁의 즉시 정전을 호소한다.

러시아군의 침공으로 우크라이나전쟁이 발발한 지 2개월이 지났다. 러시아군은 목적을 달성했다면서 병력을 수도 키예프 방면에서 돈바스 동부로 옮기고 있다. 이스탄불회담에서는 정전 조건이 제시되고 낙관적인 분위기가 조성되었다. 그러나 키예프 근교 마을 부차에서 시민의 시신들이 발견되자 러시아군의 전쟁범죄를 비난하는 목소리가 커졌고, 우크라이나군은 분노로 가득 차 다시 새로운 전투에 나서고 있다. 미국을 비롯한 국가들은 대량 살상 무기와 최신 무기를 경쟁이라도 하듯 우크라이나로 보내고 있고, 마크 밀리 미국 합참의장은 우크라이나전쟁이 앞으로 수년간 계속될 수 있다고 언급했다.

일부 국가는 우크라이나가 승리할 때까지, 푸틴 정부가 항복할 때까지 전쟁을 계속하기를 바라는 듯하다. 그러나 전쟁이 길어지면 길어질수록 더 많은 우크라이나인과 러시아인이 죽을 것이며, 우크라이나와 러시아의 장래에 그만큼 회복 불가능한 상처를 남길 것이다.

많은 국가가 러시아 제재를 지속하고 우크라이나에 대한 무기 원조를 지속적으로 증대할 경우, 전쟁은 우크라이나 밖으로 확대되고 악화되어 유럽과 세계에 위기를 초래할지도 모른다. 나아가 핵전쟁 가능성이 현실화될 것이며, 제재의 영향으로 아프리카 최빈국들은 심각한 기아를 겪게 될 것이다.

전쟁이 일어나면 전장을 한정하고 신속히 정전교섭에 임하는 것이 평화 회복의 철칙이다. 우리는 러시아군과 우크라이나군이 현재 상태에서 즉시 전투행위를 중지하고, 정전을 위한 진지한 회담에 나설 것을 거듭 호소한다. 구테레스 유엔 사무총장이 러시아와 우크라이나 대통령을 차례로 만나 정전을 촉구한 바 있다. 유엔은 정전을 위해 앞으로 더욱 진지한 노력을 기울이기 바란다. 3월 이후 튀르키예가 정전회담의 중개자로서 보여준 노력은 경탄할 만하다.

유럽의 전쟁이 결정적인 국면에 이른 현재, 아시아와 아프리카 국가들도 행동에 나서야 한다. 중국과 인도, 남아프리카공화국 같은 중립적 대국과 인도네시아와 베트남 같은 아세안 국가들이 전투 중지를 양쪽 군대에 호소하여 정전교섭을 중개하는 데 참가해줄 것을 간절히 희망한다.

더 이상의 전쟁은 용납될 수 없다. 푸틴 대통령의 러시아 정부와 젤렌스키 대통령의 우크라이나 정부는 즉시 정전 의사를 세계 시민에게 밝히고, 정전회담을 마무리 지어 정전을 실현하라.

세계 시민들이 자기 자리에서 저마다의 방법과 능력에 따라 '즉시 정전'의 목소리를 내며 행동할 때가 되었다.

가장 중요한 가치는 생명이다. 우리는 호소한다. 우크라이나에서 더 이상 사람을 죽이지 말고, 죽임을 당하지 말라.

2022년 5월 9일, 도쿄

2장

전쟁의 성격과
원인

1 대리전쟁으로서의 우크라이나전쟁

개전 초기부터 나는 이 전쟁은 고전적 전면전(적지, 적 영토의 점령을 동반한 적의 완전 섬멸과 무장 해제를 목적으로 하는 전쟁)이 아니라 정치적 목표 달성을 위한 제한전limited war이라는 견해를 표명했다. 이 정치적 목표에 과연 우크라이나 전역의 군사적 점령과 이후의 정권 교체까지 포함되는지는 논란이 있을 수 있다. 푸틴은 개전과 동시에 이 전쟁의 정치적 목표로 '돈바스 해방', '나치 제거', '탈군사화'를 제시했다. 지금 러시아가 우크라이나에서 펼치고 있는 특수 군사작전은 바로 이 목표를 달성하기 위한 '다른 수단에 의한' 정치의 계속인 셈이다.

전쟁의 목표는 그 수단을 제약한다. 즉 목적에 비례해 수단이 배치된다. 여기서 미국 육군 제병협동센터FMSO의 연구보고서가 흥미롭다.[1] 이번 전쟁에서 러시아 육군은 모든 작전을 이른바 대대전술단Battalion Tactical Group, BTG 기반으로 수행했다. 그런데 보고서에 따르면 대대전술단은 "대등한 능력을 갖춘 강대국 간의 전면전에 대비하는" 것이 아니라 "러시아의 영향권에서 발생하는 지역 분쟁에 최적화된 부대 편성"이다. 600~1000명으로 구성된 약 60개의 대대전술단이 개전 전 국경에 배치되었다. 다시 말해 러시아는 일종의 지역 분쟁을 해결할 목적으로 부대를 투입한 것이다. 러시아에서 이 전쟁을 '특수 군사작전'이라고 부르는 이유도 이와 연관된다. 사단 혹은 여단 규모의 제병 협동작전이었다면 전쟁의 양상이 달랐을 것이다. 또한 이런 까닭으로 러시아는 전쟁에 대규모의 전략자산을 본격 투사하지 않았다.

BTG는 정보·지휘통제·정비·의무 관련 조직이 약해서 작전 지속 능력이 부족하다. 따라서 공격 과정에서 적 지역 종심에 깊이 진출하는 것은 제한적이다. 부대 편성의 첨두에 10대의 전차가 서고 그 뒤로 40대의 장갑차에 탑승한 기계화보병이 종렬한다. 문제는 재블린 등 서방의 대전차미사일에 전차가 무력화되는 경우이다. 병력의 구성도 개전 초기에는 약 3분의 2가 징집병으로, 근접 전투 능력이 현저히 떨어졌다. 개전 이후 푸틴은 징집병을 전투에서 제외시키라고 지시한 바 있다. 또한 이런 편성은 평원의 제파전술에 어울리지 시가전에는 취약하다. 그리고 러시아 육군도 지역 분쟁이 마무리되면 기존 여단 중심의 제병 협동작전 수행과 사단 중심의 지휘 구조로 돌아갈 것이다. 다만 앞으로도 지역 분쟁에 개입할 경우 효율성 측면에서 대대전술단은 유용한 선택지가 될 수 있다.

경제학자 제프리 삭스 컬럼비아대학 교수는 우크라이나전쟁과 관련해 네오콘을 정면으로 비판했다. "우크라이나전쟁은 미국 네오콘이 추진한 30년 프로젝트의 정점이다. 바이든 행정부는 세르비아(1999), 아프간(2001), 이라크(2003), 리비아(2011)에서 미국이 선택한 전쟁war of choice을 옹호했고, 열성적으로 러시아의 우크라이나 침공을 기획하고 시도한 네오콘과 똑같은 자들로 채워져 있다." 이처럼 바이든은 네오콘을 몰고 거대한 파국으로 질주하고 있다. 그 결과 우크라이나와 미국, 그리고 EU는 또 하나의 지정학적 파탄을 향해 맹렬히 달려가고 있다. 만일 유럽에 약간의 통찰이라도 남아 있다면 이들은 미국의 외교정책 파탄으로부터 떨어져 나올 것이라고 삭스는 말한다.[2]

삭스는 네오콘운동의 계보로 시카고대학의 레오 스트라우스와 예일대학의 도널드 케이건의 영향을 받아 1970년대에 형성된 일군의 그룹을 지목한다. 그리고 이 그룹을 주도한 인물로 노먼 포도레츠, 어빙 크리스톨, 폴 울포위츠, 로버트 케이건, 프레더릭 케이건, 빅토리아 눌런드, 엘리엇 에이브럼스, 킴벌리 케이건 등을 거명한다. 그중에서도 케이건가Kagan家[3]의 활약을 주목할 만하다.

네오콘 '성가정Holy Family' 케이건가 가계도

네오콘은 조지 W. 부시 대통령이 2008년 나토의 동진을 공식화하기 이전부터 이를 주장했다. 이들은 우크라이나는 미국의 핵심이익 지역이며 우크라이나의 나토 가입은 글로벌 지배의 핵심이라고 간주했다. 로버트 케이건은 테러와의 전쟁 이외에 '자유주의와전제의 싸움'이라는 또 다른 도전을 앞둔 2006년에 중국과 러시아를 두 거대한 전제 세력으로 분석한 글을 발표했다. "러시아와 중국은 (전 소비에트 지역의 색깔혁명color revolution에서) 전 세계 핵심전략 지역에서 서방의 영향력을 확장하려는 의도로 설계된 쿠데타이상의 그 어떤 자연스러운 저항도 보지 못한다. 중국과 러시아가틀렸을까? 서구 민주주의에 의해 촉구되고 그들의 지원을 받는 우크라이나의 성공적인 자유화는 우크라이나를 나토와 EU로 병합하는 작업의 서막, 한마디로 서구 자유주의 패권의 확장이 아닌가?"[4]

네오콘의 정치적 목표는 '자유주의 패권의 확장'이다. 이를 위해 2014년 이후 미국과 나토는 우크라이나에 군사 장비와 훈련, 자문 등을 최대한 제공했다. 하지만 러시아의 침공이 시작되고 한 달만에 열린 평화협상은 서방의 개입으로 중단되었고, 이후 미국은'무기대여법'을 부활시키며 장기전 준비를 끝냈다. 마치 서방의 자본 및 기술과 개도국의 값싼 노동력을 결합하듯이 미국 및 나토의군비와 재정, 첨단 무기, 정보 및 장비로 무장한 양질의 값싼 우크라이나군이 이번 전쟁의 매우 두드러진 특징이 되었다.

전쟁의 도덕성을 차치하더라도 우크라이나의 징집 병력은 그 어떤 경우에도 단순한 노동력과 비교할 수 없다. 그런데도 국민 총동원령으로 징집된 우크라이나의 일반 전투병들이 말 그대로 소모전의 물자처럼 목숨을 잃고 있다. 전쟁이 장기화될수록 이런 대리전쟁의 성격이 점점 강화되고 있다.[5] 그리고 시간이 흐를수록 우크라이나군의 지휘통제를 사실상 미국과 나토가 담당하고 있다.

나토 동진과 러시아의 '실존 위협론'

나토의 동진 혹은 팽창이 러시아의 실존적 위협이라는 명제는 멀리는 1991년 냉전 해체 이후부터 가까이는 2014년 마이단 사태 이후까지 러시아의 외교정책은 물론 지금 벌어지고 있는 전쟁의 개전 사유casus belli의 요추이다. 일각에선 이렇게 비판한다. "나토 팽창에 대한 러시아의 항변은 1990년과 그 이후에 실제로 일어난 일이라기보다는 '기억의 정치memory poltics'가 작동한 것에 가깝다."[6] 나토도 오래전부터 이 주장을 반박했다. '신화'에 불과한 이야기라고 말이다. 나토 홈페이지에는 이렇게 적혀 있다.

> **"나토의 지도자들은 독일 통일 당시에 나토가 동쪽으로 확장하지 않을 것이라고 약속했다."**
>
> 사실. 그런 약속을 한 적 없다. 그리고 러시아는 단 한 번도 이 주장을 입증할 증거를 제시하지 못했다. 나토의 공식 결정은 합의에 따르며, 이 합의는 문서에 기록된다. 그런데 나토가 동진을 하지 않겠다는 약속을 했다는 기록이 없다. 더군다나 러시아가 그 약속을 했다고 주장하는 시기에는 바르샤바조약기구가 남아 있었다. 바르샤바조약기구는 1991년까지 존속했다. 그러므로 1989년에 그들 내부에서 나토 가입이 의제가 되었다는 주장은 설득력이 없다.
>
> 미하일 고르바초프를 통해 확인할 수 있다. 2014년 10월 15일 『로

시이스카야 가제타*Rossiyskaya Gazeta*』,『리시아 비욘드*Russia Beyond*』와 가진 인터뷰에서 고르바초프가 직접 밝혔다. "나토 팽창이라는 주제는 논의하지 않았고, 당시에는 그 문제가 제기되지도 않았다. 나는 이 말에 대해 완전히 책임질 수 있다. 동유럽 국가 중 단 한 나라도 문제를 제기하지 않았고 심지어 바르샤바조약이 폐기된 1991년에도 똑같았다. 서방의 지도자 역시 여기에 이의를 제기하지 않았다."[7]

그런데 나토가 언급한 고르바초프의 인터뷰의 원문을 확인해보면 그들의 주장은 사실과 꽤 거리가 멀다. 마이단이 발생한 2014년 고르바초프는 인터뷰에서 우크라이나에 대해 이렇게 덧붙였다. "미국과 그 동맹국들은 1993년에 나토를 동쪽으로 팽창하기로 결정했다. 나는 처음부터 이것을 '엄청난 실수'라고 불렀다. 그것은 1990년 그들이 우리에게 했던 발언과 확약의 정신을 명백히 위반한다. 독일과 관련해서만 보자면 위 발언과 약속은 법적으로 잘 간직되었고 또 준수되었다."[8] 만에 하나 고르바초프가 나토의 보도자료를 보았더라면, 다음과 같이 말했을 것이다. "고르바초프와 당시 소비에트 지도부가 서방의 손바닥에서 놀아났을 정도로 나이브했다고 말하지 마라. 나이브함은 우크라이나와 나토 동진이 쟁점이 된 뒤에 나타났다."[9]

마침내 이 시기에 생산된 방대한 문서가 기밀 해제되면서 논란의 양상이 달라졌다. 다음의 자료는 2017년 11월 10일 시카고에서 열린 〈슬라브, 동유럽, 유라시아연구학회ASEEES〉에서 "누가, 무엇을, 누구에게 나토 확장에 대해 약속했는가"라는 주제의 토론을 위해 새로 정리한 것이다.[10]

이 문서철은 독일 통일부터 1996년 클린턴과 옐친이 나토의 확장을 양국의 대통령선거 이후로 연기하기로 합의할 때까지의 시기를 아우른다. 소련/러시아에서는 고르바초프와 옐친의 집권기에 해당한다. 일체의 자료는 미국 조지워싱턴대학의 국가안보아카이브National Security Archive에 공개되어 있다.

저 유명한 미국의 국무장관 제임스 베이커가 1990년 2월 9일 고르바초프를 만나 단 1인치도 동진하지 않겠다라고 말한 것은 이 시기 서방의 대소련 안보 공약 가운데 가장 잘 알려진 내용일 뿐이다. 문서철에 보관된 당시 서방 지도자들의 발언 주제는 단지 독일 통일 이후 동독의 지위에 한정되지 않는다. 그리고 소련과 러시아의 "우리가 오도되었다misled"—속았다는 뜻이다—라는 항변도 비공식 회담 메모와 전화 접속 기록에서 발견된다.

조지 W. H. 부시 대통령은 1989년 12월 "나는 베를린장벽 위를 오르락내리락하지 않을 것이다"라고 말하며 동유럽 사태를 이용하지 않을 것임을 시사했다. 독일 문제에 관한 최초의 발언은 서독 외무장관 한스 디트리히 겐셔가 바이에른주 투칭에서 한 연설에서 나왔다. 겐셔는 "동유럽의 변화와 독일 통일 과정이 소비에트의 안보이익 침해로 이어져서는 안 되며, 나토는 동쪽의 소비에트 국경으로 접근하는 시도를 배제해야만 한다"고 말했다. 독일 통일에 있어서 소련의 안보이익을 존중하며, 나토의 동진을 배제하자고 공약한 셈이다. 이에 따라 첫째 조건은 1990년 9월 12일의 독일통일 조약으로 성문화되고, 두 번째 조건은 조약이 아니라 다수의 소련과 서방 지도자들의 의사록memoranda에 기재되었다. 하지만 이 두 쟁점은 서로 연관되어 있지만 그렇다고 같은 것은 아니라는 점에

United States Departm
Washington, D.C. 20520

Memcon from 2/9/90
meeting w/USSR Pres.
Gorbachev & FM
Shevardnadze, Moscow,
USSR

③ E2

#9

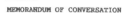

MEMORANDUM OF CONVERSATION

Date: Friday, February 9, 1990
Time: 1:00 pm - 3:00 pm
Place: Kremlin

RELEASED IN PART
B1, 1.5(B), 1.5(D)

PARTICIPANTS: Secretary Baker
President Gorbachev
Eduard Shevardnadze

We understand the need for assurances to the countries in the East. If we maintain a presence in a Germany that is a part of NATO, there would be no extension of NATO's jurisdiction for forces of NATO one inch to the east. At the end of the day, if it is acceptable to everyone, we could have discussions in a two plus four context that might achieve this kind of an outcome. Maybe there is a better way to deal with the external consequences of German unification. And if there is I am not aware of it. We don't have German agreement but we have mentioned it to Genscher and he said he wants to think about it. Dumas liked it and now I have mentioned it to you.

Gorbachev: Basically, I share the course of your thinking. The process is underway. We have to adjust this process. We have to adjust this new reality and not be passive in ensuring that stability in Europe is not upset. Well for us and for you regardless of the differences there is nothing terrifying in the prospect of a unified Germany. But this is simplistic. First of all, we both are interested in improving European conditions and we can't simply stand by. Now what kind of Germany are we going to face in the future? How can it be included in world structures?

Second, there are different perspectives in London, Paris, Budapest and Warsaw. Yesterday I had a talk with Jaruzelski. He knows that you are here today and Kohl and Genscher will be here tomorrow. Given that, he wants to call and talk. The German question is the key question for him. It is critical to the Poles.

Baker: That's right.

기밀 해제된 1990년 외교 문서에 베이커가 고르바초프에게 한 말이 기록되어 있다.
"나토의 관할권이 동쪽으로 단 1인치라도 확장되는 일은 없을 것이다."

각별히 주의할 필요가 있다. 고르바초프의 기본 입장은 '나토 동진 배제를 조건으로 독일 통일에 동의한다'로 압축할 수 있다.[11]

또한 겐셔는 1990년 2월 6일 영국의 더글러스 허드 외무장관을 만나서 이렇게 말했다. 소련은 "어떤 확답, 예컨대 폴란드가 바르샤바조약에서 언젠가 탈퇴하더라도 나토에는 가입하지 않을 것이라는 보장을 받고자 한다." 사흘 뒤 베이커 국무장관은 세바르드나제 소련 외무장관 및 고르바초프와 회담을 갖기 전에 겐셔의 투칭 공식을 되풀이했고, 이후에도 세 번 더 1인치도 동진하지 않겠다고 분명히 말했다. 그는 1990년 2월 9일 고르바초프를 만난 다음 날 헬무트 콜 독일 총리에게 보낸 문서에 이렇게 적었다. "그러고 나서 나는 그에게 질문했습니다. 당신은 나토 밖에서 독립된, 그리고 미군이 없는 통일을 선호하나요, 아니면 나토의 관할권이 현 위치에서 1인치도 동쪽으로 이동하지 않는다는 보장을 받고 나토 안에서 독일이 통일되기를 선호하나요? 소비에트 지도부는 양쪽 다 고민하고 있다고 답했습니다. 이어서 그는 일체의 나토 확장도 수용할 수 없다는 점은 명확합니다라고 덧붙였습니다."

다음 날 콜은 "우리는 나토의 활동 영역을 넓혀서는 안 된다고 믿습니다"라고 말한다. 1990년 5월 4일에는 베이커 장관이 세바르드나제 장관을 만난 뒤 부시에게 이렇게 보고했다. "이 과정에는 승자도 패자도 없습니다. 그 대신 새롭고 정당한 유럽적 구조, 즉 배제하지 않고 포용하는 구조가 있을 뿐입니다." 소련을 배제하지 않고 포용하는 새로운 유럽 안보의 구축이라는 관점은 1990년 5월 18일 베이커가 고르바초프에게 말한 '아홉 개 항'에 다시 등장한다. 그중 "독일 문제에 관한 우리의 목표는 동유럽을 소련에서 분리하는 것이 아니라고 강조하고 싶습니다. 우리의 과거 정책은 그러했습니다. 하지만 지금은 안정된 유럽 건설에 관심이 있습니다. 그리고 그 과정을 당신과 함께 하고 싶습니다."

프랑스 대통령 프랑수아 미테랑은 1990년 5월 25일 모스크바로 가서 고르바초프에게 이렇게 말했다. "나는 군사 블록을 점진적으로 해체하자는 쪽이다." 이어서 "서방은 유럽 전체의 안보뿐 아니라 당신의 안보를 위한 조건을 내놓아야 한다"고 했다.[12]

1990년 5월 31일 워싱턴에서 열린 정상회담에서 부시는 "나를 믿어주시오. 우리는 독일 통일을 강제하지 않았습니다. 그리고 그 속도를 정하는 것도 우리가 아닙니다. 너무나 당연하게도 우리는 머릿속에서조차 그 어떤 방식으로든 소련에 위해를 가할 의도가 없습니다. 우리는 유럽안보협력기구CSCE라는 더 큰 맥락을 고려하여 나토 안에서의 독일 통일에 찬성하고 있습니다. (중략) 우리가 생각하기에는 이 모델이 소련의 이익에도 부합할 것입니다."

1990년 6월 8일에는 '철의 여인' 영국 총리 대처도 나섰다. "우리는 소련에게 안보에 대한 믿음을 확실하게 심어줄 방법을 찾아야만 한다. CSCE는 유럽의 미래에 관한 토론에 소련을 끌어들일 수 있는 포럼이자 이 모든 상황의 우산이 될 수 있다."

1990년 7월 17일 부시는 고르바초프와 통화하며 "우리가 하고자 하는 일에 대한 당신의 우려(중략)를 감안해서 다음과 같은 방식이 가능하리라 본다. 불가침 공동선언을 통해 당신을 나토에 초대하고, 협정을 맺어 나토와 소련 정부 및 동유럽 국가의 정기 외교를 개방하고, 통일 독일의 군대 규모를 확약하자. 이 문제를 당신과 콜이 이미 논의했다고 알고 있다. 우리는 통상 및 핵전력에 대한 전통적 접근 방식을 근본적으로 변경했다. 우리는 소련이 공유할 수 있고 소련이 새로운 유럽의 일부가 될 수 있는 새 제도에 기초한 더 확장되고 강한 CSCE 계획을 전달했다."[13]

이 문서들은 소련이 일련의 확약과 유럽 통합 여부에 미래가 달려 있다는 분석에 기초해서 나토 속의 독일 통일에 동의했음을 보여준다. 그렇지만 미국 행정부 내부에서는 나토와 동유럽의 관계를 놓고 의견이 충돌했다. 1990년 10월 25일 미국 국방부는 동유럽 국가의 나토 가입에 대해 '문을 살짝 열어두기'를 원했다. 반면 국무부는 반소련 동맹을 우려하여 나토가 소련 국경으로 접근하는 것은 국익에 부합하지 않는다는 쪽이었다. 부시 행정부는 기본적으로 후자의 견해였고, 소련이 들은 것도 대부분 같은 얘기였다.

1991년 7월 소련 최고소비에트 대표들이 브뤼셀로 찾아왔을 때 나토 사무총장 만프레트 뵈르너는 "소련이 유럽공동체로부터 고립되는 상황을 허용치 않을 것"이라고 말하며 나토위원회와 자신은 나토 팽창에 반대한다고 강조했다. "나토 16개 회원국 중 13개국이 이 관점을 지지한다." 이에 따라 고르바초프는 소련의 붕괴 때까지는 서방이 자신의 안보를 위협하지 않을 것이며, 나토를 확장하지도 않을 것이라고 확신했다. 하지만 그로부터 몇 달도 지나지 않은 1991년 12월에 소련이 해체되었고 냉전은 종식되었다. 이제 나토의 팽창은 '연기'되었을 뿐이다.[14]

소련 붕괴 후 포스트소비에트 공간과 나토의 관계를 새롭게 규율할 필요성이 제기되었고, 여기에 대한 일종의 답변이 클린턴 행정부가 주도한 '평화를 위한 동반자 관계Partnership for Peace(PfP)' 프로그램이다. 미국은 러시아연방의 대통령이 된 옐친에게 PfP가 나토 팽창의 대안이라는 점을 부단히 강조했다. 그러면서 유럽의 안보는 러시아를 배제하지 않고 포용하는 것이라고 설명했다.

1993년 10월 2일 미국 국무장관 워런 크리스토퍼는 모스크바에서 PfP는 러시아를 비롯하여 모든 유럽 국가를 포함하는 체제이지 일부만 나토에 가입시키기 위해 작성한 리스트가 아님을 확인시켰다. 하지만 그는 나중에 말을 바꿨다. 2001년에 출간한 회고록에 "옐친은 술에 취해 PfP가 나토의 점진적 확장으로 귀결될 것이라는 진짜 메시지를 오해했다"라고 적었다. 그러나 당시에 미국이 작성한 기록은 "러시아는 오도되었다"는 항변을 지지하고 있다.

크리스토퍼는 러시아 외무장관 코지레프가 의도적으로 옐친에게 나토 팽창의 불가피성을 경고하지 않았을지 모른다는 의혹을 제기한다. 아니면 옐친이 나토 팽창이 임박하지 않았다고 생각해 안심했거나, 그도 아니면 재수 없는 날bad day이었을 거라고 한다.

그러나 기밀 해제된 미국의 전신 기록에 따르면 크리스토퍼는 그날 일찍 코지레프에게 미리 정해놓은 나토의 새 회원국은 없으며 PfP는 모든 나라에 열려 있다고 강조했다. 1993년 10월 22일 옐친과의 회담이 끝난 후에는 "옐친은 듣고 싶은 것을 들을 뿐, 미국의 진짜 메시지가 '오늘은 PfP, 내일은 나토 확장'이라는 것을 설명하지 못하게 하려는 것 같은 인상을 받았다. (중략) 크리스토퍼가 옐친에게 진짜로 하려던 말은 회담 말미에 언급한 미국이 회원 가입 문제를 좀 더 시간이 지난 뒤 일어날 일eventuality로 보고 있다는 점이었다"라고 보고했다.

그보다 조금 앞서서 주러시아 미국대사 대리 제임스 콜린스가 크리스토퍼 장관에게 경고했다. 나토 문제는 "러시아에겐 신경통이다. (중략) 만약 나토가 러시아에 문호를 개방하지 않은 채 중·동유럽으로 확장이 예상되는 정책을 채택한다면, 그 뉘앙스에 상관없이 모스크바는 그것을 러시아와 러시아인을 겨냥한 정책, '신봉쇄정책'과 다름없는 상황으로 해석할 것이다." 1993년 8월 옐친도 헬싱키최종협약(1975)에서 각국에 동맹을 선택할 권리를 부여한 것이 나토 팽창에 청신호를 보냈다고 인정했다. 1993년 9월 15일에는 클린턴에게 보낸 서한에 나토의 양적 팽창 논의에 대한 불편함을 표시하고 나토 대신 '범유럽 안보 체제'를 강력히 옹호했다. "러시아 내 반대파와 온건파 모두 나토 팽창은 유럽·대서양 공간에 러시아가 당연히 포함될 것이라는 기대에 정면 배치된다. 이 상황이 러시아의 새로운 고립으로 받아들여질 것이라는 점은 의심할 여지없이 명백하다"라고 경고했다. 그러면서 그는 독일통일조약의 정신은 나토의 동진 옵션을 차단하는 것이라고 주장했다.[15]

기밀 해제 문서에서 1993년 9월 초 미국 국무부가 나토 확장 일정표를 작성했다는 증거가 나왔다. 이에 따르면 중·동유럽 국가와 발틱 국가, 이후 우크라이나와 벨라루스가 나토에 가입하고, 마지막으로 2005년에 러시아를 가입시킬 계획을 세웠다. 그런데 1993년 9월 15일에 발행된 이 서한은 미국에서 논란을 야기했다. 1993년 가을 국방부는 명시적인 나토 확장이 아니라 PfP로 귀결되는 국무부의 계획을 거부했다. 1993년 10월 5일자 문서는 나토 팽창에 대한 국무부의 접근법과 국방장관실의 접근법 사이에서 벌어진 논쟁을 "나토 가입에 포괄적으로 연결시키는 PfP 접근법"이라고 요약한다. 이것이 바로 10월 22일 크리스토퍼가 옐친에게 한 설명이다. 궁극적으로 나토 가입이 본질이고 PfP는 방법론일 뿐이라는 말이다.

1994년 1월 클린턴은 모스크바에서 옐친에게 "PfP는 이제 실물이 되었다"라고 말한다. 그 직전에는 프라하에서 "할 것인지 말 것인지가 아니라 언제 하느냐가 문제"라고 말했다. 이는 클린턴 행정부 내부의 논쟁에서 마침내 나토 팽창파가 승리했음을 의미한다.

1994년 9월 27일 백악관에서 열린 미러 정상회담에서 클린턴은 배제가 아니라 포용을 강조하며 이렇게 말했다. "나토의 팽창은 반러시아가 아니다. 그것은 러시아를 배제하지 않으며, 임박한 일정표도 없다. (중략) 무엇보다 중요한 목표는 유럽의 안보, 단결과 통합이다. 나는 당신도 이 가치를 공유할 것이라고 알고 있다." 1994년 가을에 신임 국무부 유럽 담당 차관보 리처드 홀브룩이 나토 팽창 논의를 가속하자, 11월 29일 옐친이 클린턴에게 항의했다. "미국이 나토 확장 가속화 논의를 활성화하는 이유를 도무지 이해할 수 없다."[16]

이윽고 1994년 12월 1일 코지레프 외무장관은 예상과 달리 PfP 가입을 거부했다. 옐친은 12월 5일 부다페스트에서 열린 CSCE 정상회담에서 클린턴에게 이렇게 말했다. "왜 불신의 씨를 뿌리나? (중략) 유럽은 차가운 평화cold peace에 빠질 위험에 처해 있다. 역사가 보여주듯 대륙과 세계 공동체 운명을 워싱턴에서 전부 관리할 수 있다는 믿음은 위험한 환상이다." 이듬해 5월 클린턴이 러시아 전승절을 맞아 모스크바를 방문했을 때에도 옐친은 "당신이 계속 이런 식으로 한다면 러시아에 대한 모욕일 뿐이다. (중략) 우리의 안보를 위해서는 낡은 것이 아니라 새로운 범유럽 구조가 필요하다. 다른 것은 나와 러시아 국민에 대한 배신이다"라고 말했다. 이후 미국과 러시아는 두 나라에서 대선이 열리는 1996년까지 나토의 팽창을 연기하기로 합의했다.

두마(러시아연방의회 하원) 청문회 자료 같은 기밀 해제 문서에는 러시아가 나토 팽창을 거부하는 이유가 ①러시아의 안보 위협, ②고르바초프와 옐친이 모색한 포용적 유럽 안보 이념의 약화, ③유럽에 새로운 경계 구축 때문이라고 정리되어 있다. 새로 공개된 전 외무장관 예브게니 프리마코프 문서는 냉전을 끝낸 협정들에 대한 러시아의 근본적 이해방식을 드러내는데, 1990년의 독일 통일은 오직 소련(이후 러시아)이 새로운 유럽 안보구조에 포함되는 것을 전제로 삼았다. 또한 클린턴의 관료들에게 반복적으로 무시되었지만, 러시아는 나토 확장을 계속 반대했다.[17·18]

1990년대 고르바초프에서 옐친으로 이어지는 기간 내내 나토의 동진이 나토와 러시아 외교의 가장 중요한 변수였다. 미국은 독일 통일 과정에서 파생된 소련의 안보이익 불가침과 나토 확장이라는, 연관성은 있지만 동일하지는 않은 두 개의 이슈에 대해서 전자는 구속력 있는 조약으로, 후자는 의사록에 남긴 공약으로 접근했다. 독일 통일이 완성되고 전자가 기정사실이 되자 이제 공약만 남게 되었다. 여기에 대해 기밀 해제 문서들은 하나같이 서방의 거의 모든 지도자가 소련/러시아에게 나토 불확장을 공약했음을 보여준다. 공약에 대한 보장은 양적으로든 질적으로든 차고 넘칠 정도였다. 하지만 공약은 본질적으로 '정치적'이라는 점에서 당시 CIA 로버트 게이츠 국장의 생각—"고르바초프와 기타 인물들이 그런 일이 일어나지 않을 것이라고 믿게끔 유도되었을led to believe 때, 나토 동진을 압박했다"[19]—이 개입될 여지가 없지는 않았다. 그 결과 소련/러시아는 부단히 자신들이 오도되었다고, 즉 속았다고 되풀이해서 말한다. 하지만 '기만', '호도', '오도' 등은 기본적으로 주체의 인지·심리 작용과 분리되지 않는다. 오히려 문제의 핵심은 독일 통일로 인해 훼손될 소련의 안보이익은 독일통합조약을 통해 일정 부분 보상을 받았지만, 독일 통일과 불가피하게 연관되는 동유럽 국가의 나토 가입과 그로 인한 소련의 안보이익 훼손은 서방의 '공약'만 받았을 뿐이라는 것이다. 즉 약속했던 소련/러시아의 안보이익은 1990년대 전반―옐친이 말한 '차가운 평화' 시기―에 모두 증발해버렸다. 이에 대해 "그런 약속 자체가 없었다"고 무시하거나 "단지 기억의 정치일 뿐"이라고 치부하기엔 기밀 해제 문건에 담긴 실체적 진실이 결코 가볍지 않다.

　여기에 우리가 놓쳐서는 안 되는 구조적 문제도 숨어 있다. 소련의 붕괴는 아무튼 냉전에서 패배한 결과였다. 그러자 승자는 '배당의 정치'를 요구했고, 마치 1차 세계대전 처리 과정에서 독일에게 그러했듯이 소련을 철저히 배제했다.[20] '새로운 유럽'이라는 모두의 집에 소련의 자리는 없었다. 옛 봉신국가들도 패배한 제국을 철저히 외면했다. 말 그대로 1차 세계대전 후 베르사유 체제의 '버전 2'였다. 소련/러시아는 새로운 유럽 안보 시스템에 자신의 자리를 요구했고 그러겠다는 약속도 받았지만, 돌아온 것은 나토의 동진이었다. 무엇보다도 1990년대에 러시아는 서방의 약속 이행을 강제할 힘이 없었다. 그것이 상황의 본질이다.

　1994년 부다페스트의정서를 통해 미·영·러 3국의 안전보장하에 우크라이나의 핵무기를 러시아로 이전하는 비핵화 프로세스가 실시되었다. 이 의정서의 내용은 비핵화와 나토·러시아 기본조약, 나토 동진과 서로 대응한다. 1997년 4월 '나토와 러시아연방 간 상호관계, 협력과 안보에 관한 기본조약'이 체결되었다. 나토 확장을 포함한 PfP를 미국의 구도대로 추진하되 러시아의 안보 우려를 불식하는 내용을 얹었다. 즉 "민주주의와 협력적 안보 원칙으로 유럽과 대서양 지역에서 지속적이고 포용적 평화를 구축"할 것이다. "나토는 역사적 변혁을 실행했고 이 과정은 계속될 것이다. (중략) 나토는 확장되었고 앞으로도 정치적 역할을 계속 확장할 것"이다. 다른 한편으로 "나토 회원국은 새로 가입한 회원국의 영토에 핵무기를 배치할 그 어떤 의도, 계획, 이유가 없음을 천명한다." 또한 중요한 것으로 "중·동유럽을 포함하여 합의된 유럽 지역에서 잠재적으로 위협적인 모든 통상전력의 증강을 예방하기 위한 조치를 계속 전개하며 안정을 강화할 방법을 모색"할 것이며 이것이 "실질적 전투 병력을 추가 주둔시키는 것이 아니"라는 점을 명문화했다.[21] 러시아가 요구한 '유럽 안보 구조 속 러시아 편입'이 "포용적 평화"라는 애매한 문구로 대체되어 문서에 남았다. 그 대신 러시아는 중·동유럽 지역에 군사력 배치를 포기했고, 이는 나토 동진을 사실상 인정—최소한 묵인—했다는 해석이 가능해지는 더욱 값비싼 대가를 지불하게 된다. 아무튼 이후 나토 동진은 탄력을 받는다. 그로 인한 불씨는 푸틴이 2007년 뮌헨에서 연설을 하기 전까지 어설프게 봉인되었다.

이 유명한 2007년 푸틴의 뮌헨 안보회의 연설로 나토 팽창이 나토와 러시아 관계의 중심 의제로 다시 부상했다. 나토의 동진은 기정사실이었고 조지아와 우크라이나는 나토 가입을 앞둔 상황이었다. 돌이킬 수 없어 보였다.

나는 나토 팽창이 동맹 자체의 현대화 혹은 유럽의 안보를 보장하는 것과 전혀 관계가 없다고 생각합니다. 오히려 반대로 그것은 상호 신뢰를 좀먹는 심각한 도발입니다. 우리는 이렇게 질문할 권리가 있습니다. 이 팽창은 누구를 겨냥하는가? 바르샤바조약기구 해체 이후 우리의 파트너들이 했던 약속은 어떻게 된 것인가? 선언문들은 지금 다 어디로 가버렸나? 아무도 그것을 기억조차 못 합니다. 그러나 나는 여러분 앞에서 지금까지 어떤 말들이 오갔는지 상기하고자 합니다. 먼저 1990년 5월 17일 브뤼셀에서 나토 사무총장 뵈르너가 한 연설을 인용하면 이렇습니다. "나토 군대를 독일 영역 외부에 배치하지 않을 준비가 되어 있다는 사실은 소련에게 확고한 안보보장을 제공하는 것을 의미한다." 이 보장은 지금 어디로 갔습니까?

베를린장벽의 벽돌과 콘크리트 블록은 오래전에 기념품이 되었습니다. 하지만 우리는 장벽의 붕괴는 역사적 선택, 우리 러시아의 인민들에 의한 선택, 민주주의, 자유, 개방 그리고 대유럽 가족 구성원 전부와의 성실한 파트너십을 위한 선택 덕분에 가능했음을 잊지 말아야 합니다. 그러나 지금 저들은 새로운 경계선과 장벽을 우리에게 그으려 합니다. 이번에는 가상의 장벽입니다. 그러나 이번 장벽은 우리 대륙을 가로질러 경계를 긋고 이쪽과 저쪽을 단절합니다. 새 장벽을 해체하기 위해서는 다시 수년, 수십 년의 시간과 수 세대에 걸친 수많은 정치인이 필요한데, 이것이 가능할까요?22

푸틴의 연설은 서방의 약속 위반과 나토 동진이 무엇을 의미하는지에 대한 의문을 고스란히 되살렸다. 하지만 이 연설에는 앞선 모든 상황과 거의 완전히 구분되는 지점이 있었다. 바로 '단극

unipolar' 개념이다.

단극 세계란 무엇일까요? 이 말을 어떻게 장식하더라도 결국 그것은 한 유형의 상황, 오직 하나의 권위, 하나의 힘의 중심, 하나의 정책 결정입니다. 주인도 하나요 주권자도 하나뿐인 세상입니다. (중략) 이것은 분명 민주주의가 아닙니다. 왜냐하면 여러분도 알다시피 민주주의는 소수의 이익과 의견을 존중하는 다수의 권력이기 때문입니다. 러시아는 늘 민주주의에 대해 배웠습니다. 하지만 어떤 이유에서인지 우리에게 민주주의를 가르친 사람들은 스스로 배우기를 원하지 않습니다. 나는 오늘의 세계는 단극 모델을 받아들일 수 없을 뿐만 아니라, 그것은 아예 불가능하다고 생각합니다. (중략) 더욱 중요한 문제는, 이 모델 자체에 하자가 있습니다. 왜냐하면 거기에는 현대문명의 어떤 도덕적 기초도 없고, 그런 것이 있을 수도 없기 때문입니다. 이외에도 오늘날 세계에서 일어나고 있는 일들은—우리는 이제 막 이것을 논의하기 시작했습니다—단극 세계라는 개념을 국제관계에 도입하려는 잠정적 시도입니다.23

푸틴은 2007년의 담대한 '도발'에 이어 다음 해 부쿠레슈티에서 열린 나토 정상회의에서 이렇게 말했다.

우크라이나 인구의 3분의 1이 종족상 러시아인이다. 공식 인구센서스에 따르면 4500만 명 중 1700만 명이 러시아인으로 분류된다. 그 나라에는 오직 러시아인만 사는 지역도 있다. 크림반도의 경우 주민의 90퍼센트가 러시아인이다. 우크라이나는 매우 복잡한 국가이다.

현재의 국가 형태는 소비에트 시절에 만들어졌다. 우크라이나는 자국의 영토를 폴란드로부터—2차 세계대전 이후에는 체코슬로바키아와 루마니아로부터—받았다. 흑해 연안의 루마니아 접경 문제는 여전히 해결되지 않았다. 그 뒤 1954년에 러시아로부터 동남부의 거대한 크림반도를 받았다. 이처럼 구성이 복잡하다. 만약 우리가 여기에 나토 문제 혹은 다른 문제를 더한다면 우크라이나를 존망의 기로로 몰아넣는 꼴이다.

복잡한 내부 정치 문제가 발생할 것이기 때문에 매우 신중하게 행동해야 한다. (중략) 그러나 이 문제를 결정할 때 그곳에 러시아의 이익도 있다는 점을 깨닫기를 바란다. 우크라이나에는 1700만 명의 러시아인이 살고 있다. 누가 우크라이나에 러시아의 이익은 없다고 말할 수 있는가? 우크라이나 남부의 주민은 전부 러시아인이다. 크림반도를 우크라이나로 넘긴 것은 소련공산당 정치국이다. 영토 이전을 위한 국가의 공식 절차도 필요 없는 사안이었다. 그럼에도 그동안 우리는 조용히 그리고 책임 있게 이 사안에 대처해왔다. 우리는 누군가를 도발하지 않도록 매우 신중하게 행동했다. 마찬가지로 우리의 파트너에게도 이성적으로 행동할 것을 요청한다.[24]

하지만 강력한 문제 제기에도 불구하고 부쿠레슈티 정상회의에서 채택한 결의문은 푸틴에 대한 역도발에 가까웠다. "진행 중인 나토 확장 과정은 안정과 협력의 진전, 완전하고 자유로운 평화와 민주주의를 공동의 가치로 하는 단결된 유럽이라는 우리의 목표에 더욱 가까이 가는 역사적 성취이다. 나토의 문호는 회원국의 책임과 의무를 수행할 의사가 있고 그리고 그렇게 할 수 있는 유럽

의 민주국가에게 열려 있다." 나토는 개방 의지를 분명히 밝힌 뒤
이어서 말한다. "나토는 우크라이나와 조지아가 유럽·대서양 나
토 회원국이 되고자 하는 열망을 환영한다. (중략) 회원국 활동 계
획안Membership Action Plan, MAP이 나토 가입의 직행 경로이다. 오늘
우리는 양국의 MAP 지원 의사를 분명히 지지한다."[25] 이로써 돌
아올 수 없는 강을 건넌 셈이다.

나토 동진과 러시아의 대응

최근 들어 1997년 2월 5일에 당시 90세가 넘은 조지 케넌이『뉴욕
타임스』에 쓴 칼럼이 여기저기에 다시 소환되었다. 조지 케넌이 누
구인가. 바로 반소련 냉전의 설계자이다.

> 나토 확장은 탈냉전 시기 전체를 통틀어서 미국 외교정책의 가장 치
> 명적인 실책이 될 것이다. 그 결정은 러시아에서 민족주의, 반서구
> 주의, 군사주의 경향에 불을 붙이고 민주정치 발전에 부정적 영향을
> 미칠 것이다. 또한 동서 신냉전 분위기를 조장하며 러시아의 외교정
> 책을 결단코 우리가 원치 않는 방향으로 몰고 갈 것이다.[26]

불행히도 나토 동진과 함께 '민주적 러시아'라는 자유주의 전
망도 소멸했다. 그 자리를 차지한 것을 신냉전이라 할 만하다. 당
연히 1997년에 체결한 나토·러시아 기본조약을 양쪽 모두 폐기하
진 않았지만, 실제로 그것은 더 이상 작동하지 않고 있다. 세르게
이 라브로프 현 러시아 외무장관은 "법적 의미에서 기본조약은 존

속한다. 하지만 우리는 협정 종료를 위한 절차를 개시하지 않았을 뿐이다. (중략) 마드리드회담의 결정은 기본조약의 조건을 심각하게 위배했다. 무엇보다 새로 가입한—동유럽—회원국의 영토에 항구적으로 그 어떤 부대도 주둔시키지 않기로 한 나토의 의무를 위반했다."[27] 하지만 아날레나 베르보크 현 독일 외무장관은 "러시아 정부가 나토·러시아 기본조약이 더 이상 가치 있는 무엇이 아니라는 점을 분명히 했다. 따라서 우리도 기본조약은 러시아에 의해 종료되었음을 인정하지 않을 수 없다"[28]라고 말했다. 러시아에서 국제관계 분야의 구루라고 볼 수 있는 세르게이 카라가노프 교수는 이탈리아 언론을 만나 이렇게 말했다.

질문자: 당신은 나토가 동쪽으로 확장하지 않기로 약속했으며 이 지점에서 러시아는 기만당했다고 했습니다. 그러나 과거 바르샤바조약기구의 회원국들은 나토에 가입하라는 요청을 받았습니다. 그리고 러시아는 1997년 나토·러시아 기본조약에 서명했고 이로써 나토의 확장을 수용했습니다. 여기 어디에 기만이 있나요?

카라가노프: 지난 30년간 러시아 외교정책의 최대 실책이지요. 나는 1997년에도 기본조약은 나토의 팽창을 정당화하는 것이기에 반대했습니다. 하지만 당시 우리는 빈곤했고 서방 파트너의 지혜를 믿었기에, 결국 서명하고 말았죠. 옐친 대통령은 아마도 우리가 내리는 비 사이로 다닐 수 있을 것이라고 생각했을 테지만 허사였습니다. 나토는 원래 방어 동맹으로 구상된 기구입니다. (중략) 우리는 반러시아적 질서를 거부했어야 해요. 우리는 그 속에 통합되고자 노력했

지만 그것이 두 번째 베르사유 체제였음을 이제 깨달았습니다. 나는 우리가 그것을 폭력이 아니라 건설적 파괴를 통해, 그리고 참여를 거부함으로써 파괴했어야 한다고 생각합니다.[29]

나토 동진, 특히 그 순번이 우크라이나에 왔을 때 이 문제가 얼마나 휘발성이 강해질지 미국도 충분히 인지하고 있었다. 위키리크스가 폭로한 2008년 2월 1일자 모스크바발 비밀 전문을 살펴보자. 미국 합동참모본부와 국방부, 국무장관, 국가안전보장회의, 나토, 유럽연합 협의기구로 전달된 전문은 "러시아는 나토에 의한 포위와 역내 영향력 축소 시도를 인지할 뿐만 아니라 자국의 안보이익을 심각하게 침해할지도 모르는 예측 불가능하고 통제되지 않은 결과를 우려하고 있다"고 전한다. 전문은 또 "러시아는 특히 러시아의 소수민족 공동체 대부분이 반대하는 나토 가입을 둘러싼 우크라이나의 심각한 분열이 폭력 사태와 최악의 경우 내전을 동반한 영토 분할로 귀결될지도 모른다는 점을 무엇보다 우려하고 있다. 만에 하나 그런 일이 일어나면 러시아는 개입 여부를 결정해야 할지도 모르는데, 러시아로선 하고 싶지 않은 결정이 될 것"이라고 강조한다. 덧붙여 나토 가입 문제가 장기적으로 볼 때 미러 관계의 최대 불안 요소이며, 양국을 전형적인 대결 태세로 몰고 갈 수 있다고 보고한다.[30] 즉 우크라이나의 나토 가입이 초래할 위험에 내전과 영토 분할, 신냉전이 모두 포함되므로 이는 결국 러시아가 개입 여부를 결정할 수밖에 없는 사안이라고 밝힌다. 즉 이말을 뒤집으면 미국은 러시아의 우크라이나 개입을 강요하여 얻을 수 있는 이익이 있다면 그렇게 할 수도 있다는 뜻이다. 즉 미국으로서는 새로운 카드를 하나 더 손에 넣을 수 있다.

카라가노프에 따르면 냉전 이후 서방이 구축한 유럽 안보체제는 '평화조약에 서명하지 않고 만들어진 것'으로서 더 이상 지속 가능하지 않을뿐더러 이를 지속하는 것은 러시아에 해롭다. 이제 '베르사유 체제 버전 2'를 넘어서는, 그리고 1997년 나토 동진 이전의 혹은 나토·러시아 기본조약 이전의 현상Status quo ante을 복원해야 한다고 설명한다. "우리 모두는 베르사유 굴욕의 종말을 알고 있다."[31] 바로 여기에서 그 유명한 '건설적 파괴'라는 신외교가 등장한다. "러시아는 신외교의 시대로 접어들었다. 이를 이전 시기 대서방 모델의 '건설적 파괴'라 부르자. 이 새로운 사고가 모습을 드러낸 지 15년이 넘었다. 2007년 푸틴의 저 유명한 뮌헨 안보회의 연설에서 출발한 이것이 이제 그 모습을 더욱 뚜렷하게 드러냈다." 그는 건설적 파괴는 공격적이지 않으며, 러시아는 누구를 공격하거나 날려버리지 않을 것이라고 설명했다. 또한 러시아는 중기적으로 더 많은 지정학적 기회를 제공받게 될 것이라고 예상하지만, 여기에는 단 하나의 큰 예외가 있다. 나토 팽창과 우크라이나의 공식·비공식 나토 가입은 모스크바가 수용할 수 없는 안보 리스크를 안고 있다는 것이다.[32]

카라가노프는 우크라이나 문제를 다음과 같이 이해한다. "우크라이나가 러시아의 안보를 위협하도록 허용해서는 안 된다. 즉 우크라이나로 인해 과도하게 행정적·정치적(경제는 말할 것도 없다) 자원을 허비하는 것은 비생산적이다. 러시아는 일정한 한계 안에서 휘발적인 상황을 적극적으로 관리하는 방법을 배워야 한다. 우크라이나는 반민주적 엘리트에 의해 선동되고 서방에 의해 부패했으며 전투적 민족주의라는 병균에 감염되어 있다."³³ 핵심은 우크라이나가 러시아의 미래전략을 위협하지 않도록 해야 한다는 말이다. 자원을 필요 이상으로 투입하는 것도 바람직하지 않다. 왜냐하면 러시아의 미래는 우크라이나에, 더 나아가 서방에 있지 않기 때문이다.

"오늘날 내적으로나 외적으로나, 그리고 경제에서조차도 서방은 완만하지만 불가피한 쇠락 과정에 있다. 이것이 지난 500년간 세계의 정치·경제·문화를 지배한 서방이 신냉전을 시작한 이유이다. 특히 1990년대와 2000년대 중반에 결정적 승리를 거둔 이후에 말이다. 나는 서방은 패배할 것이며, 글로벌 리더 자리에서 내려와 좀 더 합리적인 파트너가 될 것이라고 예상한다. 그렇다고 당장은 아니다. 러시아는 우호적인, 하지만 점차 더 강력해질 중국과 균형잡힌 관계가 필요하다."³⁴ 여기에서 말하는 신외교의 중점은 유라시아에 있다. "러시아에서 서방 트랙은 유라시아 외교의 다음 순위가 되어야 한다. 대륙 서쪽의 나라들과 건설적인 관계를 유지하는 것이 대유라시아 통합을 용이하게 할 것이다. 하지만 낡은 시스템이 방해가 된다면 그것은 해체되어야 한다." 러시아 외교의 과거를 점검해보건대 유엔 상임이사국으로서 중국과 맺은 강력한 우호가 가장 주요한 성과였다. 이 점에서 러시아는 소련은 갖지 못한 지정학적 이점을 일정 부분 향유한다. 물론 러시아가 과거 소련을 망친 원인인 글로벌 슈퍼파워가 되려는 열망으로 되돌아가지 않는다면 말이다. "우리 현재와 미래의 진정한 전망과 도전은 동과 남에 있다. 대서방 강경 노선을 채택하여 '동방으로의 회귀pivot to the East'를 방해해서는 안 된다."

카라가노프는 러시아의 현대 외교사를 다음의 단계로 구분한다.

제1기: 1980년대 후반부터 1999년까지. 나토 팽창 제1기가 시작되고 서방은 유고를 침공했다.

제2기: 러시아판 '도광양회' 시기. 미국이 탄도요격미사일협정에서 탈퇴해 전략적 우위를 탈환하려 하는 가운데 러시아 역시 신무기 개발에 뛰어들었다. 이 시기에 푸틴의 뮌헨 연설과 조지아전쟁이 있었으며, 국방개혁이 러시아 외교의 새로운 목표로 등장했다.

제3기: '위대함으로 돌아가자' 시기. 2007년부터 2017년까지에 해당한다. 2014년 크림 합병과 시리아 내전 개입, 군비 강화, 내정 간섭 차단(국내의 친서방 세력 발본색원) 등이 이어졌다. 2010년대에는 중국과 사실상 동맹관계를 시작하며 '동방으로 회귀'했다.

제4기: 2017년부터 현재. 국방 능력을 확충하는 시기로, 2021년 말 대서방 최후 통첩을 통해 나토의 확장을 중단하라고 요구했다. '건설적 파괴'의 시작, 새로운 대서방 관계 모색, 서방의 위험한 지전략적geo-strategic 압력으로 인한 위험성 극복, 대중 동맹 강화, '대유라시아 전부를 포함하는 신국제안보 협력 체제를 구축했다. 이것은 최근 수십 년간 서방이 전 세계에 강제하려 한 일방적 규칙이 아니라 유엔의 원칙과 국제법에 기반한 방식으로 이루어졌다.

"광대한 대유라시아 프레임으로 미래 경쟁을 예상할 때 러시아는

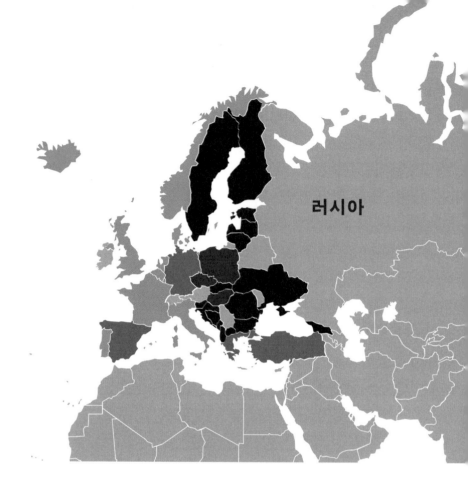

러시아

나토의 동진

시기별 가입(가입 신청) 국가

■ 1949

■ 1952-1982

■ 1999

■ 2004-2009

■ 2017-2020

※ 대서양 건너편에 있는 미국과 캐나다는
1949년 창설과 함께 가입했다.

안전하고 우호적인 서쪽이 필요하다. 마찬가지로 러시아 없는 유럽, 혹은 러시아와 갈등하는 유럽은 국제적 영향력을 상실한다. 여기에 대해서는 이미 1990년대에 러시아가 '대륙 시스템과 함께with'—그 안in이 아니라—통합을 제안했을 때에 다수가 예견한 바 있다. 우리는 어딘가로 흡수되기에 너무 크고 자부심이 강하다."[35]

2022년 6월 말 푸틴은 카스피안 정상회담에 참여해 매우 흥미로운 인터뷰를 했다. 새 회담의 목적은 흑해와 카스피해를 연결하는 새로운 지정학 구도를 만드는 것이라고 한다. 이 인터뷰는 푸틴이 그간의 상황과 우크라이나에 대해 가장 직접적으로 자신의 의견을 드러낸 사례로 평가할 만하다.

질문자: 나토 정상회담에서 (중략) 러시아를 '직접 위협'으로 지목했다. 나토 사무총장은 2014년부터 러시아와의 대결을 준비했다고 한다. 벨기에 총리는 우크라이나가 승리해야 한다고 말했다. 전반적인 상황을 어떻게 평가하는가?

푸틴: 우리는 이를 사실로 봐야 한다. 2014년 이후 나토의 군사행동 준비를 보면 이 정보는 새로운 것이 아니다. 그것은 러시아의 이익을 보호하기 위해 우리가 취해야 하는 결정적 행동을 설명해준다. 나토는 오랫동안 동맹을 결속시킬 외부의 적과 위협을 물색했다. 무엇보다 미국이 그랬다. 이란은 여기에 딱 맞지 않다. 러시아가 훨씬 적격이다. 나토는 새로운 역사적 시기에 동맹을 결속할 기회를 우리에게서 찾았다. 우리로서는 전혀 새로운 일이 아니다. 바로 이것이 나토는 과거 냉전의 유물이라는 새로운 증거 아닌가.

질문자: 우크라이나가 승리해야 한다는 주장은 어떻게 생각하나?

푸틴: 거기에 대해서도 잘 알고 있다. 우크라이나는 지금까지 우리와 대화를 했다. 그런데 어느 시점이 되자 그때까지 도출한 합의를—표현이 좀 그래도 양해해달라—씹어버렸다chuck. 우크라이나에게 어떠한 협상도 없이 전투를 계속하라는 요구는 서방과 나토가 우크라이나와 그 국민을 전혀 생각하고 있지 않다는 우리의 전제를 확인해준다. 그들의 목적은 자신의 이익을 지키는 것이다. 다시 말해 나토와 나토의 핵심국은 자신의 입장과 역할을 강화하기 위해 우크라이나와 국민을 이용하고 있다. 이는 리더십이 아니라—이 말의 전정한 의미에서—패권주의hegemonism, 즉 제국적 야심을 재확인할 뿐이다. 그들이 원하는 것이 바로 이거다. (중략) 만약 스웨덴과 핀란드가 나토 가입을 원한다면 내버려 둬라. 그건 그들 문제다. 하지만 우크라이나는 완전히 다르다. 그들은 우크라이나를 러시아를 교란하는 교두보로 바꾸고 있다. 그들은 러시아 문화와 언어를 배격하고, 러시아 세계의 일부로 간주되는 사람들을 억압하기 시작했다. 핀란드나 스웨덴과는 상황이 완전히 다르다.

우크라이나전쟁은 제2의 아프가니스탄전쟁인가?

촘스키는 최근 인터뷰에서 '브레진스키 트릭'을 언급한 바 있다. 브레진스키 자신이 직접 설명해 미국 외교가의 전설이 되어버린 이 일화는 1998년 1월에 발행된 프랑스의 시사주간지 『르누벨 옵세르바퇴르』에 실려 있다.

질문자: 전 CIA 국장인 로버트 게이츠는 회고록에서 미국 정보기관이 소련이 아프가니스탄에 개입한 지 6개월 만에 무자헤딘을 지원하기 시작했다고 말했습니다. 이 시기에 당신이 카터 대통령의 국가안보보좌관이었죠. 당신이 이 일을 주도했나요?

브레진스키: 맞습니다. 공식 기록에 따르면 CIA의 무자헤딘 지원은 1980년에 시작되었죠. 소련군은 1979년 12월 24일에 아프간을 침공했고요. 그러나 실제는 완전히 다릅니다. 카터 대통령이 카불의 친소 정권의 반대 세력을 비밀리에 지원하라고 처음 지시한 날은 1979년 7월 3일입니다. 그날부터 나는 무자헤딘 지원이 소련군의 개입을 유도할 것이라는 보고서를 작성했습니다.

질문자: 당신이 비밀공작의 옹호자임에도 그 일을 맡겼군요. 소비에트의 참전을 계획하고 이를 도발할 방법을 찾았나요?

브레진스키: 꼭 그렇진 않습니다. 우리가 직접 소련의 개입을 압박하지는 않았습니다. 다만 그들이 그렇게 할 수밖에 없는 확률을 의도적으로 높인 것이죠.

질문자: 소련이 미국의 아프간 비밀공작을 제압하기 위해 개입한다고 말했을 때 아무도 그 말을 믿지 않았습니다. 그런데 그들의 설명에 일말의 진실이 있었다는 뜻이네요? 지금도 그 일을 후회하지 않나요?

브레진스키: 후회라니, 무엇을 말이죠? 비밀공작은 탁월한 생각이었

습니다. 그것은 러시아를 아프가니스탄이라는 함정으로 끌어들였죠. 당신은 내가 후회하기를 바라나요? 소련이 공식적으로 아프간 국경을 침범한 날 나는 카터 대통령에게 이렇게 메모를 남겼습니다. "우리는 소련에게 베트남을 선물할 기회를 갖게 되었습니다." 이후 10여 년간 모스크바는 지속 가능하지 않은 전쟁을 수행해야 했고, 그로 인해 사기 저하와 궁극적으로는 소련제국의 붕괴가 이어졌습니다.

질문자: 이슬람 근본주의를 지원했고, 이는 곧 미래의 테러리스트에게 무기와 자문을 제공한 것인데, 정말로 후회하지 않나요?

브레진스키: 세계의 역사에서 무엇이 더 중요할까요? 탈레반입니까, 아니면 소련제국의 붕괴입니까? 혹은 무슬림을 선동한 일과 중유럽의 해방과 냉전 종식 가운데 무엇이 중요한가요?[36]

브레진스키는 백악관 안보보좌관으로 임명된 1977년에 이슬람 지역에서 종족 분쟁을 조장하여 소련을 약화시킬 목적으로 '소수민족 작업그룹Nationalities Working Group'을 결성했다. 이것까지 생각한다면 비밀공작은 훨씬 더 일찍 시작된 셈이다. 당시 소련의 고위 관리들은 이 전쟁을 중단하기 위해 필사적으로 시도했지만 레이건 행정부가 발목을 잡았다고 증언한다. 레이건은 취임 직후 소련군 철수를 요구했지만, 동시에 물밑에서는 비밀공작을 펼치며 소련군을 아프간에 고착시켰다는 것이다.[37]
'브레진스키 함정'의 요체는 이렇다. 적을 원하지 않는 전쟁으로 유도해 한정된 자원을 고갈시키고 전력을 약화시킨 뒤 최종적으로 압박해 무너뜨린다. 그렇게 아프가니스탄은 '소련의 베트남'이 되었고, 소련은 자국의 생산력으로 더 이상 냉전 비용을 감당할 수 없게 되자 결국 붕괴했다. 그리고 이번에는 러시아의 아프가니스탄으로 우크라이나가 지목되었다. 미국 국방 분야의 대표적 싱크탱크인 랜드연구소의 2019년 보고서를 보자.

> 이 작업의 일부는 랜드연구소에서 만든 냉전 시기의 '장기 전략경쟁' 개념에 기초한다. 랜드의 독창적인 1972년 보고서는 미국의 전략적 사고의 목표는 모든 차원에서 소련을 앞서는 것이 아니라 경쟁을 통제하고 이를 미국에 유리한 분야로 유도해야 한다고 상정했다. 보고서는 이 전환에 성공한다면 소련이 자신의 한정된 자원을 미국에 위협이 되지 않는 영역으로 옮기게 될 것이라고 예상했다. 새 보고서는 똑같은 개념을 오늘날의 러시아에 적용한 것이다.³⁸

이어지는 핵심 결론은 이렇다.

> 모든 경쟁에서 러시아의 최대 약점은 경제이다. 러시아 경제는 규모가 작고 에너지 수출에 고도로 의존한다. 러시아 지도부의 가장 큰 관심도 정권의 안정과 지속성이다. 러시아를 가장 성공적으로 압박할 수 있는 조치는 에너지와 국제 제재이다. 미국이 재생 에너지를 포함한 모든 형태의 에너지 생산을 지속적으로 확대하고 타국에 이것을 보급하면 러시아는 수출에 심각한 타격을 입는다. 이것이 그들의 국가 및 국방 예산에 대한 압력을 최대화할 수 있다. 보고서가 제시하는 수많은 조치 가운데 오직 이것만이 최소 비용으로 최대 효

과를 얻는 방법이다. 또한 제재는 러시아의 경제적 잠재력을 제한한다. 그 효과를 위해서는 러시아의 최대 고객이자 기술 및 자본의 원천인 유럽연합을 (중략) 제재에 포함시켜야 한다.[39]

경제 부문에는 또 다른 권고가 등장한다.

더 심층적인 무역금융 제재를 가하면, 그리고 이것이 포괄적이고 다자적이라면 러시아 경제를 더 옥죌 수 있다. 유럽이 러시아 이외의 국가에서 가스를 수입하면 러시아를 경제적으로 더욱 바싹 옥죄고 러시아의 에너지 속박으로부터 유럽을 방어할 수도 있다. 또한 미국과 기타 국가가 러시아의 숙련 노동력과 고등교육 청년층의 이주를 장려하면 러시아에 위해를 가할 수 있다.[40]

우크라이나에 살상 무기를 제공하면 러시아 최대의 외부 취약점을 이용할 수 있다. 하지만 우크라이나에 대한 미국의 무기 지원과 자문이 증가할 경우, 근접성이란 측면에서 이곳과 긴밀하게 연결된 러시아와 더 큰 분쟁으로 비화하지 않으면서도 그들이 개입에 따른 비용을 더 많이 소비하게끔 조심스럽게 조율할 필요가 있다.[41]

(성공 가능성이란 항목에서는) 동우크라이나는 서구의 제재로 인해 수출의 어려움을 겪고 있는 러시아 자원의 중요한 배수관이다. 미국의 군사적 지원 증대는 러시아의 비용을 고갈시킬 것이 확실하지만, 한편으로는 우크라이나인의 생명과 영토 손실을 촉발하여 불리한 평화협상으로 귀결될 수도 있다. 이 경우는 미국 정책의 심각한 좌절로 보일 것이다.[42]

A. 웨스 미첼은 트럼프 행정부 국무부의 유럽과 유라시아 담당 차관보였다. 「2전선 전쟁을 회피하는 전략」은 2021년 8월 22일자 『국가이익The National Interest』에 게재된 긴 논문이다.[43] 원래는 2020년 국방부 프로젝트였으니, 한때 기밀이지 않았을까 싶다. 그런데 이 논문은 러시아의 약점(경제)을 무너뜨리기 위해 과잉 팽창을 유도해야 한다는 랜드 보고서와 출발점이 다르다.

미첼 차관보의 글은 2020년에 작성된 것으로, 현재의 상황을 반영하지는 않는다. 그런데 바로 그 상황이란 것이 이 글에서 말한 거의 그대로 움직이고 있다. 21세기 미국 대전략의 최대 목표는 '2전선 전쟁', 즉 중국 및 러시아와 동시에 두 개의 전선에서 전쟁을 수행하는 상황을 회피하는 것이다. 2018년 미국의 국방전략은 두 전선 가운데 대중국 전쟁에 초점을 맞추고, 이때 출현하는 동시성 simultaneity 문제를 회피하는 시퀀스sequence를 설계한다. 여기에는 세 가지 옵션이 있다.

①두 나라 중 약자와 동맹(러시아와 데탕트), ②두 나라 중 강자와 경쟁 연기, ③두 나라와 잘 지내기이다. 하지만 셋 모두 현재 상황에는 맞지 않다. 그래서 "미국의 동시성 문제를 덜어내려면 러시아가 유럽 세력이 아니라 아시아 세력이 되게끔 인센티브를 제공해야 한다." 이때의 지렛점이 바로 우크라이나이다. 이를 발판으로 러시아가 더 이상 서진하지 않고 동진하게끔 유도해서, 거기에서 중국과 경쟁하게 하려는 전략이다. 역사적으로 볼 때 러시아는 군사적으로 패배하거나 심각한 방해를 겪고 나면 서쪽을 포기하고 동쪽으로 눈을 돌렸다. 아프가니스탄과 뤼순항에서의 패배(1904~05년 러일전쟁)가 바로 그 예이다. "뤼순 또는 아프가니스

탄의 역할을 하는 곳이 지금의 우크라이나이다. 미국은 러시아 지도자가 포스트소비에트 공간을 전략적 확장을 위해 침투할 수 있는 지대로 보는 가설을 재평가하도록 만들기 위해 충분한 규모의 군사적 패배를 입혀야 한다. 미국은 아프가니스탄과 같은 결과가 도출되도록 지원할 수 있다. 즉 우크라이나에 과거보다 더 많은 수단을 제공해 러시아에 저항하게 만들고 유럽의 동맹(즉 나토)들이 동일한 일을 하게끔 고무할 수 있다."

미국의 전략을 다시 요약해보자. ① 미국 패권의 주적은 중국이다. ② 하지만 중국 및 러시아 두 나라와의 동시 전쟁은 미국의 최대 리스크이다. ③ 이 상황을 피하기 위해 러시아가 유럽을 포기하고 동진하게끔 해야 한다. ④ 그러려면 우크라이나에서 러시아가 군사적으로 패배해야 한다.

그렇다면 이렇게 추론할 수 있다. 우크라이나전쟁은 2022년 2월 24일 바로 그날 출발선에 서서 신호 소리에 따라 일방이 다른 일방을 공격하며 시작된 것이 아니다. 이런 식의 설명은 역사 과정을 지나치게 단순하게 한 점으로 환원시키는 것과 다름없다. 역사적 인과를 점 하나로 다 설명할 수는 없다. 한편으로 현재의 상황은 돈바스 내전의 연장이지만, 다른 한편으로는 위에서 말한 목적을 위해 러시아의 군사행동을 유도한 결과이다. 그런데 계획대로라면 러시아는 우크라이나에서 패배하고 외교 방향을 바꾸어야 하는데 결과는 그렇게 보이지 않는다. 미국의 직접 참전은 계획에 없다. 미국과 러시아의 전쟁은 그 결과의 불확실성과 이로 인한 중국의 강력한 부상(곧 중국 주도의 단극 체제)이 예상되는데, 미국은 이를 결코 수용할 수 없기 때문이다. 그렇다면 우크라이나를 '쪼개

먹는 건' 어떨까? 여기에 대해 미첼 차관보는 "도덕적 고려를 제쳐두고 말하면, 우크라이나의 분할 같은 방식은 (중략) 필연적으로 모스크바의 지정학적 접촉선을 폴란드와 루마니아 방향으로 이동시키는 결과를 초래한다"라고 설명한다. 분할도 얼마든지 가능하다는 뜻이다.

2022년 1월 25일자 랜드 보고서를 요약한 사본이 공개되면서 논란이 생겼다. 백악관 비서실장, 안보보좌관, 국무부, CIA, 민주당 전국위원회에 배포한 기밀문서이다. 랜드연구소 측은 즉각 문건이 조작된 가짜라고 밝혔다.[44] 그 내용의 폭발성과 민감성으로 미루어 보건대 당연한 대응이다. 하지만 진위를 생성 주체인 랜드의 발표로 판단하는 것도 그다지 설득력 없는 일이다. 모든 가능성을 열어놓되, 이 시나리오를 지정전략적 사고 실험의 한 예로 볼 수는 있을 것이다. 하지만 이 시나리오를 모든 지정학적 사고의 일반적인 시각이라고 볼 것인지, 아니면 이전 보고서들에 깔려 있는 특유한 전략경쟁 사고로 볼 것인지, 아니면 또 다른 제3의 무엇이라고 볼 것인지는 아직 판단할 수 없다. 아무튼 유럽에 대해 러시아가 비교 우위에 있는 전략물자, 즉 에너지의 공급(판매)을 차단해 경제를 약화시키고 동시에 우크라이나전쟁을 '유인'해 서로 싸우게 만드는 것이 이 시나리오의 핵심이다. 여기서 독일 녹색당이 약한 고리로 지목된다.

> 독일이 러시아산 에너지를 거부하게 만들 유일한 방법은, 양국을 우크라이나 군사 분쟁에 개입시키는 것이다. 우리가 우크라이나에서 지속적으로 활동한 결과 이제 러시아는 군사적 대응이 불가피해졌

다. 러시아가 비승인 돈바스공화국에 대한 우크라이나 군대의 대대적인 압박을 수수방관할 수 없다는 점은 명명백백하다. 이때 우리는 러시아를 침략자로 선포하고 미리 준비한 대러시아 제재 패키지를 실행할 수 있다.

이에 맞서 푸틴은 유럽에 에너지 공급을 제한하는 제재로 대응할 것이다. 이때 EU의 피해는 러시아가 받는 피해와 비교할 만한데, 특히 독일과 일부 국가의 피해는 더욱 클 것이다.

독일을 이 함정으로 유도하는 선행 조건이 유럽의 녹색당과 그들의 이데올로기다. 독일 녹색당은 강력한 (중략) 교조적 운동이다. 그 성격으로 인하여, 녹색당이 경제 논리를 무시하게 만드는 건 매우 손쉬운 일이다. 독일 녹색당 지도부—다른 누구보다 아날레나 베르보크(녹색당 공동대표, 현 외무장관)와 로베르트 하베크(녹색당 공동대표, 현 부총리 겸 경제 및 기후장관)—의 개인적 특성과 부족한 전문성을 고려하면, 이들은 적기에 자신의 실수를 인정하는 것이 거의 불가능하다고 가정해도 무방하다.

따라서 '푸틴의 침략 전쟁'이라는 미디어 이미지를 재빠르게 만들어내는 것만으로도 독일 녹색당을 대러 제재의 열정적이며 강경한 지지자로, 즉 '워 파티War Party'로 돌려세울 수 있다. 이 경우 아무런 방해도 받지 않고 대러시아 제재를 시작할 수 있다. 전문성이 현저하게 떨어지는 녹색당 지도부는 나중에 자신들이 선택한 정책의 부정적 영향이 명백해지더라도 이를 철회하지 않을 것이다. 독일 연정의 파트너들은 적어도 경제 문제의 부담이 집권을 위협하는 수준으로 고조되기 전까지는 자신들의 동맹(독일 녹색당)을 순순히 따를 수밖에 없다.

(연징 파드너인) 사민당과 자민당이 녹색당에 맞설 준비를 끝내더라도, 차기 정부가 빠른 시일 내에 대러 관계를 정상으로 되돌릴 가능성은 매우 낮다. 독일이 우크라이나에 무기와 군사 장비를 대량 공급하도록 끌어들이면 러시아의 불신은 강해질 것이다. 이로 인해 협상 과정이 매우 지난해질 것이다.[45]

1972년에 랜드연구소가 말한 장기 전략경쟁에 대한 새로운 접근법, 그리고 2019년 상황에 이 개념을 다시 적용한 것을 계략이나 책략, 음모 등으로 간단히 치부할 수는 없다. 대개 전략과 계략의 경계는 모호하다. 자신이 유리한 조건이나 지형에서 싸우기 위해 상대를 '유도' 혹은 '유인'하는 것도 마찬가지다. 적이나 상대방을 직접 타격해서 무너뜨릴 것인지 아니면 무기, 탄약, 장비, 병력을 소모시켜서 굴복시킬 것인지는 전략과 전황에 따라 선택지가 달라진다. 이 모든 것은 전략적 요소로, 언제나 준비되어 있다고 보는 편이 더 정확하다. 미국의 입장에서는 과거 아프가니스탄전쟁에서 그랬듯이 적을 가장 불리한 지형이나 조건으로 유도하고 자원을 다 쓰게 해서 굴복시키려는 의도와 전략이 상수이다. 2022년 하이브리드전쟁에서는 '경제'가 핵심이다. 이번에도 미국은 러시아의 가장 약한 곳을 가장 효율적인 방식으로 공략하려 했다. 하지만 아직까지 성공한 것으로 보이지 않는다. 그러나 아프가니스탄에서 덫에 걸린 소련은 빠져나가는 데 10년이 걸렸다. 만에 하나 우크라이나가 또 하나의 덫이라면, 미국의 입장에서는 러시아가 빠져나가지 못하도록 하루라도 더 발목을 잡는 것이 당연한 선택이다.

2

'내전의 계속'으로서 우크라이나전쟁

세 개의 종족 정체성ethnicity[46]과 이익 균형의 붕괴가 결국은 그 귀결이었다. 현 우크라이나전쟁은 돈바스 내전의 연장인 동시에 한 경과점이다. 또 돈바스 내전은 고립된 사건이 아니다. 그 내적인 다이내믹스dynamics를 포착하기 위해서는 우크라이나 사회의 구조적 특성과 이 특성이 역사의 변곡점에서 어떻게 진화했는지 이해할 필요가 있다. 이를 위해 먼저 다인종국가로서 우크라이나를 분석해야 한다.

우크라이나는 다음 세 가지 종족ethnic group 혹은 상이한 정체성을 가진 인구집단으로 구분된다.[47]

첫째는 '우크라이나어를 사용하는 우크라이나인'이다. 고대 갈리시아 지역의 이름을 따서 갈리시안Galician이라고 부르는 이들은 주로 우크라이나의 서부와 중부에 거주한다. 둘째는 '러시아어를 사용하는 우크라이나인'이다. 주로 중남부와 동부에 거주한다. 이들은 러시아를 외국으로 간주하지 않으며 또 러시아인에 대해 적대감을 갖지 않는다. 러시아어를 사용하는 우크라이나인('러시안

폴란드
벨라루스
러시아
바키아
키예프
UKRAINE
가리
루간스크
몰도바
도네츠크
루마니아
아조프해
흑해
크림반도

■ 친러시아 분리주의자들이 독립을 선언한 공화국

＋ 2014년 3월 러시아가 합병한 영토

우크라이나인')은 '정치적 러시아인'과 '급진 우크라이나인' 사이의 교차집단cross으로 양 그룹 모두에서 정체성을 공급받지만 양쪽 모두와 구분된다. 반면 '급진 우크라이나인', 즉 우크라이나어를 사용하는 우크라이나인에게 러시아인은 어김없이 적이며, 이들은 러시아를 침략자이자 실존적 위협으로 간주한다. 반면 '온건 우크라이나인'들은 러시아에 대한 특별한 악감정이 없으며 오히려 형제나라라고 인식한다. 이들은 러시아와 우크라이나는 내면에서부터 문화적으로 뒤엉켜 있어서 서로 구분이 되지 않는다고 간주한다. 마지막 집단은 갈리시안의 대척점에 있는 종족상 '러시아인'이다.

우크라이나 독립 이후 두 개의 민족국가 디자인이 제출되었다. 첫째는 갈리시아(민족주의) 패러다임이며 둘째는 동우크라이나 모델이다. 전자는 민족국가 형성의 전제로서 단일인종국가 즉 우크라이나어를 사용하고 우크라이나 문화가 중심인 '우크라이나인을 위한 우크라이나'를 말한다. 반면 후자는 다종교, 다종족, 다문화 국가이다. 2014년 이전까지만 해도 둘 사이의 내러티브 충돌은 미미했다고 할 수 있고, 정치적 타협에 의해 어느 정도의 이익균형을 유지했다고 말할 수 있다. 아니면 적어도 유로마이단 이전에는 세 종족 간의 고도로 민감한 균형을 교란하지 않고 민족국가 모델을 추구해왔다고 할 수 있다. 여기에서 우크라이나 정치와 사회를 분석할 때 등장하는 개념이 '유령국경phantom borders' 혹은 '상상의 국경'이다.

> 우크라이나 중부와 서부는 동일한 집단의 고향이고, 남부와 동부는 다른 집단의 고향이다. 사실 우크라이나를 주민의 철학, 믿음, 그

리고 문화에 기반하는 서로 다른 구역으로 분할하는 상상의 분계선이 바로 섭틀니 라인Subtelny line이다. 오레스트 섭틀니는 우크라이나 태생의 캐나다 역사학자로 1980년대에 우크라이나 전국의 러시아어 사용 인구와 우크라이나어 사용 인구 분포에 대한 종족언어학적 연구를 발표했다. 섭틀니는 우크라이나는 서로 다른 문화, 언어, 그리고 최종적으로는 이데올로기적 선호로 나눠지는 고정된 상상의 경계선에 의해 둘로 분할되어 있다고 결론 내렸다. 노보로시야 Novorossiya라고도 부르는 흑해 북부의 역사적 구역은 예카테리나 대제가 타타르와 투르크족으로부터 획득한 땅이다. 슬로보다우크라이나Sloboda Ukraine 또는 슬로보잔시나Slobozhanshchyna는 1503년 이래로 러시아국의 일부였다. 과거에 돈호스트왕국Don Host Province(옵라스트)에 소속되었던 지역 일부를 포함하는 돈바스와 크림은 그 전부가 '러시아령 우크라이나'에 포함되어 있다.

놀라운 점은 모든 우크라이나 선거와 여론조사(예컨대 우크라이나의 나토 가입에 관한 조사)는 우크라이나 지도 위에 섭틀니 라인을 복사해 그린 것처럼 결과가 나와서, 우크라이나 사회의 양대 진영 이론의 유효성을 입증한다.[48]

어떤 점에서 우크라이나 독립 이후의 역사는 '두 개의 우크라이나', 즉 서부의 갈리시아와 동부의 돈바스[49]의 서로 다른 역사, 정체성과 러시아에 대한 방향성을 둘러싼 지리적 대립과 정치적 투쟁, 그로 인한 긴장의 역사라고 불러볼 만하다.

지금부터 우크라이나전쟁의 역사적 기원을 소략하게나마 재구성해보자. 현존 사회주의의 위기에 직면한 고르바초프 측은 '신동맹조약New Union Treaty'을 제창했다. 이것은 소비에트연방을 동등한 주권을 가진 소속 공화국들의 국가연합confederation으로 재편하는 방안이었다. 그러면서 1991년 3월 17일에 소련 존속의 찬반을 묻는 국민투표를 제안했다. 여기에 우크라이나는 원래의 설문을 일부 변경하여 '우크라이나 주권선언을 기초로' 새로운 연방의 가입국이 되는 것에 대하여 찬반을 묻는다. 그 결과 유권자의 76.4퍼센트가 투표해 약 80퍼센트가 찬성, 주권선언을 토대로 새연방에 가입하기로 했다. 하지만 서우크라이나의 세 개 주—리보프이바노, 프란코프스크, 테르노폴—에서는 반대표가 다수였다. 그해 8월 소련 해체에 반대하는 쿠데타가 실패로 돌아가면서 새 조약은 역사의 문서고로 직행했다. 그러면서 다시금 주권선언 퍼레이드가 이어지고, 15개 연방 공화국 중 13국이 독립을 선언했다. 우크라이나 역시 예외가 아니었다.

해가 바뀌기도 전인 1991년 12월 1일에 우크라이나 독립안이 다시 레퍼렌덤에 회부되었다. 이번에는 투표에 참여한 85퍼센트 중 90퍼센트가 독립에 찬성했다. 여기서 흥미로운 것은 이른바 우크라이나 동남부인 도네츠크주 83.9퍼센트, 루간스크주 83.9퍼센트, 하르코프주 86.3퍼센트, 오데사주 85.4퍼센트, 크림주 54.2퍼센트 등에서—이미 '우크라이나 내 자치권'을 획득한 크림은 예외—압도적인 찬성표가 나온 점이다. 3월 레퍼렌덤 때 서우크라이나 3주가 연방 가입에 반대표를 던졌던 점에 비추면 상당히 의아한 일이다. 우선 그 이유를 살필 필요가 있다. 대선과 동시에 진행된 선거운동 과정에서 러시아와의 어떠한 분리도 없을 것이며 제철, 석탄, 철광석, 설탕 등의 생산력이 유럽에서 충분히 경쟁력 있기 때문에 독립이 경제적 번영과 성장을 가져올 것이라는 공약이 있었다. 또한 국민투표가 대선과 동시에 진행된 점도 중요한 요인이었다.[50]

독립 투표 선거운동 기간에 우크라이나는 러시아인과 러시아어를 사용하는 시민의 권리를 존중하고 만인이 평등하며 그 어떤 차별도 없을 것이라고 명확하게 선언했다. 이 선거에서 우크라이나 초대 대통령이 된 레오니드 크라우추크는 1991년 말에 강제 우크라이나화는 허용되지 않을 것이라고 밝히고, 어떠한 인종 차별에도 반대하는 '단호한 조치'를 공약했다. 뿐만 아니라 정부도 러시아어는 국가 공용어 지위에 있어 우크라이나어와 동등할 것이라고 공약했다. 하지만 이후 약속은 지켜지지 않았다. 크라우추크의 말대로라면 독립한 우크라이나는 "우크라이나인, 러시아인, 그리고 기타 소수민족 집단 모두의 나라"가 되어야 했지만, 그 내용은 입법부를 통과하지 못했다.[51]

공약은 백지가 되었고, 경제적 번영도 오지 않았다. 결국 2대 대통령 레오니드 쿠치마는 레퍼렌덤에서 국가가 국민을 속였다고 시인했다.

우리는 국민에게 전적으로 솔직하지 않았다. 우리는 미래를 예측하면서 이때까지 러시아에서 무료로 받은 상품의 비용을 계산하지 않았다. 1989년에 경제연구소가 양국의 무역수지에 대한 보고서를 발간했는데, 여기에 우크라이나의 손해라고 적혀 있다. 우크라이나는 석유와 가스를 차와 물보다 싸게 사왔다. 이후 러시아가 우리에게 보내는 상품의 가격을 통상 가격으로 전환했을 때 어쩔 수 없이 꿈에서 깨어났다. 그 결과 하이퍼인플레이션이 닥쳤고, 그 규모는 이전

| 의 그 어떤 소비에트 공화국과도 비교할 수 없을 정도였다.[52]

2004년이 되자 정치적 이익 대변의 위기가 내전 직전의 수준까지 고조된다. 빅토르 유셴코와 빅토르 야누코비치가 맞붙은 선거에서 야누코비치가 승리하자 반대자들은 부정선거를 규탄하며 대규모 시위운동을 전개했다. 흔히 키예프에서 일어난 시위를 '오렌지혁명'이라 부르지만 돈바스를 중심으로 하는 동남주에서는 이를 '쿠데타'라고 비난했다. 11월 말에는 세베로도네츠크에서 대규모 야누코비치 지지대회를 조직하여 반격에 나섰다. 이들은 지금까지의 우크라이나 '단방제unitary'는 실패했다고 규정하고 연방제 논의를 재점화했다. 우크라이나를 고도의 자치권을 가진 연방국가로 조정하자는 말이었다. 연방제 어젠다를 놓고 친러와 친서방이 재격돌하는 형세였다. 이 과정에서 하르코프 주지사 예브게니 쿠시나레프의 발언이 흥미롭다. "우리는 키예프에서 400킬로미터 떨어져 있지만 러시아와는 40킬로미터 떨어져 있을 뿐이다. 우리는 동부와 서부 갈리시아는 매우 다르다고 알고 있다. 우리는 갈리시아에 우리의 생활방식을 강요하지 않을 것이다. 갈리시아도 우리를 가르치려고 하지 마라."[53] 이 말은 동남주의 전형적인 지정학 감각을 대표하는 것으로 아직도 유효하다. 키예프의 이른바 오렌지혁명과 이에 대한 동남부의 연방제 대응은 사실 동남부의 분리독립 가능성을 함축하는 것이었다. 따라서 연방제는 이후 분리주의 담론으로 치부된다.[54] 하지만 긴장이 고조됨에 따라 러시아와 EU는 외교 채널을 가동하고 타협점을 모색했다. 결국 재선거가 실시되고 유셴코가 대통령으로 취임하면서 긴장은 일단락되었다.

이 시기에 우크라이나 정치인들은 파국적 대결을 피하고 섭틀니 라인 양쪽의 이익을 조정하려고 시도했다고 볼 만하다. 그러나 유셴코 집권 이후 다시금 공격적 우크라이나화 및 러시아와 거리 두기 정책을 추진하였으니, 위기는 해소되지 않고 단지 지연된 상태였다.

돌이켜 보면 2004년을 기점으로 우크라이나 현대사의 마지막 평화기가 끝났다. 키예프는 2004년 세베로도네츠크에서 벌어진 사건에서 올바른 결론을 도출하는 데 실패했고, 이는 결국 2014년의 비극으로 귀결된다. 우크라이나 사회는 결코 내부 분단을 극복할 수 없었고, 10년 뒤에 일어난 혁명은 나라를 더욱 분열시켜 크림반도의 상실과 돈바스 내전을 초래했다.[55]

2014년 마이단: 존엄혁명 아니면 '뻔뻔한 쿠데타'

CIA의 다른 이름인 미국 민주주의진흥기금NED의 사실상 종신 총재였던 칼 거슈먼은 마이단이 있기 전에 포스트소비에트 공간, 즉 근외국近外國, near abroad에서 미국의 각종 전복 활동이 거둔 성과를 일별하면서 "우크라이나는 제일 큰 상prize이다"[56]라고 짚었다. 마이단을 성사시킨 뒤 2015년 초에는 그 성과를 이렇게 요약한다. 지금 읽어보면 현실과 매우 동떨어진 이야기이지만, 그 자체로 울트라 네오콘의 상황 인식을 파악할 수 있는 자료이다.

이 모든 격변과 투쟁 속에서 새로운 우크라이나가 모습을 드러냈다. 우크라이나는 더욱 강력한 민족 정체성으로 과거 어느 때보다 더 통합된 나라가 되었다. (중략) 푸틴의 최종 목적은 다름 아닌 우크라이나의 민족 정체성 파괴이다. 그러나 역설적이게도 우크라이나의 투쟁과 푸틴의 깊은 적대감으로 인해 우크라이나는 새로운 나라, 언어와 그 밖의 다른 분열이 과거만큼 심각하지 않은 나라가 되었다. 이 나라는 이제 민주주의와 법치를 갖춘 현대적 유럽 국가다.

마이단 봉기는 민주적 가치를 지키기 위해, 그리고 더 큰 공동체에 복무하기 위해 시민의 권리라는 개념을 이해하고 개인의 책임을 수용한 시위자들이 이룩한 중대한 역사적 사건이었을 뿐만 아니라 거룩한 민주화의 순간이었다.[57]

마이단이 EU 가입을 지지하고 러시아에 반대한 민주주의혁명이라는 거슈먼의 내러티브는 이미 당시에도 어렵지 않게 반박당했다. 키스 대든과 루컨 웨이(2014)는 경험적 연구에 바탕한 상당히 균형 잡힌 논리로 거슈먼의 내러티브를 반박했다. "운동이 노소를 불문한 전체로서 우크라이나 전 인구를 반영"한다는 주장에 대하여 극우 민족주의 세력은 사소한 일부에 불과하며, 거슈먼의 급진적 주장은 근거 없이 사실을 호도하는 것이라고 말한다. 이들에 의하면 당시 "시위자 다수가 급진 민족주의 혹은 쇼비니즘에 추동되었다는 증거는 없다." 마찬가지로 민족주의 극우파가 시위 군중의 일부만 대표한다고 말하는 것도 사실이 아니다. 마이단을 이끈 스보보다당(사회민족주의당의 후신)은 분명 나치 성향의 정당으로 총선에서 10퍼센트를 득표한 바 있다. 조사에 의하면 시위 참가자들의 가장 주된 참여 동기는 당시 야누코비치 대통령의 과격한 시위 진압에 대한 분노였다.

대중 동원에 대한 최근의 연구는 '민주혁명'에 대해 말하는 정치인과 학자들의 핵심 내러티브가 거리로 나간 시위대의 실제 동기를 반영한다고 가정하는 것에 신중해야 한다는 점을 보여준다. 프린스턴 대학의 마크 바이싱거 교수는 2004년 말의 우크라이나 시위가 부정선거에 의해 촉발되었음에도 시위대는 '민주적 목적에 대한 확신'이 약했음을 보여준다. 우크라이나 시위자들에 대한 최신 조사에 따르면 불과 20퍼센트 미만만 '민주주의 침탈 혹은 독재 위협'에 저항하기 위해 시위에 나갔다. 좀 더 포괄적으로 말하면 비민주적 정권에 대한 반대가 민주주의에 대한 지지와 동일하다고 가정하지 않는 것이 중요하다.

더욱이 시위대가 광범위한 우크라이나 정체polity를 특별히 대표하는 것도 아니다. "운동이 노소를 불문한 전체로서 우크라이나 전 인구를 반영"한다는 주장은 거의 지지할 수 없다. 정치적 견해의 전 영역에서 우크라이나는 매우 뚜렷하게 분할되어 있다. (중략) 가장 신뢰할 만한 최신 조사에 따르면 우크라이나 전체 인구 중 시위 지지가 48퍼센트, 반대가 46퍼센트였다.

야누코비치 대통령의 지지율이 형편없었음에도 시위자들은 여론의 압도적인 지지를 받지 못했고, 나아가 우크라이나 인구의 확실한 다수가 EU 가입을 지지했다는 근거도 없다.

서우크라이나 민족주의의 반러시아 레토릭과 상징은 우크라이나 인구의 다수와 어울리지 않는다. 우크라이나 인구의 거의 절반이 러시아제국 내 매우 다양한 이주민들이 19세기에 거주했던, 과거 한때

'뉴러시아'라고 불리던 나라의 동남부에 거주하고 있다. (중략) 약 40~45퍼센트가 유럽으로의 통합을 지지하는 한편 30~40퍼센트는 (러시아가 포함된) 관세동맹을 지지한다.

결국 대든과 웨이의 결론은 이렇다. "20년에 걸친 연구와 조사를 통해 우리는 한 가지 사실을 알게 되었다. 그것은 우크라이나가 러시아 혹은 서방과 관련된 모든 쟁점에서 (중략) 매우 심층적인 역사적 분할로 인해 깊이 분열된 나라라는 점이다."[58]

"역사상 가장 뻔뻔한 쿠데타!" 2014년 12월 19일 러시아 매체 『코메르산트Kommersant』에 실린 CIA의 그림자 기업—CIA 외주 회사라고 봐도 되겠다—인 스트래트포Stratfor의 창립자이자 CEO 조지 프리드먼의 인터뷰에 나온 말이다.

미국은 우크라이나에 친서방 정부를 구성하는 데 관심이 있었다. 그렇게 하면 러시아를 후퇴시킬 수 있다. 러시아는 연초에 발생한 사건을 쿠데타라고 부른다. 그렇다, 마이단은 쿠데타였다. 역사상 가장 뻔뻔하고 노골적인 쿠데타였다. 미국은 공개적으로 자금을 보내는 것을 포함하여 여러 방법으로 우크라이나의 우익 집단을 지원했다.

러시아 당국은 서방의 군대가 러시아의 쿠르스크와 보로네츠에서 불과 100킬로미터 떨어진 곳에 주둔하는 상황을 견딜 수 없다. (미국의 목표는) 약자를 지원하여 유럽의 세력 균형을 유지하는 것이다. 물론 여기서 약자는 우크라이나를 말한다.

미국은 러시아와 독일의 동맹을 가장 위험한 시나리오로 파악한다. 이것은 독일의 기술과 자본이 러시아의 천연자원 및 인적자원과 결합한다는 의미이다.

　미국의 전략적 이익은 러시아가 패권자hegemon가 되는 상황을 막는 데 달려 있다. 반면 러시아의 전략적 이익은 미국이 자국 국경에 접근하지 못하도록 막는 것이다. (중략) 러시아는 크림을 양보할 수 없을 것이다. 이것은 자명하다. 이로 인해 크림반도는 심각한 공급난에 직면할 것이다. 그러나 모스크바는 우크라이나에 있는 자신의 필수요건에서 결코 물러설 수 없다. 모스크바는 서방 군대가 우크라이나에 등장하는 것을 허용할 수 없다. 그것은 악몽이다. (중략) 러시아가 수용할 수 없는 어떤 일들이 느리지만 이미 벌어지고 있다. (중략) 미국은 누군가가 우크라이나를 통제해야 한다고 생각하지만, 그 누군가가 러시아는 아니라는 것이 중요하다. 그것을 목표로 삼고 있다.[59]

　2014년 유로마이단 당시에 미국 국무부 빅토리아 눌런드 차관보와 우크라이나 주재 미국대사의 통화 내용이 유출되면서[60] 쿠데타의 배후로 눌런드가 지목됐다. 특히 'F**k the EU' 발언에 앙겔라 메르켈 독일 총리 등이 격분했지만, 유야무야 넘어가고 말았다. 하지만 그들이 우크라이나 야권의 '빅3' 중 하나로 올레흐 탸흐니보크를 거명했다는 점에 주목해야 한다. 당시 미국의 구도는 우크라이나 정부 내부에 미국이 후원하는 야세뉵을 총리로 세우고, 외부에서 서우크라이나 리보프에 근거를 둔 네오나치 조직 스보보다당을 동맹 파트너로 동원하는 것이었다.[61]

　(마이단 당시) 미국 대통령 오바마는 (국무부의 눌런드와 우크라이

나 대사 제프리 파이어트를 경유해) 2014년 2월 쿠데타의 최고 경영자 안드리 파루비(마이단의 최고 사령관)와 최고 운영 책임자 드미트리 야로시에게 의지했다. 야로시는 이때 군대를 조직하는 역할을 했지 집행 기능을 수행하지는 않았다. 이후 야로시는 우크라이나 'ATO' 즉 '안티 테러 작전'에서 오바마의 쿠데타로 타도된 자(빅토르 야누코비치)를 90퍼센트 넘게 지지한 우크라이나 지역 주민(돈바스를 말한다)을 제거하는 정부 작전의 책임자로 등장한다. (중략) 야로시는 이 쿠데타의 집행자였을 뿐만 아니라 후속 ATO도 이끌었다(ATO는 '반돈바스전쟁' 혹은 '우크라이나 내전'으로 알려져 있다). 정치적 조정자로서 파루비, 그리고 군사적 조정자로서 야로시가 없었다면 오바마는 쿠데타를 성공시킬 수 없었을 것이다. 또한 오바마는 우크라이나 대사에게 훈령을 내릴 빅토리아 눌런드가 필요했다. 이것이 쿠데타가 성사된 내막이다. 물론 미국 대사관에서 공작을 실행하는 CIA를 포함해야 하지만 말이다.

2014년 쿠데타 이후 반러시아, 반러시아인 프로파간다는 마치 나치독일의 유대인에 대한 프로파간다만큼 우크라이나에서 집중적으로 전개되었다. 예컨대 2003~09년에는 단지 20퍼센트의 우크라이나인만 나토 가입을 원하고 55퍼센트는 반대했다. 2010년 갤럽 조사에 따르면 17퍼센트가 나토를 '나라의 보호자'로 인식한 반면 40퍼센트는 '나라의 위협'으로 여겼다. 다수의 우크라이나 국민이 나토를 친구가 아니라 적으로 간주했다. 그러나 오바마의 2014년 쿠데타 이후 우크라이나인의 53.4퍼센트가 나토 가입을 지지하고 반대하는 사람은 3분의 1(33.6퍼센트)로 줄어들었다. 쿠데

타 이후 부단히 그리고 집중적으로 실시한 반러시아 프로파간다가 큰 영향을 미쳤다.[62]

올가 바이샤는 『우크라이나 민주주의, 포퓰리즘, 신자유주의*Democracy, Populism, and Neoliberalism in Ukraine*』라는 책에서 우크라이나에 대한 흥미로운 관점들을 제공한다. 그녀의 인터뷰가 실린 『컨소시엄 뉴스』는 얼마 후 국제 결제 시스템인 페이팔Paypal 계좌가 봉쇄되었다. 회사 측이 밝힌 이유는 우크라이나전쟁에 대한 '통설dominant narrative에 부합하지 않기 때문'이다. 우크라이나전쟁 이후 대안 매체가 가장 발달한 미국에서 정부의 주장과 기성 매체의 보도에 반하는 대안 언론을 본격적으로 탄압하기 시작한 것이 아닌지 참으로 우려된다.

아래에 소개할 올가 바이샤의 인터뷰는 국외자의 피상적 시선이 아니라 내부인의 내재적 시선으로 우크라이나의 정치와 사회를 들여다볼 기회를 제공한다. 우크라이나는 모든 사회적 주요 쟁점에서 동서의 의견이 극단적으로 분할된 나라다. 1991년 독립 이후에는 인종 정체성과 관련하여 종족상 서부 우크라이나족 대 동부 슬라브족이 경쟁했다. 젤렌스키는 2019년 유권자 73퍼센트의 압도적 지지로 당선되었지만 2022년 1월에는 지지율이 23퍼센트로 폭락한 상태였다. 이유는 다름 아닌 깊은 배신감 때문이었다. 남동부 지역은 2014년의 이른바 마이단혁명을 지지하지 않았다. 이 소위 혁명은 돈바스 지역 주민들을 노예로 만들었다. 스스로를 역사의 진보 세력으로 간주하는 마이단의 혁명가들은 반대 세력을 타자로 보는데, 그 이유는 반대자들이 러시아어와 러시아 문화를 고수하기 때문이다. 친러 주민들은 러시아가 자신들의 도시를 폭격하고 삶을 파괴할 것이라고 상상조차 하지 않았다. 이들의 비극은 그래서 이중적이다. 첫째 마이단에 의해 자신들의 세계가 상징적으로 파괴되었고, 둘째 이제는 러시아에 의해 물리적으로 파괴되고 있다. 젤렌스키가 자신의 신자유주의 성향을 은폐한 수단이 바로 이 진보석 현대화 남론이다. 그는 선거운동 기간 동안 진보 이념을 강조했지, 이를 사유화나 토지 매각, 긴축과 연결해 말하지 않았다. 젤렌스키가 입법부와 행정부를 완전 장악한 뒤에야 그가 말한 정상화와 문명이 토지와 국유 및 공공 재산 사유화(민영화), 노사 관계 탈규제, 노조 권리 박탈, 공공요금 인상을 뜻했음이 드러났다.

그런데 마이단이 우크라이나 전 민중의 봉기였다는 주장은 이데올로기적 속임수다. 마이단 광장으로 와서 저항을 독려한 소위 '국제 공동체' 구성원들은 수많은 반마이단 우크라이나인들을 무시했으며, 그 결과가 오늘 우리가 보고 있는 재앙으로 귀결된 내전을 조장했다.

젤렌스키는 2021년 2월 세 개의 야권 텔레비전 방송 채널을 폐쇄하고, 전쟁 직전인 2022년 1월에 하나를 더 폐쇄했다. 전쟁이 발발한 뒤 3월에는 수많은 독립 언론인과 블로거, 분석가를 체포했는데 이들 대다수는 좌파였다. 4월에는 우익 채널도 폐쇄했다. 그리고 모든 방송은 전쟁에 대하여 오직 하나의—친정부—견해만을 보도하게끔 법안을 만들었다. 젤렌스키는 또 2021년부터 국가안보국방위원회NSDC를 통해 자신의 정적들에게 초헌법적이며 탈법적인 조치를 시행했다. 여기에는 아무 증거 제시도 없는 재산 몰수도 포함되었다. 이 조치로 인하여 야당 의원 한 명은 구타당해

부은 얼굴로 텔레비전 화면에 나왔고, 또 한 명은 해외로 도피했다. 2022년 3월에는 11개 야당 전부를 대통령령으로 불법화시켰다. 〈평화유지자〉라는 인터넷 사이트는 쿠데타에 반대하는 이들을 협박하는 전략의 일부였다. 마이단에 반대하거나 우크라이나 민족주의 어젠다에 도전하는 자는 누구든 이 사이트에 이름이 오른 뒤 살해 협박을 받았고, 심지어 피살되기도 했다. 우크라이나는 결코 민주국가가 아니다. 우크라이나를 관찰하면 할수록 우크라이나 신자유주의자들이 추앙하는 칠레의 피노체트식 현대화를 생각하게 된다.

저항운동의 첫날부터 급진 민족주의자들이 가장 적극적으로 마이단에 가담했다. 진보, 현대화, 인권 등을 지지하는 자유주의 세력과 급진 민족주의파의 합류는 시민 저항이 반헌법적 정권 타도로 귀결된 무장 투쟁으로 바뀌는 중요한 전제 조건이었다. 마이단 혁명에서 급진파가 결정적인 역할을 함으로써 쿠데타에 반대하는 우크라이나 동부의 반마이단운동이 형성되었다. 이 근시안적이고 불행한 동맹의 비극적 결과를 오늘날 우리가 보고 있다. 젤렌스키는 앞서 약속한 화해 정책에 대한 기대에도 불구하고 민족주의 세력 쪽으로 유턴하면서 우크라이나 전체 국민 중 소수에 불과한 급진파 정치인, 법원, 경찰관, 미디어 종사자 등에게 폭력을 행사하는 데 주저하지 않았다. 프로파간디스트들은 "젤렌스키는 유대인이라서 나치가 될 수 없다"라고 되풀이한다. 그러나 민족주의적이고 인종주의적인 어젠다에 반대하는 사람들에게 폭력을 행사하고 우크라이나의 정치 과정을 통제하는 이들이 바로 급진 세력이라는 것이 진실이다.

바이샤에 따르면 젤렌스키의 전시 연설을 정기적으로 추적해온 입장에서 그가 전쟁을 프레이밍하는 방식으로 보건대, 이 전쟁이 그 어떤 외교적 해법으로도 귀결되지 않을 것이라고 확실하게 말할 수 있다. 지금의 전쟁은 키예프 정권이 소위 '반테러 작전'이라는 구실로 돈바스의 반마이단 반군에 군대를 파견하면서 촉발된 2014년 전쟁의 연장일 뿐이다. 이러한 맥락을 인정하자는 말이 러시아의 특수 군사작전에 동의한다는 뜻은 아니다. 그러나 이 맥락 또한 지금 진행되는 사태에 우크라이나 정부의 책임이 있음을 인정하자는 것이다. 지금의 전쟁을 문명 대 야만, 민주 대 전제의 싸움으로 프레이밍하는 것은 조작에 불과하다. 바이샤가 보기에 러시아 지도부는 마이단 이후 진행 중인 우크라이나의 사회적 과정을 제대로 이해하지 못하고 있다. 실제로 우크라이나 국민 절반이 마이단을 환영하지 않았고, 동남부 우크라이나에 살고 있는 수백만 명은 러시아가 개입해주기를 원했다. 우크라이나인들 중에는 스스로를 서구인과 동일시하면서 러시아인에게 우월감을 느끼는 사람도 있다. 이것이 마이단을 둘러싼 모든 일들 가운데 가장 비극적인 부분이다. '선진적' 친마이단 세력이 '후진적' 친러시아 세력과 공통의 언어를 갖지 못하도록 방해하는 요인이 바로 이 우월감이다. 이것이 돈바스 봉기, 우크라이나군의 돈바스 대테러 작전, 러시아의 개입, 민스크평화협정과 키예프 정권의 불이행, 그리고 최종적으로는 지금의 전쟁을 초래했다.[63]

미국 컬럼비아대학의 고 스티븐 코헨 교수는 네오콘이 지배하는 척박한 미국 풍토에서 그나마 합리적 담론을 위해 싸운 사람이다. 보수적 리얼리스트인 시카고대학 미어샤이머 교수와 비견되는 인물이다. 그가 2018년 5월 『네이션』에 기고한 글을 보자.

2014년 2월 마이단 광장에서 다수의 시위자와 경찰관을 암살함으로
써, 그 이전 선거로 뽑힌 대통령 빅토르 야누코비치를 타도하고 맹
렬한 반러·친미 정권에 권력을 넘겨준 '민주혁명'을 촉발시킨—그
것은 민주적이지도 않고 혁명도 아니었다. 그것은 고도의 지원을 받
으며 가두에서 펼친 폭력 쿠데타였을 뿐이다—스나이퍼들은 흔히
보도된 것처럼 야누코비치가 보낸 자들이 아니라 네오파시스트 조
직인 우익섹터의 공모자였음이 거의 확실해졌다. 그 직후 2014년 오
데사에서 인종상 러시아인으로 구분되는 이들을 비롯한 여러 사람
을 불태워 죽인 집단 학살은 2차 세계대전 중 우크라이나의 나치 처
형 부대의 기억을 되살려냈다. 그 사건은 많은 우크라이나인들의 고
통스럽고 계시적인 경험 속에 여전히 남아 있지만 미국 주류 내러티
브에서는 삭제되었다. 우크라이나 내전에서 핵심 전투원 역할을 수
행한 뒤 현재 키예프군에 공식 소속된 3000명가량의 아조프연대는
자신들의 휘장과 구호, 강령을 통해 입증되고 수많은 국제 모니터
조직에 의해 잘 기록되어 있다시피 구성원의 일부가 나치를 추종한
다. 미국 의회는 아조프에 대한 군사 지원을 금지한 바 있지만, 최근
들어 다시 우크라이나 내 만연한 부패와 암시장 덕택에 이들은 트럼
프 행정부가 보내준 무기를 지원받고 있다.64

포스트소비에트 공간에서의 급진적 사회 변동은 혁명이 일어나
도 달라지는 게 없는 상투성이 특징이다. 다시 말해 지배 엘리트의
순환에 따라 인물은 다르지만 제도와 구조는 의연히 그대로인 경

우 말이다. 볼로디미르 이셴코는 현재 독일 베를린대학에서 연구하는 우크라이나 사회학자이고, 올레크 주라브레프도 비교적 신진 러시아 사회학자이다. 양자는 우크라이나 마이단에 대한 신선하고 통찰력 있는 관점을 선보이고 있다.

> 우리는 포스트소비에트혁명들은 자신의 정치적 이익을 대변할 수 없게 된 위기에 대한 반응이며 그 빈도는 혁명의 발생은 단순히 위기를 재생산하고 심화시켰음을 설명한다고 주장한다. 따라서 포스트소비에트혁명은 하자瑕疵, deficient 혁명인바, 여기서 대규모의 대중 저항은 혁명적 열망, 레토릭, 그리고 애매하게 정식화된 요구에 기반한 집합 행동의 레퍼토리와 느슨한 동원 구조, 마지막으로 산만한 리더십과 결합되어 있다. 이 (포스트소비에트) 혁명은 혁명적 정당성을 위한 상징적 자원을 발생시키는데, 여기에 대해 다종다기한 정치적 에이전트들이 서로 경쟁하고 또 그 정당성을 찬탈하기도 한다. 하지만 이 혁명은 정치적 대변을 위한 안정된 제도를 만들어내지 않는다.

이들은 유로마이단을 비롯한 2000년대 글로벌 각지의 저항 운동을 정치적 위기에 잠복해 있던 유사한 문제로부터 진통을 겪는 신자유주의 테크노크라트 혹은 권위주의·후견인patronal 정권에 의해 정치 공간이 폐쇄된 데 대한 대응으로 본다.[65]

> 우크라이나 사례의 특수성을 인정하는 견지에서 우리는 정치적 이익을 대변할 수 없는 위기가 재생산되고 심화되는 메커니즘의 일반

적 중요성을 제안하고자 한다. 우리는 '마이단'을 통칭적 용어로써 제안한다. 그 이유는 마이단이 현대의, 지도자 없는, 느슨하게 구조화된, 이념적으로 명료하지 않은 도시 봉기의 모순을 제대로 포착하고 있기 때문이다. 이것들은 참여자들에게 진정한authentic 정치의 이벤트성 경험을 제공해주지만, 동시에 '혁명적' 정당성으로부터 가장 많은 이익을 얻을 세력들이 결과를 찬탈hijacked하게끔 구조적으로 정향되어 있다. 설사 이 세력들이 혁명의 사회적 기층의 이익을 대변하지 않는다고 하더라도 말이다. 민족주의적 급진화는 혁명적 돌파에 대한 기대와 '일상의 정치politics as usual' 사이의 간극을 보상하기 위한 하나의 전형적 방식이다. 우크라이나뿐 아니라 마이단혁명 뒤에 조지아, 아르메니아, 그리고 키르기스스탄 같은 주변국(중요한 부분이다. 문제는 단지 러시아만이 아니다)에서 벌어진 군사적 분쟁은 전혀 우연이 아니다.

현대의—지도자 없는, 느슨하게 구조화된, 이념적으로 명료하지 않은—도시시민혁명, 즉 마이단은 기본적으로 하자가 있는 혁명이며 문제를 해결하기보다 새로 만들어낸다. 이 딜레마에 출구가 있는가? 후견인·권위주의적 레짐과 마이단혁명의 하자라는 포스트소비에트 악순환의 가장 유력한 출구는 무엇일까? 이센코와 주라브레프는 아마 그것은 내부로부터—아래든 위든—가 아니라 지정학적 경쟁이 에스컬레이션escalation(신냉전화)되는 과정에서 외부로부터 올 것이라는 가설을 제시한다. 이 글이 발표된 때가 2021년 10월이니, 우크라이나전쟁 이전이다. 하자 혁명의 내적 구조로 인해 민족주의적 급진화가 군사적 충돌을 불러올 것이라는

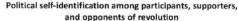

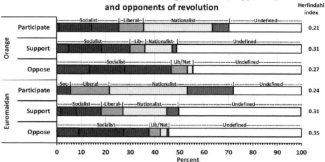

Herfindahl indices represent the probability that two individuals chosen at random from the population represent the same type. A lower Herfindahl index signifies greater diversity.

➢ Participants are more diverse than either supporters who do not participate or those who oppose revolution

오렌지혁명(2004)과 유로마이단(2014) 참가자, 지지자, 반대자의 정치 성향

마크 바이싱거 교수가 『혁명의 도시 The Revolutionary City』(Princeton University Press, 2022) 출간 이후 진행한 유튜브 강연에서 제시한 표이다. 바이싱거는 두 개의 '도시시민 urban civic혁명'의 전형적인 사례로 2004년의 오렌지혁명과 2014년의 유로마이단혁명의 참가자, 지지자, 반대자의 정치 성향을 분석했다. 이 표에서 '허핀달지수Herfindahl indices' 란 무작위 추출된 두 사람의 정치 성향이 일치할 확률을 표시한 것으로, 숫자가 작을수록 표본이 더 다양하다는 뜻이다. 2004년 오렌지혁명 참가자의 최다수는 민족주의자(민족적 민주주의자를 포함하여 약 35퍼센트)이고, 그다음으로 자유주의자, 사회주의자, 사회민주주의자, 공산주의자가 분포한다. 참가자의 기본 성향은 민족주의 계열이며 허핀달지수는 0.21이다. 지지자의 경우, 사회주의자와 사회민주주의자를 합한 비율이 민족주의 계열보다 높다. 반대파는 사회주의 계열(46퍼센트)의 비중이 압도적이다.

반면 2014년 마이단혁명은 민족주의 계열 참가자의 비율이 50퍼센트를 상회하는 수준으로 증가하고 사회주의 계열은 감소했다. 허핀달지수는 0.24를 기록했다. 지지자의 정치 성향은 민족주의, 사회주의, 자유주의 순서였으며, 반대파는 사회주의 계열(37퍼센트)이 여전히 다수이지만 그 비중은 감소했다.

두 혁명에 대한 반대자의 허핀달지수는 0.27, 0.35인 반면 참가자의 지수는 0.21, 0.24인 점에 비추어볼 때 반대자의 정치적 응집력이 더 높음을 짐작할 수 있다. 동시에 이것은 참가자 집단의 구성이 더욱 다양했다는 의미이다.

예측과 지정학적 경쟁의 에스컬레이션으로 인해 우크라이나 사회 외부로부터 그 출구가 등장할 것이라는 통찰은 아주 흥미롭다.

우크라이나의 네오나치

2019년 10월 16일 미국 하원 의원들은 폼페이오 국무장관에게 연서 명한 서한을 보냈다.

> 예컨대 아조프연대는 네오나치 대원을 공공연하게 받아들이는 우크 라이나의 잘 알려진 극우 민족주의 민병대입니다. 이 그룹의 유명세 를 2018년 115회 미국 하원 옴니버스 세출 법안에서 이렇게 언급할 정도입니다. "이 법안에 의거 집행 가능한 예산 중 그 어느 것도 아 조프연대에게 무기를 제공하거나 그들을 훈련시키거나 또는 기타 지원을 하는 목적으로 사용되어서는 안 된다." 유엔은 상대적으로 짧은 역사 동안 이 그룹이 저지른 인권 침해와 고문 사건 등을 기록 해왔습니다. 이 사실에도 불구하고 연방수사국FBI에 따르면 아조프 는 수년에 걸쳐 미국 시민을 모집하여 과격하게 만들었으며, 군사훈 련을 시켰습니다.[66]

이런 이유로 미 하원 의원들은 국무부의 '해외 테러리스트 조 직FTO' 명단에 아조프연대와 같은 '폭력적 백인 우월주의자white supremacist' 집단을 포함시키라고 요청하고 있다.[67] 그런데 미 하원 에서 테러리스트로 분류하자고 요청했던 아조프 네오나치 집단은 이제 젤렌스키 등에 의해 '민족 영웅'으로 등극했다.

우크라이나전 개전 이후 미영 등 서방 언론에서는 거의 삭제된 부분이 우크라이나의 극우 파시스트 문제이다. 우크라이나는 적어도 전전까지 전 세계에서 네오나치가 무장력을 갖춘 유일한 나라였다. 그리고 무장한 나치가 거리의 정치뿐 아니라 의회와 언론에도 막강한 영향력을 행사하며 전 세계 네오나치의 허브로 자리 잡았다.

2014년 이른바 유로마이단은 네오나치의 공간을 활짝 열어놓았다. 그 배후에는 당연히 미국이 있었다. 특히 나토 대사를 지냈고 현재 국무부 차관인 빅토리아 눌런드가 핵심 고리 역할을 했다. 우크라이나 무장 나치들은 지리멸렬한 우크라이나 군경을 대신해 사실상 미국이 조직한 국립 경찰을 장악했고 국방군에도 정식 편입된 상태다. 조선의 해방 직후를 생각하면 된다. 미국은 적의 적은 나의 친구라는 이유로, 또한 우크라이나의 민주화를 지원한다는 구실로 인종주의, 백인 우월주의, 반유대주의를 표방하는 나치 집단의 뒷배가 되었다.[68]

우크라이나에서는 어떻게 네오나치가 국회의장이 될 수 있었는지 물어야 한다.

안드리 파루비—오렌지혁명과 마이단을 수행한 준군사조직의 사령관이자 국회의장으로서 위기 시 대통령직을 승계할지도 모른다—는 포스트소비에트 우크라이나에서 극우 세력이 수용되는 방식을 전형적으로 보여준다. 서방이 총애하는 파루비는 '헤리티지 청년클럽', '우크라이나 사회민족주의당', 그리고 이 당의 준군사조직 '우크라이나 애국자'를 창설했다. 이 조직은 극우 아조프운동의 창립자인 안드리 빌레츠키에 의해 계승되었다. 1993년 사회민족주의당의 준군사조직은 비핵화와 러시아 해군의 크림반도 주둔을 반대했다. 그러면서 이때 또 다른 개탄스러운 명칭, 즉 '인민의 SS'를 선택했다. 파루비는 인종 민족주의를 민족 해방주의로 말을 바꿔서 자신의 입장을 고수하고 있다.[69]

우크라이나 정치 시스템의 특징 가운데 하나는 네오나치가 과잉 대표되었다는 점이다.

이들은 우크라이나 국민의 대표가 아니지만 정부 내에서 과잉 대표되어 있다. 그 수는 의원 423명 중 거의 10퍼센트를 차지한다. 여기에 국회의장, 투표로 뽑힌 의원 20인, 정당 명부를 통해 당선된 20인 이상이 포함된다. 선거를 통하지 않고 지명된 인원도 여럿이다. 국가 정책의 입안을 지원하는 비선출 공무원들은 다음과 같다. 내무부 차관, 국영 방송사 부사장, 다수 지역의 경찰청장, 그리고 애국적 교육 프로그램 지원금을 선별하고 크림과 돈바스 탈환을 계획하고 지방의 비시콜리vyshkoly 민병대 캠프에 참석하는 활동가에게 무기를 전달하는 여러 관료들.

이들 우크라이나 민족주의자는 기본적으로 강력한 중앙집권적 국가를 선호하는데, 이때 국가는 계급 혹은 당보다 위대하다. 이 인종주의자들이 우크라이나 역사 속에서 찾아낸 영웅을 꼽을 때 반데라는 빠질 수 없다.

(그 기원과 관련해서) 민족주의자들은 민족 이념의 원조로 추앙받는 1920년대 파시스트 드미트로 돈초프와 미코라 스치보르스키의 영구혁명 도그마를 내세우는 것을 자랑스러워한다. 스치보르스키는 『나치크러시Naziocracy』에서 이것을 오직 다수 종족 중에서 가장 애국적이며 적극적인 시민들에게만 투표가 허용되는 '능력주의적 인종주의'로 정의한다. 이 주제는 현대 사회의 민족주의에도 반향을 일으키고 있다. 이 이데올로기의 추종자, 예컨대 반볼셰비키의 민족 영웅이자 SS 훈련 교관인 스테판 반데라 같은 이데올로기 추종자들은 나치에 부역했다. 러시아가 우크라이나민족 프로젝트의 타당성을 훼손하기 위해 인종 파시스트 레토릭을 언급하는 것은 어려운 일이 아니다.[70]

이들은 무능한 정부와 군부를 대신했다. 또한 정부가 하지 않은 일, 즉 친러 분리주의자를 탄압하는 데 앞장섰다. 그 결과 이들을 불의를 바로 잡기 위해 등장한 로빈 후드로 보는 인식이 생겼다. 국가 속으로 들어간 극우 활동가들은 비자유주의 성향을 은폐하기 위해 애국주의라는 간판을 달았다. 이들은 자신의 극단주의를 감추고 저항운동을 끌어들여서 우크라이나의 권력구조, 시민사회, 그리고 선출된 정부 속으로 침투했다.[71]

민족주의자들은 '국가 이하sub-state 단위'와 '원외extra-parliamentary'에서 막강한 권력을 손에 넣었다. 우크라이나의 사회학자 볼로디미르 이셴코가 마이단 시기에 벌어진 6만 건의 항의 시위를 통계 분석한 결과, 극우가 가장 강력한 주체였다. 이들 중 다수는 혁명을 완수하라는 신호를 기다리고 있다고 말했다. "일부는 특수 작전 부대의 교리에 따라 정부를 타도하기 위해 인구의 5퍼센트만 있어도 된다고 말하며, 이미 한때 그렇게 했다고 증언했다." 이에 대해 서방에서는 이렇게 생각할 것이다.

> 서방의 대다수는 우크라이나를 러시아의 하이브리드전쟁에 대항하기 위한 페트리 접시(세균 배양 접시)라고 생각한다. 그러나 우크라이나는 홀로코스트 역사 왜곡과 백인종 민족주의가 성공적으로 안착한 곳이다. 이것이 극우 백인종 우월주의의 본질 중의 본질이다. 너무 자유주의적이라는 이유로 민주적 절차의 중단을 협박하고, 아리안족에 대한 사이비 과학을 믿으며, 홀로코스트 부역자가 반공 투사라는 이유로 민족 영웅 대접을 받는 것 말이다.72

우크라이나 민족주의자들은 오랫동안 서방의 민주적 선의를 이용했다. 서방 동맹국은 이들의 조상들이 냉전 시기에 그랬던 것처럼 민족주의자들의 정치적 유용성을 이용하기 위해 백인종 우월주의를 무시했다. 그리고 이것이 우크라이나의 인종 민족주의를 정상화시켰다.

과연 이 모든 게 러시아의 계획이고 선전이었을까.

> 네오나치와 홀로코스트 부역자를 비난하기는 쉽다. 우크라이나를 파시스트처럼 보이게 만드는 러시아의 계획에는 또 다른 무엇인가가 작동하고 있다. 어떻게 그것이 가능해지는가? 우크라이나와 서방 동맹국은 서방이 공모한 것처럼 보이게 만드는 교과서적 침묵 대신 타협적 내러티브의 정당성을 해체하지 않으면 안 된다. 이것이야

말로 러시아가 원하는 일이다. 그 결과 초국가적, 국가 이하 수준의 민족주의자, 그리고 백인종 우월주의자 집단이 급작스럽게 다시 세상 모든 것 위에 있다고 대담한 생각을 하게 된다. 우크라이나 민족주의자들은 오랫동안 서방의 반러시아, 반공주의 경향을 다른 방향으로 즉 비자유주의적 확장에 활용했다. 우크라이나가 새로운 지도자를 선택하고자 할 때 서방은 똑같은 함정에 빠지는 것을 경계해야 한다.[73]

야로시의 인터뷰는 우크라이나 네오나치의 대담성을 잘 보여준다. 그는 젤렌스키 취임 직후 이렇게 경고했다. "젤렌스키는 우리 우크라이나인에게 매우 위험하다. 나는 그것을 느낀다. 어떤 대가를 치르더라도 평화를 이루겠다는 말은 우리에게 위험하다. 젤렌스키는 이 세계의 쓴맛을 모른다. (중략) 오직 한 가지 진실만큼은 그가 이해해야 한다. 우크라이나인은 모욕을 받아서는 안 된다. 700년간 식민지 노예였던 우크라이나인은 국가를 만드는 방법을 아직 충분히 배우지 못했다. 하지만 우리는 봉기를 일으키는 방법은 아주 잘 배웠다. 그리고 우크라이나인의 피와 땀에 기생하려는 저 모든 독수리떼를 사냥하는 법도 안다. 젤렌스키는 취임 연설에서 평판, 인기, 그리고 자리를 잃을 준비가 되었다고 말했다. 그는 목숨을 잃을 것이다. 만에 하나라도 그가 조국 우크라이나와 혁명과 전쟁에서 죽은 국민들을 배신한다면 젤렌스키는 흐레샤티크대로(키예프 중심가) 가로수에 목매달릴 것이다."[74]

독일 『디 차이트』의 2021년 2월 탐사 보도를 통해 우크라이나를 비롯한 글로벌 극우 지형이 밝혀졌다.[75] 글로벌 극우 네트워크—

이 기사에서 '갈색 인터내셔널'이라고 표현한 파시스트 인터내셔널을 말한다―의 관점에서 보면 이미 2014년 돈바스전쟁 때부터 참전했고, 그룹마다 정치적 지향점은 조금씩 다르다. 하지만 이들 극우에게 돈바스전쟁은 '백인종 해방' 전쟁이었다. "과거 극우들은 자기 나라를 위해 투쟁했다. 오늘날은 인종적 방어가 초점"이다.[76] 특히 우익 극단주의자에게 우크라이나전쟁은 1980년대와 1990년대에 지하디스트들이 일으킨 아프간전쟁과 같은 것이 되었다는 점이 중요하다. 미국 의원 맥스 로스와 테러 전문가 알리 수판이 공동 집필한 칼럼에 따르면 "1980년대에 아프가니스탄으로 떠난 숫자보다 거의 두 배나 되는 외국인이 우크라이나전쟁에 가담했다." 그때 아프간으로 떠났던 자들 가운데 한 명이 오사마 빈 라덴이다.

이 기사에도 등장하는 우크라이나 극우운동의 '포스터걸poster girl' 올레나 세메냐카는 "모든 운동은 아조프연대를 중심으로 전개된다. 목표는 글로벌 극우 그룹의 연대를 확립하는 것"이라고 말한다. 또 일부 글로벌 극우는 우크라이나 아조프연대에서 언젠가 올 훗날을 위해 군사훈련을 받았다고 한다. 한국에서는 극우가 반북반공 종미 수구 집단으로 게토화되어 있기 때문에 일반 대중에게는 파시즘이 낯설다. 이승만 독재나 박정희 정권이 파시즘이라는 설명은 지식인들의 사투리 이상이 아니었다. 하지만 유럽에서는 다르다. 파시즘은 생사의 문제였고, 이로 인해 수천만 명이 목숨을 잃고 또 수천만 명이 다쳤다. 국제 극우운동권에서 우크라이나의 아조프운동은 탁월한 성공 사례이자 전범이다. 국제 극우운동 혹은 파시스트운동 어디에서도 우크라이나에서만큼 성공을 거둔 예가 없다. 미국, 영국, 프랑스, 독일, 네덜란드, 스웨덴, 러시아 등에 퍼진 글로벌 극우 집단은 각국 정보기관에 의해 불법 범죄단체 혹은 테러리스트로 지목되어 감시받고 있다. 오직 한 곳만 예외다. 바로 우크라이나의 아조프 말이다.

일각에서 올레나 세메냐카를 아조프연대의 총책이나 수반이라고 말하고 있다. 하지만 아니다. 세메냐카는 아조프연대의 정치 조직인 '민족군단National Corps'의 정치국원이자 국제담당 비서이다. 이 당의 핵심 이데올로그이자 실력자로 행세하고 있지만 그렇다고 그가 아조프의 모든 결정을 독점하는 것은 아니다.[77]

1987년생인 올레나 세메냐카는 키예프대학 철학부에서 '독일 보수혁명'을 주제로 석사 논문을 썼다. 그리고 박사 논문으로 독일 작가 에른스트 윙거를 하이데거와 비교하려 했다. 이를 위해 오스트리아 유학 장학금까지 확보했지만 네오나치 전력이 들통나면서 취소되었다. 한때는 알렉산드르 두긴의 세미나에도 참석하고 논문도 발표했지만, 이후 두긴의 유라시아주의와 완전히 결별했다. 두긴의 딸 두기나를 암살한 자가 아조프와 관련되어 있음을 보면, 악연도 이런 악연이 없다.

올레나 세메냐카는 2014년 마이단 쿠데타 때 맹활약을 한 파시스트 조직 '우익섹터'에서 언론담당 비서를 하다가 곧 결별하고 아조프에 합류했다. 전자가 좀 낡은 반데라류의 전통적 민족주의와 극우주의를 표방했다면, 후자의 극우 민족주의는 '신'민족주의다. 자신이 내세운 보수혁명을 정초하는 과정에서 그가 얼굴로 내세운 인물이 윙거이고, 대부로 영입한 것은 니체다. 뿐만 아니라 서구의 온갖 극우 파시스트 사상가와 특히 프랑스의 신우익 사상가를 끌어들여 우크라이나에 번역 소개하기도 했다. 그중 한 명이 카를 슈미트다.

윙거를 사상의 중심으로 삼는 이상 전쟁의 신격화와 우상화는 당연한 귀결이다. 아조프는 이번 전쟁 훨씬 이전부터 러시아와의 전쟁은 불가피한 것으로 상정하고 있었다. 사상사적으로 보자면 1920년대 바이마르공화국 당시의 보수혁명론의 반보 앞이나 옆이 바로 나치즘이다. 그 상세 궤적을 여기서 다룰 필요는 없다. 하지만 발터 베냐민이 윙거류 독일 우파를 일컬어 전쟁에 대한 '소년적 열광'이라고 힐난한 적이 있다. 마찬가지로 올레나 세메냐카는 전쟁에 대한 소녀적 열광을 머릿속에 내장하고 있다고 봐도 된다.

그의 민족주의가 새로운 이유는 낡은 우크라이나 국가 중심의 민족주의에서 더 나아가 이를 범유럽 콘텍스트에 위치시켰기 때문이다. 지정학적 조건으로 볼 때 우크라이나는 동서양의 교착점에 있다. 올레나 세메냐카는 20세기 초 한때 폴란드에 등장한 인터마리움Intermarium, 즉 북해와 흑해 사이의 지정학적 공간을 우크라이나 중심으로 통합하는 그림을 제시했다. 우크라이나가 범유럽 민족운동을 하나로 통합해 새로운 유럽을 건설하는 운동이 리콘케스타Reconquista이다. "오늘은 우크라이나, 내일은 러시아와 전 유럽"이 이들의 슬로건이다. 리콘케스타는 기독교인이 무슬림과 유대인을 이베리아에서 몰아낸, 1000년에 달하는 장기 전쟁을 말한다. 아조프의 임무는 자신들을 중심으로 모든 민족운동을 통합하여 순혈적인 백색 유럽을 건설하는 것이다. 올레나 세메냐카는 우크라·아리안을 위한 소명으로 블랙 메탈에서 '아리안 루시퍼(악마)주의'를 차용했다.[78] 그에게 전쟁은 세계를 바꿀 수단이다.

러시아는 물론이고 서방의 자유주의도 그 대상이다. 단지 전쟁의 현 국면에서 아조프가 권력을 장악할 때까지 서방을 일종의 필요악으로 이용한다는 관점이다. 앞에서 말했듯이 글로벌 극우운동과 네트워크에서 우크라이나는 가장 성공한 사례이다. 올레나 세메냐카 역시 긴 시간 동안 극우운동 내의 친러 담론을 무력화시키는 데 큰 역할을 한 것으로 보인다. 그의 보수혁명 혹은 신세대 파시즘은 푸틴이 내건 나치 청산과 같은 하늘 아래 존재할 수 없다는 말이다.

여기서 우크라이나 극우운동에 관련된 또 다른 뿌리로서 드미트리 돈초프[79]를 언급할 필요가 있다. 아조프제철에서의 항복 이후 아조프는 '리브랜딩rebranding'을 통해 '더 성숙해지고, 나치 상징과 결부된 청년기의 분노를 폐기'하고 있다. 아조프는 군사운동일 뿐만 아니라 정치적 프로젝트라는 점을 기억하라. 아조프는 압도적 다수가 러시아어를 사용하는 하르코프 지역의 '우크라이나 애국자'에서 넘어온 극우 세력이 모체이다. 그런데 아조프 민족주의는 우크라이나 민족주의와 달리 우크라이나 언어, 인종, 혹은 종교 이슈에 집중하지 않는다. 아조프는 '민족'을 이탈리아 파시즘의 정신을 이어받은 국가주의로 인식한다. 그리고 '우크라이나 애국자'의 핵심 이데올로그가 바로 20세기 우크라이나 저술가인 드미트리 돈초프이다. 그의 이념이 우크라이나 민족주의자 조직의 나치 부역자들에게 영향을 미쳤다. 돈초프는 자신의 이데올로기를 '통합 민족주의'라고 불렀다. 이는 1920년대에 전개된 민족주의의 우크라이나판이라고 할 만한 것으로 파시즘의 핵심 저술가인 베니토 무솔리니와 지오반니 젠틸레의 저작을 부단히 참고했다.[80]

돈초프는 민족과 인종 개념을 등치시키고 후사를 주인과 노예 인종으로 나눈다. 그에 따르면 우크라이나인은 주인 인종이며 리시아인은 우크라이나인을 노예화하려 하는 노예 인종이다. 우크라이나인과 러시아인의 충돌은 절대적, 실존적 성격을 지니며 둘 중 하나가 파괴되어야 끝난다. (중략) 아조프 조직원들이 독일 나치로부터 전수받은 것은 권력 장악 전략이다. 이들은 음지에 '국가 안의 국가'를 건설해서 정치 위기가 닥쳤을 때 정부기관 전부를 통제하고자 한다. 조직이 결성된 이래로 8년간 아조프연대 주변에 거대한 민간 조직 네트워크가 성장했다. 여기에는 출판사, 교육단체, 스카우트 클럽, 체육회와 기타 모임들이 포함된다. 그것은 또한 자체의 정당으로 민족군단을, 유사 군대로 민족민병대National Militia를 보유하고 있다. 여기서는 참전 경험이 있는 아조프연대의 전문가들이 중심 역할을 한다. 이 조직들로부터 아조프연대와 아조프 시민운동의 충원이 이루어진다. 참전 경험자들은 우크라이나 국군과 경찰, 군대와 비밀정보국을 포함한 사법기관에도 넓게 퍼져 있다. 여기에서 이들은 아조프의 통합적 민족주의 이데올로기를 퍼트리고 있다.

(최근 들어) 신세대 아조프가 아조프의 최고 지위에 올랐다. 이들은 한때 아조프연대를 만들고 나치의 SS 심벌을 펄럭이며 나치 이데올로기를 함부로 지껄이던 광폭한 축구광들과 다르다. 이제 아조프 시스템 안에서 아조프의 통합 민족주의 이데올로기로 육성된 자들이 쇼를 연출한다. 유럽의 극우, 소위 백인 민족주의운동과의 연결은 더 이상 중요하지 않다. 아조프 세계관의 중심은 러시아 및 서구 리버럴 가치와의 투쟁이 예정된 우크라이나 국가성statehood과 민족이다. 당연히 우크라이나민족 최고의 자리엔 자신들이 있다.[81]

아조프제철에서 주력이 항복함으로써 아조프 이데올로기는 오히려 더 강고해졌다. 아조프 조직원에게 현재의 전쟁은 바그너의 오페라에 등장하는 바로 그 종말론적 '최종 전투'가 되었다. "이 전투는 러시아는 물론 모스크바와의 공공연한 충돌을 원하지 않는 리버럴 서방에 대항하는 것이다. (중략) 최종 전투는 실로 최후까지 투쟁해야만 하는 것이다. 아조프 조직원은 자신들의 민족 이념을 지킨다는 미명하에 수많은 우크라이나인들이 불 속에서 타 죽어도 괘념치 않을 것이다."[82]

저물어가는 EU에서 다음 전쟁의 후보지는 거의 정해져 있다. 리투아니아가 러시아를 상대로 다소 준비 안 된 촌극을 연출한 적이 있고, 몰도바도 유력하다. 몰도바가 루마니아와 국가를 합치는 국민투표를 하겠다고 하는데, 이는 전쟁으로 가는 지름길이다. 그리고 서우크라이나, 즉 갈리시아도 유력하다. 우크라이나의 후견인을 자처해온 폴란드는 이곳을 자기 땅처럼 여긴다. 만에 하나 러시아가 돈바스를 넘어 더 깊이 진출하면 남은 우크라이나를 사이에 두고 러시아와 폴란드가 대치할 가능성이 크다. 이른바 우크라이나 삼분할이다. 그런데 지금의 우크라이나 민족주의를 이해하기 위해서는 폴란드와 우크라이나의 과거사를 알아야 한다.

1943년 우크라이나를 점령한 나치독일은 우크라이나 민족주의를 이용했고, 우크라이나 민족주의자들은 나치를 등에 업고 볼린Volyn에서 약 20만 명의 폴란드인—특히 노인과 여성, 어린아이—을 잔인하게 학살했다. 20만 명은 유대인과 러시아인을 제외한 숫자이다. 학살을 주도한 우크라이나 민족주의민병대UPA의 우두머리가 스테판 반데라이다. 아조프연대가 추앙하는, 그래서 깃발

아조프의 인터마리움

인터마리움은 리콘케스타와 함께 민족군단의 핵심 개념으로 흑해에서 발트해에 이르는 유럽 국가들을 통합하는 프로젝트이다. 우크라이나 민족주의자들은 이 반EU 통합이 궁극적인 '새로운 유럽 통합'의 발판이 될 것이라고 믿는다.

에 새기고 다니는 자이다. 이 자는 반러 정권이 집권한 뒤 국가 영웅으로 추서되었다. 학살 주범들은 2차 세계대전이 끝난 뒤 아무런 처벌도 받지 않은 채 서우크라이나에 자리 잡았다. 이들이 우크라이나 네오나치의 원조이다. 동우크라이나 돈바스 주민과 서우크라이나의 민족주의 반데라주의자Banderite의 반목의 기원에는 1943년의 대학살이 있다.

우크라이나 반데라주의자를 그저 민족주의자로 칭하는 것은 어불성설이다. 일전에 젤렌스키는 한국 국회 연설에서 러시아군이 우크라이나 민족주의자를 박해한다고 말했다. 젤렌스키는 우리 국민을 우롱했다. 러시아군이 목표한 '탈나치화' 대상은 네오나치 반데라주의자이지 단순한 민족주의자가 아니다. 네오나치들은 우크라이나 국내 정치에서 일종의 딥스테이트Deep State와 비슷한 인종 파시스트ethno-fascist이다. 그리고 나치즘과 나아가 우크라이나 네오나치즘을 이해하는 키워드가 바로 인종이다.[83]

외부인이 보기에 우크라이나와 폴란드와 러시아는 다 같은 슬라브 인종이지만, 우크라이나 네오나치는 그렇게 생각하지 않는다. 자신들은 아리안 슬라브이고, 러시아 슬라브족은 나치 용어 그대로 '인간 말종Untermensch'으로서 멸족시켜야 하는 대상이다. 나치는 유대인을 인간 이하의 짐승으로 간주했다. 그 개념을 러시아 슬라브에 적용한 이들이 우크라이나 네오나치다. 1943년 볼린에서 반데라주의자는 유대인뿐 아니라 폴란드인에게도 이 개념을 적용한 셈이다. 도대체 이들은 왜 이럴까? 어떤 심리학자는 프로이트를 들어 "작은 차이의 나르시시즘"[84]이라고 설명한다. 러시아와 우크라이나와 폴란드 사이에 있는 작은 차이가 대량학살과 인종청소의 이유가 된다.

위에서도 인용한 이셴코의 진단과 대안은 비록 우크라이나전쟁 전에 나온 것이지만 문제의 성격과 현재의 상태를 짚기에 적절하다.

러시아 프로파간다라는 픽션으로도, 또한 불가피한 일이지만 일시적인 전쟁의 효과로도 환원되지 않는 문제라는 점을 인정해야 한다. 우크라이나 급진 민족주의자의 유일무이한 원외 권력은 이들이 국가의 법 집행기관 및 허약한 리버럴 시민사회로 침투하면서 더욱 악화되고 있다. 이것이 우크라이나 인권과 정치적 자유를 실질적으로 위협한다.

극우는 결과가 예측되지 않는 2019년 우크라이나 대선 및 총선 직전 상황에서 우크라이나 정권을 불안정하게 흔들기 때문에 특별히 더 위험하며, 이는 자기 파괴적 민족주의 급진화로 나아가고 있다.

우크라이나 정부는 반드시 최소한의 조치를 취해야 한다. ①정치 조직과 연계된 일체의 무장단체를 해체하고 ②정치, 인종, 그리고 성 소수자를 겨냥한 일체 폭력 및 위협을 예방, 소추, 처벌하는 데 모든 노력을 다해야 하고 ③급진 민족주의의 폭력을 지원한 법 집행기관과 그 집단에 대한 법 집행을 유기한 사례를 철저히 조사하여 예외 없이 처벌하고 ④문화적 다양성을 배제하는 역사, 언어, 교육 분야의 민족주의 정책 일체를 배격하고 ⑤가장 비판받는 (국제 인권기관에 의한 비판을 포함해서) 차별적 법률을 폐지해야 한다.[85]

민족주의 급진화에 지역 차원의 대항이 허약하다는 점을 감안하여 서방 세력은 향후 우크라이나 정부를 지원하는 일체 협상에서 이상의 다섯 가지 조건을 제시해야 한다. 극우 폭력과 우크라이나 민족주의 정책에 의해 위험에 빠진 소수 젠더와 종족 공동체, 정치적 좌파, 그리고 코즈모폴리턴 리버럴을 모두 잇는 광범위한 연대 전선을 구축해야만 한다.[66]

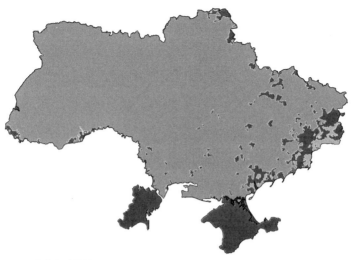

우크라이나 인종 분포도

■ 우크라이나인

■ 러시아인

우크라이나 언어 분포도(러시아어 사용 인구의 점유율)

■ 75퍼센트 이상

■ 25-75퍼센트

■ 5-25퍼센트

■ 5퍼센트 미만

3 루소포비아의 정치학

브레진스키류의 지정학이 미국의 노멘클라투라nomenklatura(스탈린 이후 소련의 특권적 지배계층)들의 두뇌를 어떻게 바꿨는지는 NED의 사실상 종신 총재였고 젊은 시절에는 트로츠키주의자였던 칼 거슈먼의 글에 잘 나타난다. 신화이자 미신에 불과한 지정학 내러티브가 현실의 정책 담론으로 둔갑해서 어떻게 수많은 사람을 불행하게 만들었는지 보여주는 아주 좋은 사례이다.

> 푸틴은 이웃 우크라이나에서 러시아어로 자기 의견을 표현하며 살고 있는 수백만 명의 주민이 러시아 국민들에게 민주적 자유의 매력적인 상징이 될 것이라는 사실을 알고 있다. 이것이 푸틴이 가장 두려워하는 일이다. 왜냐하면 푸틴이 대표하는 신제국주의는 만약 러시아가 우크라이나를 통제하지 못한다면 몰락해버릴 것이기 때문이다. 우크라이나가 없다면 러시아는 더 이상 제국이 아니다. 브레진스키가 자주 얘기했듯이 말이다. 현재의 위기로 인해 러시아가 정상 국가가 된다면, 관심의 중심이 민주주의로 옮겨 갈 것이다. 즉 대러

시아의 권력 확장을 멈추고 국민에게 복지를 제공해야 할 것이다.[87]

우크라이나 없는 러시아는 더 이상 제국이 아니라는 검증되지 않은 지정학적 도그마에 집착한 나머지 미국은 우크라이나를 러시아를 와해시킬 '창끝'으로 이용했다. 그에 따르면 2014년 2월 우크라이나에서 벌어진 쿠데타와 광범위한 혼란은 미국이 주도한 특수 작전의 마지막 코드였다. 그런데 루소포비아 지정학의 진짜 원조는 비스마르크이다. 그의 핵심 목표는 반러시아 플랫폼 Anti-Russia platform을 우크라이나에 수립하는 것이었다. 역사적으로 규정된 분쟁 영역과 서방의 대러 침략 시나리오 '동방으로의 질주 Drang nach Osten'에서 우크라이나는 항상 주역으로 배정되었다. 비스마르크의 말에서 우크라이나에 대한 서방의 가장 생생한 묘사를 찾을 수 있다.

러시아의 힘은 러시아와 우크라이나를 분리시키는 방식으로만 약화시킬 수 있다. (중략) 우크라이나를 찢어놓는 데 그치지 않고 그들이 러시아에 대항하도록 만들어야 한다. 이를 위해 민족 엘리트 내부의 배신자를 찾아서 육성할 필요가 있다. 그런 뒤 이들의 도움을 받아 인민 일부의 자의식에—그들이 절대 알아차리지 못하도록—러시아적인 모든 것뿐 아니라 자식까지 증오할 정도의 분노를 심어야 한다. 그렇게 한다면 다른 모든 것은 그저 시간문제일 뿐이다.[88]

비스마르크를 추종하는 브레진스키도 『거대한 체스판』에 우크라이나에 대한 서방의 태도를 설명했다. "우크라이나가 없다면 러시아는 유로·아시안 제국이 될 수 없다"라고 쓰면서 말이다.[89] 바로 그 우크라이나에 대한 러시아의 반응은 격렬하다. 글라지예프는 이렇게 설명한다.

> 괴뢰 나치 정권은 반러시아로서의 우크라이나라는 형태를 완전히 실행에 옮겼다. 우리는 주체성을 상실한 채 존재를 유지하고 있는 현재의 우크라이나 이미지가 가져올 결과에 주목해야 한다. 과격한 루소포비아와 나치 이데올로기, 반대파에 대한 억압이 완벽하게 결합된 반러시아 프로파간다! 우크라이나 정부를 운영하고 있는 미국 정보기관에 대한 완전한 종속, 모든 저항 세력의 폭력적 억압을 통한 정치적 독재, 그리고 정치 엘리트와 밀착된 친서방 비즈니스 올리가르히oligarch의 지배이다.

이어서 이렇게 질문한다. "도대체 언제 러시아가 '해양 세력'에 방해가 되었던가?" 러시아는 한순간도 영국과 국경을 맞댄 적 없다. 그런데도 유라시아를 장악하는 자가 전 세계를 장악한다는 믿음은 훨씬 더 멀리까지 확장되었다. 브레진스키의 공식은 강대국 러시아를 무너뜨리기 위해 우크라이나를 찢어놓는 것이었다. 그 결과 "이미 실패한 정치적 도그마가 오늘날 미국 정치 엘리트의 사고 속에서 부활했다. 미래의 미국 정치인들의 두뇌를 반러시아적으로 날카롭게 벼리려고 19세기 하버드와 예일에 지정학 강좌가 개설되었다고 나는 말하고자 한다. 그들은 낡아서 폐기해야 할 루소포비아 흐름에 올라탔다. 그러고는 러시아를 세계 지배의 주적으로 간주하면서 우크라이나를 전방 초소로, 더 정확히 말하면 러시아를 갉아먹는 도구로 쓰려 했다. 최종 목표는 러시아에 존재하는 주권 국가를 아예 파괴하는 것이다."⁹⁰

역사적으로 보더라도 러시아는 이반 대제가 시베리아를 병합하면서 강국으로 부상했지 '가장 평화로운The most peaceful'이란 별칭으로 알려진 알렉세이 미하일로비치(1629~76, 루스차르국의 차르이자 로마노프왕조의 2대 황제) 치하에서 우크라이나를 합병함으로써 강국이 된 것은 아니다. "즈비그뉴 브레진스키의 위선적이고, 또한 매우 폴란드적인 '러시아는 우크라이나 없이 강국이 될 수 없다'는 주장을 그만 되풀이하자. 그 반대가 진실에 훨씬 가깝다. 러시아는 갈수록 거추장스러워지는 우크라이나—레닌이 만들고 스탈린이 서쪽으로 확장시킨 정치 단위—가 짐처럼 남아 있는 동안에는 강국이 될 수 없다."⁹¹

브레진스키에게 러시아와 우크라이나의 분리는 지정학적 정언명법이다. 분리된 우크라이나는 EU와 나토 가입을 선택할 것이고 그 시기는 2005년과 2015년 사이가 적기라고 예상했다.

> EU와 나토가 팽창함에 따라 궁극적으로 우크라이나는 두 기구 가입을 선택해야 하는 위치에 있다. (중략) 비록 시간이 걸리겠지만 키예프와 경제적·안보적 유대를 더욱 강화하면서 2005~15년의 10년이 서방 세계가 점차 우크라이나를 통합시켜나갈 적절한 시기라고 지적한다면 유럽의 팽창이 폴란드와 우크라이나 국경에서 멈출지도 모른다는 우크라이나인의 공포를 불식시킬 것이다. (중략) 우크라이나는 독립 국가로서 생존하기 위해서 유라시아가 아니라 중부 유럽의 일부가 되어야 하며, 그렇다면 중부 유럽이 나토 및 EU와 맺고

있는 연계를 전적으로 받아들여야 한다.[92]

이때 우크라이나가 분리되고 남은 러시아의 선택지는 무엇일까?

> 러시아의 유일한 지정 전략 옵션—현실적인 국제적 역할을 부여해
> 줄 수 있고, 러시아의 대내 개혁과 사회 근대화 기회를 극대화시킬
> 수 있는 옵션—은 유럽이다. 그러나 무조건적인 유럽이 아니고 EU
> 와 나토를 확대한 범대서양적 유럽이다. 그러한 유럽은 (중략) 미국
> 과 긴밀한 관계를 유지할 가능성이 크다. 만일 러시아가 지정학적
> 고립을 피하고자 한다면 유일한 선택지는 바로 이 유럽이다.[93]

러시아는 우크라이나를 따라 유럽의 일부가 될지 아니면 근외
국의 이전투구에 휘말린 뒤 유라시아의 추방자[94]가 될지 선택해
야 한다. 그렇게 유럽 방향으로 순치된 러시아는 더 이상 제국적
러시아가 아니라 미국의 하위 파트너가 된 민주적 러시아다. 그렇
다면 브레진스키는 중국의 미래를 어떻게 상정하고 있을까?

> 최적의 상황을 가정하더라도 2020년까지 중국이 주요한 영역에서
> 경쟁력 있는 국가가 될 것 같지는 않다. 그렇지만 중국은 순조롭게
> 동아시아 지역에서 우세한 힘을 지닌 강국이 되고 있다. 중국은 이
> 미 아시아를 지정학적으로 지배하고 있다.[95]
> 잠재적으로 가장 위험한 시나리오는 중국과 러시아, 그리고 아마
> 도 이란이 합세한 거대한 동맹이다. 이들은 이데올로기로 통합된 동
> 맹이 아니라 상호 보완적인 불만감으로 결합한 반패권 동맹이다. 새

동맹은 규모나 영역 면에서 과거 중국과 소련 진영의 도전을 상기시킬 만하다. 그러나 이번에는 중국이 주도국이고 러시아가 추종국이 될 가능성이 높다.[96]

중국은 글로벌이 아니라, 지역적 강국이 될 뿐이고 또 그래야 한다. 그렇다고 미국의 유일한 지위가 아무런 도전도 받지 않을 것이라는 의미는 아니다. 또한 중국, 러시아, 이란이 불만grievances으로 뭉친 동맹은 어디까지나 잠재적으로 가장 위험할 뿐이다. "미국이 중국과 이란을 동시에 적대시할 정도로 근시안적일 경우에만 발전 가능한 시나리오이다. 그러나 이란과 중국은 모두 불안정하고 취약한 러시아와 전략적 운명을 같이할 준비가 되어 있지 않다. 러시아는 이 동맹의 가치 있는 파트너가 되기 위해 제공할 수 있는 게 너무 없다."

역동맹 옵션은 "아무런 이념을 공유하지 않고, 단지 '반패권적' 감정에 의해 만들어진 연합이다. 본질적으로 앞서 있는 제1세계에 대한 제3세계의 반감으로 구성된 동맹에 불과하다. 이들 중 누구도 많은 것을 얻지 못할 것이고, 특히 중국은 대규모 투자를 상실할 위험이 있다."[97] 또한 반패권 동맹은 "중국의 민족적 혹은 지역적 열망이 미국(일본에 의해 뒷받침되는)에 가로막혔을 때 중국이 마지막으로 선택할 수 있는 사안"이며 빈국 간의 동맹에 불과하다.[98]

『거대한 체스판』이 1998년에 처음 출간되었다는 점을 감안하면 브레진스키의 시나리오는 최초이자 최후의 세계 유일 초강대국의 황금기, 단극 체제 절정기의 소산이다. 지금의 중국이 그때의 중국일 리 없고 그때의 러시아가 지금의 러시아일 리 없다. 이란도 마찬가지다. 유라시아 지정학의 현재는 어떤 의미에서 "미국이 중국과 이란을 동시에 적대시할 정도로 근시안적일 경우"에 나온다고 한 바로 그 상황이다. 브레진스키의 말을 빌려도 이것은 미국의 '근시안' 외교의 결과이다. 더 나아가 미국이 중국과 러시아를 상대로 '2전선 전쟁'을 요구받을 정도로 이들을 적대시한 정책이 현재를 초래했다. 20여 년 전 브레진스키의 오판과 오독에도 불구하고 우크라이나라는 지정학적 축의 시간표가 지금까지의 상황을 규정하고 있다. 브레진스키가 짚은 2005~15년 적기론適期論이 정답이기라도 한 듯 두 개의 색깔혁명, 즉 오렌지혁명과 마이단혁명이 양단을 앙다물며 우크라이나의 나토 가입을 기정사실로 만들었다. 미국은 우크라이나의 이른바 '민주혁명'과 통합을 성사시키고 있었다. 동시에 그것은 비극을 잉태하는 시간이기도 했다.

3장

2022년
전쟁의 전개

1

전쟁은 언제
시작되었나?

전쟁이 시작되기 직전 푸틴 대통령은 마크롱 프랑스 대통령과 통화하며 민스크협정을 꺼냈다. 그는 돈바스 내전을 종식하기로 한 민스크협정의 불이행이 우크라이나와 러시아, 서방과 러시아 분쟁의 가장 중요한 걸림돌이라고 분명히 밝혔다.[1]

하지만 협정 체결 당시 우크라이나 대통령이었던 페트로 포로셴코는 얼마 전 2015년에 러시아, 프랑스, 독일과 협상한 휴전은 군대를 재건할 시간을 버는 용도였다고 말했다. "우리는 우리가 원한 모든 것을 달성했다. 우리의 목표는 위협을 중단시키거나 최소한 전쟁을 연기하는 것이었다. 동시에 경제 성장을 이루고 강력한 군대를 만들기 위해 8년을 확보하는 것이었다."[2] 2019년 5월 27일 젤렌스키의 대통령 취임 직후 네오나치 드미트리 야로시가 한 인터뷰 내용도 크게 다르지 않다. "민스크 포맷Format—나는 항상 여기에 대해 말했다—은 시간을 벌고 군대를 무장시키고 안보와 국방 시스템을 세계 최고의 표준으로 전환할 기회다. 우리의 책략을 펼 기회, 단지 그뿐이다. 민스크협정의 이행은 우크라이나의 죽음을 뜻한다. 민스크협정은 이 전쟁에서 죽은 남녀노소 그 누군가가 흘린 단 한 방울의 피만큼의 가치도 없다. 단 한 방울도 말이다."[3]

하지만 러시아 쪽은 다르다. 러시아 외무장관 세르게이 라브로프는 민스크협정과 관련해 한 인터뷰에서 특수 군사작전의 개전 사유를 이렇게 짚었다. "트럼프 행정부가 펼친 민스크협정에 대한 완벽한 사보타주로 인해 이번 전쟁은 '강요된 결정forced decision' 이었다."[4] 그러면서 민스크협정의 성격을 아래와 같이 정의했다. "올라프 숄츠 독일 총리는 최근 러시아의 패배를 확실히 하고, 러시아의 '우크라이나 점령' 목표를 좌절시키고, 러시아에게 우크라이나 영토 불가침과 주권을 담보할 협정을 강제할 것이라고 말했다. 독일 총리는 좀 늦었다. 왜냐하면 우크라이나의 영토 불가침과 주권을 보장하는 협정이 바로 민스크협정이기 때문이다. 유엔 안보리가 승인한 돈바스협정은 통합된 우크라이나의 일부로서 돈바스의 특별지위special status를 규정한다. 이것이 이 협정의 본질이다."[5]

돈바스 내전 발발 직후인 2014년 9월에 체결된 1차 민스크협정이 실패로 돌아가고 미국이 우크라이나에 무기를 제공하기 직전에, 2015년 2월 프랑스 올랑드 대통령과 독일 메르켈 총리의 적극적인 중개에 힘입어 2차 민스크협정이 체결되었다. 유럽안보협력기구 감시하 무조건 휴전하고 2015년 말까지 우크라이나는 개헌을 통해 도네츠크주와 루간스크주에 특별지위를 부여하는 것이 골자다.[6] 국제사회 역시 민스크협정에 발 빠르게 대응했다. 유엔 안전보장이사회는 미국을 포함하여 만장일치로 5000여 명이 사망하고 150만 명이 피난한 인도적 위기의 평화적 해결을 '결의안 제2020호'로 지지했다.[7] 하지만 민스크협정은 결코 이행되지 않았다. 포로셴코의 말처럼 우크라이나는 협정 이행에 진정성을 보이지 않았다. 국제적 합의의 임의적이고 일방적인 폐기에 따른 책임과 도덕성 문제는 아무튼 우크라이나의 몫으로 남았다. 특히나 포로셴코가 『손자병법』을 들먹이며 싸우지 않고 상대방을 속여서 이겼으니 잘된 것 아니냐고 한 변명은 국제사회의 관행과 관습에 비추어 다소 가당찮은 행동이었다.[8] 어쨌든 러시아는 이 협정으로 갈등을 봉합했다고 간주한 것으로 보인다. 즉 병합의 대상을 크림에서 돈바스까지로 확장하려 한 것은 아니었다는 의미다.[9] 이로부터 돈바스 문제에 대한 러시아의 기본 목표와 의도에 질문이 제기된다. 그리고 이 질문은 지금 벌어지고 있는 전쟁의 성격을 여전히 규정한다. "돈바스냐 노보로시야냐?" 그런 점에서 푸틴이 크림 방향으로의 육로 회랑을 구축하기 위해 우크라이나 깊숙이 대규모 침공을 감행하거나 아니면 오데사 방향으로 더 진군해 몰도바 내의 트란스니스트리아 방향의 회랑을 구축하는 것을 기피했음이 분명하다.[10] 2014년 5월 2일 발생한 오데사 학살을 진공의 명분으로 삼을 수 있었음에도 푸틴은 움직이지 않았다. 이 일로 돈바스 반군은 깊은 절망을 느꼈다. 반군의 지휘관이자 전 도네츠크공화국 국방장관인 이고리 기르킨은 이렇게 회고한다.

처음에는 크림 시나리오가 반복될 것이라 생각했다. 러시아의 진입 말이다. 그것이 최상의 옵션이었다. 사람들도 이를 희구했다. 주민총투표도 러시아를 지지했다. 그리고 러시아를 지지해서 싸웠다. 사림들은 러시아연방에 가입하기를 원했다. 러시아 깃발이 도서에 나부꼈다. (중략) 우리는 러시아 정부가 올 것이고, 러시아가 보급품을 보내주고 그리고 러시아 안에 새 공화국이 생길 것이라고 생각했다. 그리고 나는 다른 방식의 국가 건설에 대해 생각해본 적이 없다. 그런데 러시아가 우리를 데려가지 않을 것이라고 깨달았을 때 우리는 그 결정에 충격을 받았다.[11]

2014년 이른바 마이단 쿠데타에 대한 푸틴의 대응은 크림 병합이었다. 이 말은 곧 러시아는 크림에서 행동을 멈추고 돈바스를—당시 반군을 비롯한 주민의 러시아연방 가입 의사에도 불구하고—우크라이나 영역 내에 특별지위로 남긴다는 의미다. 돈바스 전체나 나아가 노보로시야 혹은 동남 6주는 대상이 아니었다. '돈바스냐 노보로시야냐' 옵션의 구조적 패턴이 지금도 유효하다. 그리고 푸틴과 라브로프가 이 전쟁은 강요된 결정이었다고 말하는 이유—우크라이나가 민스크협정을 이행했다면 전쟁은 안 일어났다—도 바로 여기에서 찾아야 한다.

먼저 행동을 개시한 쪽은 젤렌스키다. (중략) 2021년 2월 젤렌스키는 돈바스 분쟁 지역 근처로 병력(순환 배치 과정의 일환)과 중화기(힘의 과시)를 보냈다. 젤렌스키는 2018년 말 케르치해협의 러시아 통제 수역으로 소함대를 파견했던 포로셴코만큼 모험을 감행하지는 않았다. 하지만 모스크바의 시선을 끌기에는 충분했다. 우크라이나가 돈바스에서 승리하지는 못한다 하더라도 러시아를 도발해 행동에 나서게 할 만큼은 된다는 것이 이 사안의 핵심이다. 이것은 서

우크라이나 지지자들의 정해진 반응을 유도하고 나아가 특히 유럽과 러시아의 관계를 악화시킬 것이다. 이쪽이든 저쪽이든 노르트스트림 2(러시아와 독일을 잇는 천연가스 수송관)의 운명은 우크라이나의 이익에 직접적인 영향을 미칠 것이다. 러시아 침략의 희생자로 보이도록, 자신의 나라가 러시아의 대유럽 진출을 저지하는 전선으로 보이도록 연출하는 것이 우크라이나 외교의 핵심이다.[12]

도대체 전쟁은 언제 시작된 것일까? 2021년 2월이다. 2022년이 아니다. 스위스 정보부 출신인 자크 보 대령은 전쟁은 2022년 2월 24일이 아니라 2월 16일 우크라이나의 돈바스 폭격과 함께 시작되었다고 말했는데, 이리 보면 그도 틀렸다. 전쟁은 그보다 1년 전인 2021년 2월 우크라이나의 돈바스 공격으로 자칫 일어날 뻔했다 멈추었다. 러시아가 약 10만 명의 병력을 국경에 배치하고 초강경 대응하겠다고 위협했기 때문이다. 그런데 이 설명도 틀렸다. 전쟁은 2014년에 시작됐다. 지금은 그때부터 이어진 전쟁의 한 경과점이다. 또한 이 전쟁은 미국이 감독하고 젤렌스키가 연기한 드라마다. 과거 소련에게 그랬던 것처럼, 미국은 이번에도 러시아의 약점인 경제를 공격해 주저앉히려 했다. 랜드연구소 보고서에서 말한 것처럼 힘의 과잉 투사를 유도해 말려 죽이려는 것이다. 아프가니스탄전쟁 10년 만에 소련이 붕괴했다. 이번에 바이든은 '2년'을 요청했고 미국 의회는 98퍼센트의 찬성으로 무기대여법을 승인했다.

하지만 소련에게 아프가니스탄이 가진 의미와 러시아에게 돈바스가 뜻하는 바가 같을까? 러시아는 예상보다 기민하게 대응하고 있다. 사실상 상대의 노림수를 읽었다고 할 수 있다. 눈에 보이는 것이 결코 전부가 아니다. 전쟁은 이미 예견되었다. 우크라이나가 갑자기 당한 것도 아니고, 1950년 6월 25일 한반도의 새벽에 얽힌 내러티브처럼 2022년 2월 24일 러시아군이 갑자기 밀어닥친 것도 아니다. 미국과 영국은 말할 것도 없고 적어도 독일과 프랑스도 이미 오래전부터 전쟁을 예측했다. 그러기에 당연히 막을 수도 있었다. 그런데 막지 않은 것이다. 미영을 비롯한 서방 언론은 이번 전쟁에 관한 내러티브를 어느 정도 미리 만들어놓았다.

민스크협정으로 설치된 유럽안보협력기구의 우크라이나 '특수 감독 미션Special Monitoring Mission'은 돈바스 내 우크라이나와 분리 공화국 사이의 접촉선을 따라 매일 휴전 위반 사항을 기록했다. 이 기록에 따르면 2022년 2월 16일부터 돈바스에 대한 우크라이나의 포격이 시작됐다.

> 2월 16일: 509회 정전 위반, 316회 폭발음.
> 2월 17일: 870회 정전 위반, 654회 폭발음.
> 2월 18일: 1566회 정전 위반, 1413회 폭발음.
> 2월 19~20일: 3231회 정전 위반, 2026회 폭발음.
> 2월 21일: 1927회 정전 위반, 1481회 폭발음.
> 러시아, 도네츠크공화국·루간스크공화국 승인.
> 2월 22일: 1710회 정전 위반, 1420회 폭발음.

자크 보 대령은 기록을 근거로 이렇게 질문한다. "2월 17일 바이든 대통령은 러시아가 며칠 안에 우크라이나를 공격할 것이라고 공표했다. 어떻게 알았을까? 미스터리다. 그러나 OSCE 일일 보고서가 보여주는 것처럼 16일 이후 돈바스 주민에 대한 포격이 극적으로 증가했다." 서방 언론은 2월 16일(개전 9일 전)부터 우크라이나가 돈바스를 포격한 사실을 보도하지 않았다. 또한 2021년 내내 러시아군이 우크라이나 국경에 집결했다는 뉴스를 내보낼 동안 우크라이나군이 전체 병력의 절반 혹은 12만 5000명을 돈바스 분쟁 구역에 집결시킨 사실도 보도하지 않았다.[13]

> 젤렌스키가 크림 탈환을 명령하고 군대를 남부 지역에 파견하면서 우크라이나는 2021년 3월 24일부터 돈바스를 따라 자국 군대를 재배치하기 시작했다. 젤렌스키가 미국과 나토의 승인 없이 이토록 공격적인 대통령령을 발표했을 것으로 보이지는 않는다.
>
> 2021년 4월 우크라이나 정부는 나토 가입이 안 될 경우 핵무장을 하겠다고 공개 선언했다. (중략) 같은 달 러시아 국방장관 쇼이구는 러시아 국경을 향해 군대를 이동시킨 미국과 나토를 성토했다. "폴란드와 발틱 국가에 미군이 강화되고 있다. 작년에 비해 공중 정찰은 2배, 해군의 작전 수행은 1.5배 증가했다." 쇼이구는 명백히 반러시아적 방향으로 공격적인 군사 활동을 수행하는 미국과 그들의 동맹국을 비난했다. 2021년 봄 나토군은 30년 만의 최대 규모로 합동 군사훈련 디펜더 유럽Defender Europe을 실시했다.[14]

이런 정황만 놓고 보더라도 우크라이나전쟁에 대해 서방이 주장하는 불법 침략론이나 의도적으로 선택한 전쟁이라는 논리와 강요된 결정이었다는 러시아의 주장 사이에는 건널 수 없는 강이 있다고 해야겠다.[15] 러시아가 주장하는 전쟁의 이유는 '네 가지 실존적 위협에 의해 중첩 결정된' 국제법 합지론 성도로 읽을 수 있다. 러시아의 주장은 대략 다음과 같다.

첫째 2021년 12월 이미 12만 5000명의 우크라이나군이 돈바스, 즉 양대 분리 공화국과 우크라이나의 분계선에 집결했다. 양대 분리 공화국에 대한 우크라이나 군대의 대량학살, 전쟁범죄 및 인종 청소 등이 예상되는 상황에서 러시아는 돈바스 시민에 대한 '보호 책임Responsibility to Protect, R2P'[16]에 근거하여 군사행동을 불가피하게 개시했다.

둘째 2022년 2월 19일 젤렌스키는 "부다페스트의정서보다 나토 조약 제5조가 더 효과적이라고 믿고 싶다"라고 선언하면서 핵무장 계획을 밝혔다. 이는 러시아에 대한 실존적 위협에 해당한다.

셋째 젤렌스키의 나토 가입 시도는 우크라이나 영역 내 러시아를 겨냥한 핵미사일 배치로 귀결될 것이고, 이는 우크라이나의 지리적 근접성으로 인해 러시아가 적의 공격을 검증하고 반격할 시간을 박탈한다. 미국의 경우 데프콘 II에 해당하는, 하와이나 캐나다에 러시아의 핵미사일이 배치되는 것에 비유할 수 있다. 그러나 미국은 이러한 우려를 불식하기 위한 러시아의 안전보장 요청을 2021년 12월 최종 거부했다.

넷째 미국 국방부가 운영하는 우크라이나 내 생물학실험실의 존재도 러시아의 군사적 개입을 요구하고 있었다. 2022년 3월 11일 국무부 차관 빅토리아 눌런드가 의회 청문회에서 이 사실을 인정했다.

결론적으로 이상 네 조건의 긴급성과 그로 인한 러시아의 군사행동은 유엔헌장 제51조[17]에 규정된 '집단 자위권'에 해당한다. 이는 국제법상 무력 사용 금지의 예외 사유이므로 국제법에도 합치한다고 러시아는 주장한다.[18] 브라질 언론인 페페 에스코바의 해석도 비슷하다.

> 모스크바는 미국이 계획한 3연속 단식 게임에 어떻게 참여하면 좋을지 평가할 시간이 없었다. 임박한 키예프의 돈바스 전격전, 우크라이나의 핵무기 획득이라는 말장난,[19] 미국의 생물무기 연구소. 이 모두가 낙타 등을 부러뜨린 지푸라기였다.[20]

2 전쟁의 1단계: 러시아의 패배인가 거대한 기만인가?

2022년 3월 27일 영국 『이코노미스트』는 젤렌스키를 인터뷰했다. 아주 흥미로운 기사지만, 교전 당사국의 정부수반이 하는 말이니 전부 사실로 믿을 필요는 없다. 하지만 "국민의 생명도 지키고 땅도 지키고, 다 할 수는 없다. 땅은 그저 영토just territory일 뿐이다"라고 토로한 것은 매우 주목할 만하다. 국민의 생명을 지키면 승리 아니냐는 말이다. 우크라이나를 지원하는 서방에 대한 그의 분석도 흥미롭다. 요컨대 하나의 단결된 '서방the West'은 없다고 말한다. 우크라이나에 진짜 필요한 것은 전투기와 전차, 장갑차인데 아무도 이걸 안 준다고 한다. 우크라이나 국민을 대러시아 방패막이로 삼는 군사 전략적 관점과 독일처럼 러시아를 거대 시장으로만 보는 경제적 관점, 그리고 오직 인도주의적 이유에서 조기 종전을 바라는 관점 등 서방의 셈법이 저마다 다르다고 정확히 지적한다. 각기 다른 속셈에도 우크라이나의 승전을 가장 열망하는 쪽은 미영인데, 두 나라는 국내 정치적 이유로 지원이 너무 더디다고 토로한다. 순화한 표현이지만, 소위 서방의 속셈을 적나라하게 드러냈다. 러시아와 항구적 평화가 가능할 것인가라는 질문에는 "모르겠다, 아마 푸틴도 모를 거다"라고 답했다.[21] 바로 이 불확실성에 포스트우크라이나 세계질서의 위험이 내장되어 있다. 3월 말의 인터뷰를 언급하는 이유는 그때가 우크라이나 사태의 평화적 해결을 위한 사실상 마지막 기회였다고 보기 때문이다. 막후에선 이미 휴전 협상안이 오가고 있었다.

아울러 이 지점에서 인터뷰의 배경인 이스탄불 평화협상의 쟁점을 짚어둘 필요가 있다. 여섯 개의 쟁점이 있었다. ①우크라이나 중립화. ②우크라이나 비무장과 안전 보장.[22] ③나치 청산. ④러시아어를 공용어로 허용. ⑤돈바스 지역의 두 공화국 문제. ⑥크림반도 문제. 이 가운데 다섯 가지 쟁점과 남은 하나의 절반은 러시아가 제시한 것이다. 오직 남은 절반, 즉 우크라이나의 안전 보장만 우크라이나가 요구했다. 쟁점 ①, ③, ④는 이미 합의했거나 합의 가능해 보였다. 쟁점 ②는 우크라이나의 무장 수준과 국제 안전 보장을 누가 할 것인지를 협상할 수 있었다. 난관은 역시 영토 문제인 ⑤와 ⑥이다. 쟁점 ⑥의 크림반도는 러시아 흑해함대의 주둔지이고 2014년 유로마이단 사태 직후 러시아가 강점한 뒤 지금까지 실효 지배하고 있다. 우크라이나가 이곳을 군사력으로 재탈환하는 건 사실상 불가능하다. 이제 남는 건 쟁점 ⑤. 러시아가 양대 공화국의 독립을 개전 직전에 승인했지만, 아직은 민크스 협정의 이행으로 해결할 수 있는 사안이었다. 하지만 이스탄불 평화협상은 결국 물거품이 되고 말았다. 미영의 대대적인 개입이 결정적이었다. 두 나라는 장기 전쟁을 위한 대규모 재정 및 군사 지원 패키지를 우크라이나에 들이밀어 협상을 좌절시켰다. 또 젤렌스키에게 '나치 청산'을 실행할 의지와 능력이 있는지도 미지수였다. 정치적으로 미숙한 젤렌스키의 갈지자 행보로 인해 협상은 성과 없이 종결되었다. 젤렌스키는 한편으로 나토가 우크라이나 가입을 수용할 수 없다는 점을 깨달았지만, 다른 한편으로 전쟁을 해야 나토 가입이 쉬워질 것이라고 생각했다. 즉 전쟁을 일종의 나토 입장권으로 보았다는 말이다.

4월 러시아 국방부는 '전쟁 2단계'를 선언했다. 그러자 서방 언론은 러군이 키예프 점령에 실패해 패주했다는 식의 보도를 쏟아내기 시작했다. 우크라이나가 승리했다는 말이다. 이 우크라이나 대승론은 장기 전쟁의 모멘텀이다. 이로써 전장의 실제 상황과 분리 자립된 상상 속의 내러티브 전쟁이 시작되었다. 관념 속, 머릿속 새로운 전장이 만들어진 것이다.

나는 우크라이나 대승론의 뿌리가 개전 직후 미국 CIA 국장이 의회 등에서 설파한 '키예프 2일 점령설'에 있다고 본다. 이 시나리오는 기본적으로 나토군의 전략가들이 랜드연구소 워게임 시나리오에서 찾은 것이다. 이에 따르면 러시아 육군의 부대 편성에서 전투 차량은 미국의 4분의 3 규모지만 포병은 세 배에 달할 정도로 불균형이 심하다. 러시아군의 대규모 공세 역량은 사흘 정도에 불과하며, 공격력은 한두 개 도시를 장악할 수준으로 평가했다. 이런 러시아군을 나토 역내 깊숙이 유인해 보급선을 최대한 연장시키는 것이 나토의 전략이다. 이 전략에 딱 들어맞는 선택지가 바로 우크라이나였다.[23]

우리는 러군이 보급상의 제약으로 인해 즉각 키예프를 점령하는 것밖에 선택지가 없다고 믿었다. 이 주장은 명백히 틀렸다. 개전 한 달이 지났음에도(이 기사는 2022년 4월 2일에 작성되었다) 러시아군에게 명명백백한 보급 문제가 발생하지 않았다. 따라서 러시아군이 즉각적으로 키예프 혹은 다른 도시를 점령해야 한다는 관점은 틀렸다. 어떤 종류의 두뇌 유출brain drain 때문에 서방이 고통을 받았기 때문이지 몰라도 우리는 그런 생각을 이해할 수 없다. 서방의 군사 전문가들은 매우 심각할 정도로 오판했고, 설사 그 어떤 프로파간다와 역정보를 퍼뜨리더라도 상황을 지켜본 사람 모두에게 자신들의 실수를 은폐할 수는 없을 것이다.[24]

서방은 키예프 점령이 전쟁의 목표이고 심지어 키예프를 이틀(혹은 사흘) 안에 점령할 것이라는 가설을 사실로 둔갑시켰다. 그런 다음 러시아가 이를 충족시키지 못했으니 우크라이나가 대승을 거둔 것이라고 결론지었다. 무시무시한 정신 승리다. 이 오판에 따른 청구서를 결국 우크라이나 병사들의 목숨으로 갚아야 했다고 하면 이 또한 과장일까. 나는 처음부터 러시아의 목적이 우크라이나 전 영토—특히 수도—의 군사적 강점(최대주의)이 아니라 미리 정한 정치적 목적을 강제하기 위한—조건에 따라 목표 상향을 배제하지는 않는—제한전이라고 강조했다. 그리고 러시아로서는 평화 협상의 최대 난관인 돈바스에 최대 화력을 집중하여 점령—양대 공화국 입장에선 '탈환'—을 기정사실화해서 돈바스 양대 공화국의 독립을 협상에 강제하는 것이 국면 전환의 이유라는 말이다.

러시아의 초기 작전 상황과 관련해 우크라이나 대승설을 놓고 치열한 반론과 비판이 제기되었다.

러시아가 침공 사흘 만에 키예프에 도착한다는 주장은 나의 관심을
끌었다. (중략) 다수의 소위 미국 군사 전문가들은 러시아가 퍼졌다
고 주장했다. (중략) 러시아군의 공격 규모와 범위는 주목할 만하다.
그들은 3주 안에 영국보다 더 넓은 영토를 장악했다. 이후 핵심 도시
와 군사 시설에 대한 정밀 조준 공격을 계속했다. 우리는 우크라이
나군 연대나 여단이 동급의 러시아 부대를 공격하거나 패퇴시키는
장면을 못 봤다. 오히려 러시아군이 우크라이나군을 잘게 쪼개고 통
신선을 차단했다. 러시아군은 마리우폴에 대한 통제를 강화했고 흑
해의 접근권을 완벽히 확보했다. 우크라이나는 그대로 남북이 잘렸
다.25·26

미국과 나토가 국경에 구축한 강력한 '모든 대리 군대의 어머니
Mother of All Proxy Armies'를 파괴하는 것이 논리적으로나 명시적으로
나 러시아의 최우선 목표였다. (중략) 이 목표를 달성하기 위해 러
시아군은 전투 개시 즉시 북부 지역의 우크라이나 부대가 동남부의
부대를 지원할 가능성을 차단하는 고전적 러시아식 책략을 작동시
켰다. 이것이 러시아군이 키예프와 그 주변에서 정교한 기만과 고착
feint and fix 작전을 수행한 이유이다. (중략) 최대한도로 효과적인 기
만은 설득력이 생명이다. 이를 위해 러시아군은 종종 비싼 비용을
치렀다. 최상의 기만은 비용과 이익 분석에 기반하며, 그 이익은 전
쟁의 최우선 목표를 대표한다. 키예프에서의 기만과 고착 작전은 서
방의 전쟁 선전가들이 기대하는 것만큼 비싸진 않지만 상당한 비용
이 드는 일이다. 이것은 기만의 대부분이 구체적인 행동보다는 의도

의 과시로 구성되기 때문이다.

예컨대 개전 후 수일 동안 제공권을 확보한 러시아군은 이후 간헐적으로 대부대를 키예프로 향하는 간선 고속도로 북쪽에 배치했다. 그런 다음 돈바스 방면의 주력 부대에 합류하기 위해 도처를 들쑤시기 직전에 며칠간 주둔만 한 채로 간헐적으로 이쪽저쪽을 향하는 것처럼 가장했다. 키예프 북부 전선에서 러시아군이 수행한 작전은 모두 쇼였다. 러시아군은 와해되지도 패퇴하지도 않았다. 또 연료가 바닥난 것도 아니다. 이 모두는 단지 거대한 기만전이었다.

심지어 벨라루스도 군대와 차량을 국경 너머로 공격적으로 전진시키고 러시아군의 키예프 공격에 합세할 것처럼 위장했다. 당연히 벨라루스 군대는 그런 공격을 상정한 바 없고 실행에 옮기지도 않았다. 벨라루스군의 시위는 러시아군이 기만 작전을 종료하고 군대를 동남부로 이동시키자 중단되었다.

기만전의 결과 러시아군은 10만 명의 우크라이나 병력과 장비를 수주 동안 키예프에 고착시켰고, 키예프와 돈바스 사이에 있는 수송 요충지와 회랑을 장악했다. 동시에 아조프해의 전략항 마리우폴에 주둔한 2만 명에 달하는 우크라이나 부대를 포위 섬멸하는 주공을 수행했다.[27]

자크 보 대령은 스위스군 소속으로 스위스 전략정보국의 동유럽 담당관이었다. 미국과 영국의 정보기관에서도 훈련을 받았으며, 유엔평화유지군 정책 책임자를 지냈다. 그는 전쟁 개전 이후 유럽에서 자주 원용되는 주요 논평가이다. 특히 OSCE의 우크라이나 특별 감시 미션을 직접 보고받는 자리에 있었기 때문에 이 문

	우크라이나	독일	프랑스	이탈리아	영국
전차	2596대	266대	406대	200대	227대
장갑차	12303대	9217대	6558대	6908대	5015대
자주포	1067대	121대	109대	54대	89대
견인포	2040문	0문	105문	108문	126문
휴대형 로켓포	490문	38문	13문	21문	44문
병력	50만 명	20만 명	24만 명	19만 명	23.1만 명

유럽 각국의 지상군 규모

제를 보는 감각이 특별할 수밖에 없다.

앞에서 언급한 것처럼 우크라이나군은 2월 16일부터 돈바스에 대한 대규모 포격을 개시했다. 그보다 일찍 우크라이나 주력군이 친러 반군이 관할하는 지역의 경계선에 집결해 있었다. 경계를 지키기만 하려고 그들이 집결했을까? 만약 어떤 의도를 갖고 병력을 배치했다면 상황은 달라진다. 보 대령에 의하면 미국과 나토는 우크라이나군의 임박한 총공세에 떠밀린 러시아군이 2월 24일에 총반격을 시작할 것이라고 예상하고 있었다.

이때도 왜 러시아는 접경지에 10만이 넘는 병력을 배치했는지가 설명되어야 한다. 돈바스에서 긴장이 고조되자 푸틴과 통화한 마크롱이 다시 한번 젤렌스키를 압박했다. 프랑스와 독일이 보장하고 러시아와 우크라이나가 합의한 민스크협정을 이행하라고 말이다. 그러나 우크라이나는 프랑스의 제안을 거부했다. 우크라이나 선전 매체도 이번 전쟁을 '8년 전쟁의 한 국면'으로 정의한다. 그렇게 양국이 병력을 집결시킨 상태에서 우크라이나가 돈바스 지역에 대한 총공세를 시작하자, 러시아도 준비된 시나리오에 따라 세 방면의 침공을 개시한 것이다.

뿐만 아니라 보 대령은 미영 전쟁 내러티브의 축을 이루는 우크라이나 승전설이 "서방의 전술 교리를 그대로 이식한 수도 중심 사고, 즉 키예프만 지키면 된다는 사고"에서 유래했다고 본다. 그리하여 러시아가 키예프를 점령하지 못하면 우크라이나의 승리라고 믿는 것이다. 하지만 클라우제비츠가 말하듯 "적의 군사력에서 중력의 중심을 알아내는 것, 그리고 중심이 미치는 효과의 범위를 아는 것은 전략적 판단의 중요한 임무이다."[28]

러시아에게 이 전쟁의 중심은 키예프가 아니라 남부 돈바스였다. 마치 수도를 포위할 것처럼 맹렬한 공격을 가해 우크라이나군의 또 다른 주력을 수도에 고착pin down시킨 채로 실제로는 남동부에 총공세를 전개했다. 이로써 수도와 남부 돈바스가 거의 완전히 분리되었다. 우크라이나군이 승리설에 취해 수도만 붙들고 있는 사이에 남부의 주력 부대는 와해될 위기에 직면해 있었다.[29] 나 역시 이를 성동격서로 해석한 바 있다.

보 대령은 전황을 계속 업데이트하고 있다. 그에 따르면 러시아군의 작전은 크게 두 개 방면, 즉 수도 키예프와 남부 돈바스에서 전개된다. 그 가운데 이들의 진짜 목표는 키예프가 아니라 돈바스다. 우크라이나가 러시아군으로부터 수도 키예프를 지키고 전쟁에서 이겼다는 정신 승리는 전쟁을 연장하고 서방이 우크라이나를 대대적으로 지원하는 근거가 된다. 군사 논리로만 보자면 돈바스 북쪽 도네츠크의 임시 주도 크라마토르스크 가마솥 지대의 병력을 드네프로강까지 후퇴시킨 뒤 재정비하고 반격하는 것이 맞다. 히지만 젤렌스기가 이를 거부했다. 서방 혹은 소위 선문가들이 러시아의 의도를 오독하여 협상을 통한 문제 해결을 어렵게 하고 있다. 서방이 제공한 무기는 우크라이나군이 아니라 범죄나 테러 단체로 흘러가 언젠가는 오히려 우크라이나와 서방을 위협할 것이다.

결론적으로 보 대령은 첫째, 돈바스에서 발견한 우크라이나 문서를 통해 2월 16일 우크라이나가 돈바스 반군 지역 공격을 개시했음을 보여준다. 그러나 서방 정치 지도자들은 이 정보를 무시했다. 러시아를 누르기 위해 우크라이나를 도구화한 것이다. 또 하나의 목적은 러시아에서 독일로 가는 노르트스트림 2 가스관을 잠그는 것이다. 둘째, 서방은 민스크협정 이행을 위해 그 어떤 노력도 하지 않았다. 셋째, 러시아군의 대패나 푸틴 광인설 같은 내러티브에서 보듯이 현재 유럽인들은 과거 그 어느 때보다 여론 조작에 취약하다.[30]

보 대령은 자신의 저서 『Z작전Operation Z』 출간에 맞춰 2022년 9월 1일에 다시 인터뷰를 했다. 그 일부를 여기에 발췌한다.

서방의 주류 언론은 멕시코 대통령 오브라도의 말처럼 "무기 줄게 시체 다오"라는 식으로 서방의 부도덕한 우크라이나 정책을 후안무치하게 보도하고 있다. 지난 여섯 달간의 상황을 볼 때 러시아군은 서방의 예상과 달리 매우 효율적이고 지휘 통제 능력도 뛰어나다. 그들은 민간인 피해를 최소화하면서, 특히 돈바스에서는 주민의 광범위한 지지를 받으며 싸웠다. 서방의 소위 군사 전문가들은 러시아의 목표는 개전 이틀 만에 키예프를 점령하는 것이었고, 이를 달성하지 못했다고 한다. 하지만 그런 '키예프 전투'는 현실에서 일어나지 않았다. 러시아의 목표인 무장 해제와 나치 제거를 달성하기 위해 우크라이나 땅 전부를 점령할 필요는 없다. 서방 언론과 정치인들은 있지도 않은 상상 속의 전쟁을 머릿속에서 치르고 있다. 러시아는 우크라이나군보다 적은 병력으로 공세를 진행했다. 하지만 그들의 군사학 핵심 개념 중 하나인 작전술의 틀에서 보면 국지적·일시적 우위를 유지하기 위해 러시아군은 병력을 신속히 주전장으로 집중시켰다. 키예프 전장에서 러시아군은 우크라이나군을 단지 기만한 것이 아니라 적의 대병력을 수도에 고착시켰다. 이 작전의 목표는 적의 돈바스 지원을 막는 것이었다.³¹

개전 이후 우크라이나군은 정치적 정보전의 공간에서 싸운 반면, 러시아군은 물리적 작전술의 공간에서 전쟁을 수행했다. 이것을 러시아군은 군의 명령을 따랐고 우크라이나군은 젤렌스키의 명령을 따랐다고 설명할 수 있다. 이런 상황이기 때문에 젤렌스키와 군의 불화설, 젤렌스키가 참모총장을 해임하고 자신이 국방장관을 겸임할 것이라는 보도가 나왔다. 우크라이나군은 미국과 영국, 캐나다 장교들이 2014년부터 훈련시킨 군대다. 이들은 2014년 이후 돈바스에서 산개된 대테러 작전, 즉 무장 반군과의 전투만 경험했다. 그 결과 이들은 전술 이상의 전략적 작전술과 전투 능력을 갖고 있지 않다. 젤렌스키와 서방은 '전쟁을 수와 기술상의 힘의 균형'으로 파악하고 승패는 서방이 제공한 무기에 의해 결정된다고 생각한다. 바로 이것이 그들의 패인이다. 소위 우크라이나군과 서방이 알린 남부 헤르손 등지에서의 '역공세counter-offensive'는 고작해야 '반격counter-attack'에 불과하다. 전자는 작전 개념인 데 반해 후자는 전술 개념일 뿐이다. 어쨌든 이것이 가능할 수도 있다. 왜냐하면 어떤 전장에서는 러시아 1개 대대전술단이 20킬로미터를 관할하는 데 비해, 돈바스 전역에서는 1~3개 대대전술단이 1킬로미터를 담당하기 때문이다. 하지만 8~9월의 역공세는 서방의 시선을 끌고 지원을 유지하기 위한 시도였다. 러시아의 패배가 곧 우크라이나가 '나토에 가입하는 입장권'이다. 그리고 우크라이나의 목표는 승리가 아니라 러시아의 패배였다. 양자는 매우 다르다. 대러시아 경제 제재는 전혀 다른 결과를 초래했고, 우크라이나는 스스로 도발한 전쟁으로 끌려갔다. 이렇게 장기간 전투를 치를 준비가 안 된 채로 말이다. 전장의 실상과 언론 보도의 부조화라고 정의할 수 있는 서방의 내러티브가 여기에서 생겼다. 개전 초부터 우크라이나는 지속적으로 선택 오류를 반복했고 그 결과 전장에서 병사들이 목숨을 잃었다. 젤렌스키는 시간이 흐를수록 더 많은 제재—말도 안 되는 것을 포함해—를 요구했는데, 제재가 전쟁의 결정적 요소라고 믿기 때문이다.[32]

마지막으로 보 대령은 흥미로운 말을 덧붙인다. 향후의 상황 판단에 꽤나 유용한 관점이다. 서방의 "소위 전문가들은 러시아 정치를 전혀 알지 못한다. 실제로 푸틴은 러시아의 정치 지형에서 '비둘기파'에 가깝다. 푸틴이 사라질 경우 훨씬 더 공격적인 매파가 출현할 수도 있다. 명심하라. 에스토니아, 라트비아, 리투아니아, 폴란드, 조지아는 다른 유럽과 달리 민주적 가치를 발전시킨 경험이 없다. 그들은 민주적 가치와 동떨어진 차별 정책을 자국 내 소수자인 러시아인에게 적용하면서 덜떨어진 도발자처럼 행동한다. 그 어떤 이유로든 만에 하나 푸틴이 사라지면 동유럽의 분쟁은

새로운 차원으로 전개될 것이다."³³

실제로 푸틴은 비둘기파일지도 모른다. 러시아에 대해 상당히 비판적인 지정학자 제럴드 톨은 푸틴을 1991년 소련 붕괴 이후 러시아에 등장한 3대 전략 담론—자유주의·제국주의·강국—중 강국 러시아 쪽으로 분류한다.³⁴ 이들은 유라시아의 강대국Great Power을 국가의 비전으로 삼는 실용주의자이자 현실정치가Realpolitiker이다. 그런 점에서 예컨대 두긴 같은 이념적이고 제국주의적인 담론과는 다른 흐름에 속한다. 이번 전쟁과 관련해서도 러시아 군이 '흰 장갑을 끼고', '한 팔을 등 뒤로 묶은 채' 싸운다는 말이 있다. 물론 여기에 우크라이나 내 러시아인을 비롯 민간인 보호라는 명분이 작용한 것은 맞다. 러시아가 이번 전쟁을 계속 특수 군사 작전 혹은 비전쟁적 군사행동이라고 주장하는 이유도 범죄 집단에 불과한 네오나치가 국가권력의 심층에 진입한 상황을 해결하는 경찰행동의 측면이 있기 때문이다. 아울러 여기에는 푸틴의 돈바스에 대한 접근 방식도 작용을 한다. 푸틴은 마이단 직후의 군사 개입을 크림에서 멈추고 외교적 해결에 주력했다. 또 지난 2월 돈바스 포격 이후에도 반격의 법적 요건을 완성하고, 즉 양대 공화국을 승인한 뒤 공격 명령을 내렸다. 그런 의미에서 푸틴은 소위 '리걸 마인드legal mind'에서 출발하는 법률가형 정치인이다.

'매리너스'라는 익명의 필자가 쓴 글은 미국 주류 가운데에서도 최상층에 속한 이가 제기한 비주류 관점이라는 점에서 적잖은 파장을 일으켰다. 매리너스는 퇴역한 해병 중장 폴 리퍼(혹은 그와 가까운 인물)로 추정된다.³⁵ 뛰어난 군사 전문가인 그의 글은 지금까지 우크라이나전쟁에 대해 미국에서 나온 가장 통찰력 있는 설명 중 하나가 아닐까 싶다. 우크라이나전쟁은 각각 성격을 달리하는 세 개의 전장—북부, 남부, 동부—에서 수행되었고, 그중 주전장은 동부—돈바스—였다. 북부의 전장은 거대한 기만grand deception이었다는 말이다. 이는 미영과 나토의 전쟁 내러티브—소위 '키예프전투'—인 북부 전선에서 영웅적 우크라이나군이 러시아군을 궤멸, 패퇴시켰다는 주장을 정면으로 반박한다.

> 순물리적 현상만 놓고 보자면 2022년 러시아 지상군이 우크라이나에서 수행한 작전은 퍼즐 같은 것이다. 대대전술단은 우크라이나 북부의 광활한 지역을 장악했지만 임시 점령지를 항구적 점유지로 변경하는 어떠한 시도도 하지 않았다. 실제로 그들은 5주 동안 이 지역에서 주둔한 뒤 도착했을 때만큼 신속하게 철수했다. 반면 남부에서는 신속하게 진입한 러시아 지상군이 곧바로 수비대를 편성하고 러시아의 정치, 경제, 그리고 문화 제도를 이식했다. 세 번째 전장에서는 북부와 남부 전선에서 러시아군이 펼친 것과 같은 신속 기동을 거의 하지 않았다. 우크라이나 동부에서 러시아군은 상대적으로 좁은 땅덩어리를 장악하려고 집중 포격을 가했다.

매리너스에 따르면 세 방면에서 수행한 작전의 성격이 상이한 이유는 각 작전이 장기간에 걸쳐 만든 러시아 작전 목록의 서로 다른 항목을 실행하고 있기 때문이다. 하지만 이것이 왜 러시아 지도부가 그 작전을 그 지역에 적용했는지까지 설명하진 않는다. 이 의문을 풀기 위해서는 세 가지 군사행동의 '정신적이고 도덕적인 목적'을 고찰해야 한다.

먼저 북부의 기습전을 보자. "미 해병대는 오랫동안 기습raid이라는 용어를 소규모 부대가 특정 지점에 신속하게 전개하여 별개의 임무를 완수한 뒤 최대한 빨리 철수하는 군사행동으로 정의했다. 하지만 러시아에서 기습과 그 말의 사촌 격인 강습reyd(기습과 구분하기 위해 강습으로 번역했다)은 의미가 다소 다르다. 기습조의 이동은 지도상 특정한 지점에 도달하는 방법에 불과하다. 반면 강습을 수행하는 더 큰 규모의 부대 이동은 더 중요한 효과를 창출한다. 고속도로나 주변 도로를 따라 이동하는 과정에서 적 지휘부를 혼란에 빠뜨리고 적의 보급을 차단한다. 또한 적국 정부가 자기 영토의 불가침을 통제하며 확보한 정당성을 박탈한다. 이와 비슷하게 오늘날 미군의 기습 국면은 반드시 상세한 규정을 준수하는 반면 러시아군의 강습은 새로운 기회를 만들거나 새로운 위험을 회피하고 혹은 새로운 목적에 기여하는 등 훨씬 열려 있는open-ended 시도이다."

이어서 강습의 역사적 선례로 나폴레옹전쟁 때 벌어진 독일 카셀 전투를 제시했다.

1813년 9월 (알렉산더 체르니셰프가 지휘하는) 약 2300명의 기병과 경야포 2문으로 구성된 부대는 적지를 관통하여 400마일을 우회한다. 이 대담한 시도 중간에 당시 프랑스제국의 위성 수도인 카셀을 이틀간 점령하기도 했다. 적의 진격에 놀란 나폴레옹은 드레스덴 수비를 위해 두 개 군단을 쪼갰고 정부도 다른 도시로 옮겼다. 그 결과 라이프치히 전투에서 나폴레옹의 대군은 이전보다 훨씬 규모가 줄어들어 있었다.

2022년 침공 첫 며칠간 우크라이나 북부 깊숙이 진군한 다수의 대대전술단은 라이프치히 전투를 재현하려는 그 어떤 시도도 하지 않았다. 오히려 이들은 행군로에 있던 대도시를 전부 지나쳤고, 소도시에 주둔한 아주 드문 경우에도 점령은 고작 몇 시간에 불과했다. 그럼에도 신속 기동 중인 러시아군의 대오는 체르니셰프의 1813년 기습 작전과 맞먹는 효과를 훨씬 더 큰 규모로 창출했다. 말하자면 이들은 우크라이나가 러시아의 주전장인 돈바스 지역에 병력을 집중시키지 못하고 훨씬 더 멀리 있는 다른 도시들을 방어하게끔 강요했다.

둘째, 남부의 신속 점령을 보자.

속도와 거리로 볼 때 우크라이나 남부의 해변과 드네프르강 사이의 지역에서 러시아가 시도한 작전은 북부의 강습과 비견할 만하다. 하지만 도시를 다루는 방법은 달랐다. 키예프 양측면의 러시아군 대오는 될 수 있는 한 대도시 지역을 회피했다. 반면 남부에서는 상당수의 도시들을 장기 점유했다. (중략) 남부의 도시들을 통솔한 러시아 지휘관은 북부의 지휘관과 동일한 정책을 따랐다. 러시아는 우크라이나 국가의 현지 행정이 자신들의 임무를 계속 수행하도록 허용했고, 공공건물에 우크라이나 국기를 그대로 거는 것도 허용했다. 하지만 얼마 지나지 않아 러시아 공무원이 지방정부를 장악했고 건물 위의 국기도 교체했으며 은행과 통신사를 통제했다. 강습 모델처럼 신속한 군사적 점령과 철저한 정치적 변혁을 결합시키는 작전 패러다임은 꽤 오랫동안 러시아 군사문화의 일부였다. 따라서 남부 전선에서 작전 개념을 설명할 때 러시아 지휘관들은 1939년 폴란드 동부를 소비에트가 점령한 뒤 40여 년 동안 소비에트가 한 수많은 비슷한 일들을 언급할 수 있었다. (중략) 남부에서 일부 러시아군이 점령지에 대한 통제를 강화하는 동안 다른 부대는 니콜라예프 인근을 강습했다. 북부 전선의 대도시들과 마찬가지로 이로 인해 우크라이나 지도부는 돈바스 지역으로 가야 할 병력을 도시 방어에 동원해야만 했다(니콜라예프와 오데사가 여기에 포함된다). 동시에 남부 전선의 북쪽 지역에 대한 강습은 러시아군이 점령한 지역과 우크라이나 정부가 통제하는 지역 사이에 광활한 무주지를 만들었다.

마지막으로 북부와 남부에서 러시아군은 야포를 거의 사용하지 않았다. 부분적으로 보급에 문제가 있기도 했다(러시아는 북부 강습과 남부 신속 점령에 대규모의 포탄과 로켓을 공급할 수단이 없었다). 하지만 이 지역의 작전에 포격을 동원하지 않은 까닭은 수단이 아니라 목적과 더 관련 있다. 북부 주민의 적대심을 피하고자 했기 때문이다. 언어와 인종상의 이유로 북부의 주민 거의 대부분은 우크라이나 국가를 강하게 지지한다. 한편 남부에서 야포 사용을 제한한 정책은 이 지역 주민 다수가 스스로 '러시아인' 정체성을 갖고 있기 때문이다. 이 지역에서 러시아는 러시아어를 사용하는 지역 공동체의 생명과 재산을 지킨다는 정치적 목적도 있었다.
하지만 동부 전선은 달랐다.

동부에서 러시아군은 그 기간과 강도에 있어 20세기 세계대전과 맞먹을 만큼의 포격을 퍼부었다. 짧고, 안전하고, 또 대단히 풍부한 보급선을 확보한 이 포격에는 세 가지 목적이 있었다. 첫째, 요새 안에 주둔한 우크라이나군을 정확히 겨냥하여 현장에 머무는 것 말고는 그 어떤 일도 할 수 없게 만들었다. 둘째, 그것은 엄청난 규모의 사상자를 초래했다. 신체적 훼손 혹은 갇혀 있다는 무력감, 그리고 지축을 뒤흔드는 대규모 폭발이 야기하는 심리적 공포 효과를 노린 것이다. 셋째, 종종 수주에 걸친 포격이 수비자의 철수나 항복을 이끌어 냈다. 우크라이나 동부에서 러시아군의 포격 규모가 어느 정도였는지 포파스나(2022년 3월 18일~5월 7일)와 이오지마(1945년 2월 19일~3월 26일)를 비교하면 짐작할 수 있다. 이오지마에서 미 해군은 교묘하게 요새화된 8평방마일의 진지에 숨은 수비 병력을 섬멸하기 위해 5주 동안 싸웠다. 포파스나에서 러시아군은 우크라이나 지도부가 병력 철수를 명령할 때까지 적의 참호 시스템에 8주 동안 포격을 퍼부었다.

동부 전선의 가마솥 전술에 대해서는 이렇게 설명한다.

포병에 의한 점령지 장악은 러시아군이 가마솥이라 부르는 포위망을 만들어낸다. 다른 러시아 군사 이론처럼 이 개념은 독일 기동전 전통에서 차용한 관점에 기반한다. 즉 가마솥 전투Schlachtkessel 말이다. 독일 가마솥이 최대한 신속히 만드는 것이라면 러시아의 가마솥은 신속하거나 기습적이거나 혹은 느리거나 (중략) 두 가지 다일 수 있다. 실제로 2차 세계대전 중 스탈린그라드에서 독일 제6군단을 섬멸한 것과 같은 소비에트의 성공적 공세는 두 가지 유형의 가마솥을 광범위하게 활용한 결과이다.

최대한 빠르게 가마솥을 만들어야 한다는 열망으로부터 자유로워짐으로써 동부의 러시아군은 지상의 특정 목표물을 장악할 필요성을 제거했다. 그래서 우크라이나군의 강력한 공격에 직면할 경우 러시아군은 종종 전차와 보병을 후퇴시키기도 한다. 이런 식으로 그들은 아군의 위험을 줄이고 잠시 동안이지만 우크라이나군이 러시아군 포와 로켓에 엄폐물 없이 노출되는 상황을 만들어낸다. 달리 표현해 러시아군은 그러한 '재포격'을 포격 기회일 뿐 아니라 포탄의 '과시적인 소비'를 통해 추가 사상자를 발생시킬 기회로 파악한다.

매리너스가 관찰하기에 우크라이나전쟁은 미국 해병의 역할에 관한 내부의 논쟁에도 시사하는 바가 크다.

역설의 해결. 기동전 논쟁의 초창기에 기동전 우위론자maneuverist는 종종 자신이 선호하는 철학을 '화력전 대 소모전'이라는 논리로 제시했다. 실제로 2013년 후반에 「소모전 우위론자attritionist 편지」에서 익명의 필자는 기동전 정신에 상충하는 관행에 대한 분석틀로 이 이분법을 사용했다. 하지만 러시아군의 우크라이나 군사작전에서는 주로 기동으로 이루어진 일련의 작전이 포격 중심으로 구성된 전술을 보완했다. 이 명백한 역설을 해결하는 방법은 개전 후 5주 동안 러시아군이 펼친 전술처럼 강습으로 적의 소모를 유도하는 거대한 기만이다. 러시아군이 포병부대를 파견하고 수송망을 확보하며 장기간의 포격에 필요한 탄약 재고를 축적할 때까지 강습은 우크라이나군이 주전장으로 이동하지 못하게 했다. 또한 이 기간 동안 장거리미사일로 철로망을 파괴한 결과 우크라이나군이 추가 병력을 돈바스 지역에 파견했을 때 이동과 보급은 너욱더 어려워졌다. 달리 말해 러시아군은 더 장기적이고 궁극적인 동부 작전을 준비하기 위해 북부에서 단기간 기동 군사작전을 수행했다.

우크라이나의 북, 동, 남부에서 러시아군이 수행한 전투 유형의 차이는 러시아 정보전쟁의 핵심 메시지를 설명해준다. 처음부터 러시아의 프로파간다는 이번 특수 군사작전에서 세 가지 목적을 추구했다. 즉 양대 친러 돈바스 국가의 보호와 우크라이나의 탈군사화, 그리고 탈나치화이다. 이 목적을 위해서는 돈바스 지역에서 우크라이나 전투부대에 큰 타격을 가해야 한다. 하지만 어느 목표도 주민 대다수가 우크라이나어를 사용하고, 우크라이나 인종 정체성을 옹호하며, 우크라이나 국가를 지지하는 지역을 점령하려 하지 않는다. 만약 러시아군이 그 지역을 장기 점령한다면 그들이 우크라이나 전역의 정복을 시도하고 있다는 주장이 맞을지도 모른다. 하지만 남부에서 러시아의 군사작전은 정치적 목표를 추구했다. 말하자면 러시아인이 다수인 우크라이나의 영토를 '러시아 세계'로 편입시키는 것이다.

앞에서 언급한 세르게이 카라가노프의 인터뷰도 러시아군의 작전을 설명한다. 그는 비록 정책결정 라인에 있지는 않지만 러시아 지도부의 이너서클과 이어져 있다는 점에서 주목할 만하다. 이 인터뷰는 이스탄불 평화협상이 진행 중이거나 좌절된 직후에 진행됐다.

질문자: 러시아군이 키예프를 한 달간 포위한 뒤 철수했다. 특수 군

사작전이 그다지 성공적으로 보이진 않는다. 어떤가?

카라가노프: 이것은 대규모 군사작전이다. 그래서 작전 수행은 기밀이다. 그런데 키예프 포위 작전의 목적이 우크라이나군을 분산시키고 동남부 주전장으로부터 멀리 떨어뜨리는 게 아니었다면 무엇이었을까? 아마도 그것이었을 것이다. 나아가 러시아군은 민간 목표물을 타격하지 않으려 매우 세심하게, 가용한 살상 무기의 30~35퍼센트만 사용했다. 만약 우리가 전부 사용했다면 우크라이나의 도시를 모두 파괴하고 훨씬 일찍 승리했을 것이다. 그러나 우리는 미국이 이라크에서 했던 것처럼 융단폭격을 하지 않았다. 추측건대 최종 결과는 새로운 조약이 될 것이다. 그리고 젤렌스키도 거기에 있을 것이다. 이것은 우크라이나 남동부에 러시아에 우호적인 어떤 나라가 생기는 것을 의미한다. 모르긴 해도 여러 개가 생길 것이다. 지금 국면에서 이것은 끝나지 않은 얘기라, 예측은 불가능하다. 우리는 전쟁의 안개 속에 있다.36

3

전쟁 2단계의
전개와 특성

전쟁의 전개 양상: 작전과 전투

미국이 무기대여법을 통해 전쟁을 2년 더 연장하고 전선을 동유럽으로 확대하면서 전쟁의 방향이 다시 규정되었다. 미국에게 이 전쟁은 '네오콘전쟁'이다. 더 정확히는 '네오콘의 대리전쟁'이다. 러시아가 국면 전환을 선언하고 마리우폴 전투가 종결된 뒤 전황은 주로 우크라이나 동부 전선을 중심으로 형성되었다. 아조프연대가 아조프제철소에서 무조건 항복한 사건은 돈바스 지역 우크라이나군의 사기에 악영향을 미쳤고 그들은 계속 수세에 몰렸다. 돈바스 전선에서 러시아군은 철저하게 화력을 중심에 두고 기동전을 결합한 형태로 크고 작은 가마솥을 형성했다. 특히 포파스나라는 작은 요새를 러시아군이 점령하면서 우크라이나군의 전열이 무너지기 시작했다. 8년에 걸쳐 우크라이나 측이 구축한 강력한 방어선이 깨진 것이다. 이 작은 도시의 가옥들을 지하로 연결한 요새화된 진지는 돈바스 방어선에서 가장 중요한 '중력 중심' 중 하나로 평가된다. 그리고 포파스나 점령을 기점으로 러시아군의 공세가 사방으로 전개된다. 북으로는 루간스크의 임시 주도인 세베로도네츠크, 서쪽으로는 도네츠크의 임시 주도인 크라마토르스크 방향으로 러시아 연합군이 진출했다. 이후 러시아군이 9월 말에 하르코프주 이 지움을 우크라이나군에게 넘겨주고 퇴각할 때까지 돈바스의 전황은 윌 슈라이버라는 군사 블로거의 분석을 공식처럼 되풀이했다. 그의 글을 요약하여 재구성하면 다음과 같다.

1. 수많은 드론 사진을 통해 나는 미국의 지시에 따라 지난 8년간 우크라이나가 구축한 야전 진지의 구조와 그 논리를 조감했다.

2. 사방으로 잘 구축된 진지는 피터스버그 전투(미국 남북전쟁 말기의 전투)와 이를 혁신한 다수의 1차 세계대전의 전투를 떠올리게 한다. 이 논리에 따르면 승리는 ① 병력과 탄약이 떨어지지 않고 ② 적이 비교적 어리석다고 가정할 때 가능하다.

3. 우크라이나가 장기간 준비한 전략의 여러 면에 미국 군부의 망상과 허영이 반영되었다. 그것은 단극 체제 시기에 증폭되고 배가된 것이다.

4. 태평양전쟁에서 일본을 상대한 것 말고는 1945년 이래 단 한 번도 전쟁에서 승리한 적 없음에도 불구하고, 미 군부는 자신들이 언제나 적을 압도했다는 허영에 빠져 있다. 물론 이 관점에 약간의 진실이 있기는 하다.

5. 하지만 한국전쟁 이후 미국은 고강도 전쟁에서 동급 혹은 준동급의 적을 상대한 적이 없다. 미 군부는 한 세기의 거의 4분의 3 동안 포격 속에서 자신들의 능력을 검증한 적 없다. 이는 움직일 수 없는 사실이다.

6. 미국은 지난 수십 년간 AK47과 RPG를 든 '샌들 신은 용맹한 전사와 사제 폭탄을 만드는 적'을 상대로 능력을 시험했을 뿐이다. 미국은 결코 러시아 포병이나 혹은 미사일 비슷한 것을 마주친 적 없다.

7. 자신들이 우위에 있다는 미 국방부의 오판으로 인해 수 세대에 걸친 전투 교리나 병참 계획이 어그러지고 오염되었다. 대다수의 장성과 제독은 모든 잠정적 적을 과소평가하고 있다.

8. 러시아군이 우크라이나군의 전투태세를 신속히 평가하고 적을 결정적으로 굴복시키기 위해 자신들의 전투력과 전술을 노련하게 조정하는 방식을 보면서 수많은 사람이 지적 태만에서 깨어나고 있다고 나는 믿는다.

9. 러시아군의 돈바스 전투 전술을 간략히 요약해보자. 1단계: 상황 평가를 위해 정찰부대를 파견(종종 수십 혹은 수백 개 드론을 출격시킨다)하여 사격을 유도한 뒤, 사령부에 영상과 좌표를 송출한다.

10. 2단계: 목표 조정. 드론을 날려 실시간 타격 영상을 송출한다. 토우미사일, 기동포대, 그리고 특히 중요한 목표물에 대해서는 가공할 열압력탄을 장착한 화력과 다연장로켓으로 맹폭한다.

11. 포연이 걷히면 다시 1단계로 돌아간다. 뭔가가 움직인다? 그렇다면 방금 전에 한 일을 반복한다. 마침내 아무것도 보이지 않으면 3단계로 넘어간다. 전차와 보병의 투입. 작전이 끝나면 다음 진지로 이동해 지금까지 한 일을 반복한다.

12. 이 과정에서 매일 우크라이나군 수백 명이 전사한다. 반면 러시아군 사상자는 10분의 1 또는 그보다 더 적다. "포대가 (간헐적인 공습과 미사일 공격을 포함해서) 모든 전투를 수행하고 있다."

13. 우크라이나의 전략에 미국이 미친 영향을 고려했을 때, 나토의 자

문을 따른 것이 우크라이나의 가장 큰 실수였다고 나는 확신한다.

14. 미국 국방부와 CIA는 50만 명에 달하는 잘 무장되고 (나토에 의해) 잘 훈련된 우크라이나군으로 러시아를 물리칠 수 있다는 나름대로 설득력 있는 견해를 가졌을 수 있다.

15. 그러나 우크라이나 진지를 드론으로 촬영한 영상을 보고 나는 우크라이나 전장을 8년 동안 준비한 나토의 전문가 집단이 러시아의 군사적 능력과 지휘관을 과소평가했다고 확신하게 되었다.

16. 이들은 러시아군이 이번 전쟁에 거의 전적으로 부적합한 '현대적' 전술로 우크라이나를 공격할 것이라고—그 정도로 어리석을 것이라고—믿었음이 분명하다. 이 허영은 나토로 하여금 러시아군이 참호 속 잘 무장한 우크라이나 군대를 공격하다 산산조각날 것이라고 생각하게 만들었다.

17. 사실 그들은 작전의 천재성을 과신한 나머지 수백(수천이 아니라면)에 달하는 현재 죽거나 포로가 된 나토군 출신 예비역을 러시아군을 능멸하고 푸틴 정권을 타도하는 일에 끌어들였다.

18. 그들은 러시아군에게는 전략과 병참에 대한 감각이나 잘 훈련된 병력이 부족하고—특히 최악의 오판인—장기간 고강도 전쟁을 수행할 탄약이 없다고 믿는 자기 기만에 빠졌다.

19. 한마디로 말해 미국과 나토는 자신들이 우크라이나에서 길러낸 우크라이나군이 러시아군을 가볍게 해치울 것이라고 생각했다.

20. 미국과 나토가 훈련시킨 우크라이나 대리군대는 끈질기고 체계적이며 수적으로 우세한 러시아군에게 박살나고 있다.

21. 한때 자랑해 마지않던, 그리고 도처에서 공포를 불러일으키던 미국과 영국의 무기—거의 대부분이 낡아버렸지만—는 워싱턴과 화이

트홀의 믿음과 달리 세임 체인저가 아니었다.

22. 재블린, NLAW, 스팅어는 별 쓸모가 없음이 드러났다. M777 장사포는 몇 발 쏘면 퍼졌고 GPS 유도탄은 러시아의 전자전 장비에 의해 고장 나기 일쑤다.

23. 우크라이나군 장교에게 주입된 나토 야전 교범은 전장에서 벌어지는 상황에 맞지 않았고 전황은 기대와 전혀 다른 방향으로 전개되었다. 부대의 기강은 해이해졌고 유연한 대응은 실종되었다.

24. 실소를 자아내는 서방 싱크탱크의 프로파간디스트와 이들의 충실한 종복인 언론은 "우크라이나가 이기고 있다", "무능한 러시아군이 망신을 당했다"라고 말하지만, 전 세계의 안목 있는 관찰자들은 그것이 사실이 아님을 잘 알고 있다.

25. 현실에서는 러시아군이 한 손을 등 뒤로 묶은 채 수많은, 비교적 잘 무장되고 잘 훈련받은 우크라이나군을 요리하고 있다.

26. 가까운 미래에 지정학적으로 더욱 중요한 것은 나토 회원국들이 이 전쟁의 점수표를 보게 될 것이라는 점이다. 이들은 이제 나토가 자신들의 안보를 보장하지 못한다고 깨달을 것이다.

27. 나는 나토가 우크라이나전쟁의 후과를 견디지 못할 것이라고 확신한다. 당분간은 체면치레하겠지만, 빠른 속도로 쇠락하는 제국과의 동맹은 리스크는 큰 반면 이익은 거의 없다는 점을 알아차릴 것이다.

28. 더욱 우려되는 부분은 중국이 이 모든 과정을 주의 깊게 지켜보고 있다는 점이다. 앞으로 등장할 다극 세계에서 중국은 자신의 영향권을 확보하기 위해 더욱 대담하게 행동할 것이다.[37]

윌 슈라이버의 분석은 꽤나 흥미롭다. 미군이 세계 최강이라는

말은 근거 없는 신화에 불과하고, 나토가 훈련시킨—사실상 나토
군인—우크라이나군은 현지 실정에 맞지 않는 전투 교범 때문에
러시아군의 포 중심 기동전에 속절없이 무너졌다는 말이다.

그런데 5월 말로 접어들면서 서방의 여론에도 변화가 생겼다.
그리고 한 번 바뀐 풍향은 점점 더 속도가 붙었다. 영국『익스프레
스』의 6월 1일 기사는 미국 내 여론을 다음과 같이 보도했다.

> '경제 제재가 러시아보다 미국에 더 해롭다'라는 문항에 56퍼센트가
> 동의, 42퍼센트가 반대한다. '우크라이나가 러시아로 넘어가도 좋
> 다'에 45퍼센트가 동의, 40퍼센트가 반대한다. '푸틴이 크렘린에서
> 나가는 것보다 바이든이 백악관에서 나가는 것이 더 좋다'에는 56
> 퍼센트가 찬성하고 43퍼센트가 반대한다. 반면 '400억 달러의 우크
> 라이나 지원'에 50퍼센트가 반대하고 45퍼센트만 찬성한다. '바이
> 든의 외교'에는 불신이 무려 58퍼센트이다(동의는 37퍼센트). 여기
> 에 '미국에 위협이 되는 나라'를 보니 중국(45퍼센트), 이란(20퍼센
> 트), 북한(17퍼센트) 순서이고 불과 14퍼센트만 러시아를 꼽았다.[38]

결국 우크라이나전쟁은 바이든 리더십의 실패를 의미한다. 무
엇보다 심각한 문제는 역시 경제였다. 미국인의 단지 5퍼센트가
우크라이나전쟁의 해결을 최우선 과제로 볼 뿐, 유아식 공급 부족
(26퍼센트), 인플레이션(21퍼센트), 경제와 일자리(16퍼센트)에
위기를 느끼는 사람이 훨씬 많다. 미국 네오콘과 리버럴이 광적으
로 몰아붙인 영구 전쟁 시나리오는 몇 달도 되지 않아 불씨가 꺼지
고 있다.

여론의 향방은 5월 19일『뉴욕타임스』의 흥미로운 사설을 통해 더욱 여실해졌다. "바이든은 젤렌스키와 그 국민들에게 미국과 나토가 러시아와 대결하는 데에도 한계가 있다고 말해야 한다. 무기와 돈, 그리고 그들이 제공할 수 있는 정치적 지원도 한정적임을 분명히 해야 한다. 우크라이나 정부의 결정은 자신이 가진 수단에 대해, 나아가 얼마나 더 많은 파괴를 견딜 수 있는지에 대한 현실적 평가에 기반해야 한다. 이것은 무조건적인 것imperative이다." 그 직후 미국 국방장관과 합참의장이 러시아 국방장관 및 합참의장과 통화하고, 러시아 외무차관이 평화회담 이야기를 꺼냈다. 잠시 현실주의와 외교의 시간이 열리는 듯싶었다.『뉴욕타임스』사설은 미영 주류 언론의 논조가 바뀌는 신호탄이 아닌가 싶다. 이후『워싱턴포스트』가 아주 생생한 현지 르포로 따라 붙었다. 그러더니 심지어 저 악명 높은 랜드연구소의 선임이『뉴포린어페어』에 벨기에 모델을 따라서 우크라이나를 중립화하자고 썼다. 그 전에는『이코노미스트』에도 경제전쟁으로 손해를 보는 건 러시아가 아니라 서방이라는 기사가 실렸다. 그 얼마 뒤엔 미국 의회 전문지『더 힐』에 러시아의 승리를 비통하게 예상하는 칼럼이 게재되었다.『가디언』의 경제 에디터는 경제에서도 서방이 패배했다고 한숨을 쉬며 말했다. 경제 제재가 자기 발등을 찍은 결과 서방은 1970년대와 같은 스태그플레이션을 목전에 두고 있다는 것이다. 그러면서 협상은 불가피하다고 글을 맺는다.

군사전쟁은 말할 것도 없고 경제전쟁조차도 서방의 패색이 짙어진다는 사실에 서방 주류 언론의 공감대가 만들어지는 게 아닐까. 그런데 바이든이 침공 100일을 맞아 의미심장한 말을 했다. 요컨대 "우크라이나가 러시아에 땅을 떼 줘야 합니까?"라는 질문에 그는 "그들 땅이니 내가 이래라 저래라 할 순 없지만 언젠가는 협상을 통한 해결negociated settlement이 필요하다. 그때까지는 우크라이나가 자신을 지킬 수 있도록 돕겠다"라는 요지로 대답했다. 협상이라는 현실론이 목소리를 키워갔다고 보면 되겠다.

우크라이나전쟁 두 번째 국면에서 하나의 스토리라인이 만들어지고 있었다. 그것은 실제 전쟁의 참상, 특히 우크라이나 병사들의 어이없는 대우와 죽음에 대한 것이다. 아래에서는 몇 개의 현장 르포를 통해 좀 더 전장에 다가가려 한다.

군사 분석가, 우크라이나 장교, 그리고 지상의 병사들에 의하면 러시아의 장거리 폭격과 터무니없이 부족한 무기와 탄약으로 인해 우크라이나 군대는 기나긴, 그리고 도처가 폭격으로 움푹 파인 동부전선에서 러시아의 상대가 안 되고 있다. 슬로비안스크 북쪽에 위치한 숲속 작은 목초지에서 지난 금요일과 토요일에 벌어진 전투에서 열두 명의 병사가 폭탄 파편에 맞아 군병원으로 후송되었다. 크라마토르스크 군병원 바깥의 구급차 들것 위에서 숲속 전투에 참가한 부대의 중대장인 올렉산드 콜레스니코브는 이렇게 말했다. "전투가 어땠는지를 묻는 거죠? 중대 지휘관이 있었죠. 그는 전사했습니다. 또한 명의 지휘관이 있었죠. 그도 전사했습니다. 세 번째 지휘관은 부상당했고요. 제가 네 번쨉니다."[39]

블래드(29세)라고 이름을 밝힌 한 병사와 구급차 기사는 병원 밖에서 "우리 대대원 중 70명이 지난주에 부상당했다. 나는 너무

많은 친구를 잃었다. 너무 힘들다. 그 수가 얼마나 되는지 모른다. (중략) 매일매일 상황이 더 나빠진다." 그는 전날 밤에도 한숨도 자지 못했다고 한다. "사방에서 폭탄이 쏟아졌다. 부상병은 전부 폭탄 파편에 맞았다. 참호에 있는 대다수 병사들은 적의 얼굴조차 본 적 없다."[40]

주류 언론인 『뉴욕타임스』와 『워싱턴포스트』뿐 아니라 비주류 언론의 탐사보도도 같은 상황을 보여준다. 미국의 진보 매체인 『그레이존』의 8월 18일자 보도가 특히 그랬다.[41] 현재로선 우크라이나 현장의 목소리를 들을 방법이 현지 르포 외엔 없다.

이반(이 기사에 등장하는 이름은 모두 가명이다)은 현재 돈바스 지역에 주둔 중이다. 그는 마트에서 파는 소형 드론으로 러시아군을 탐색한다. 그는 "전선에는 문제가 너무 많습니다. 인터넷은 안 터지고, 그래서 기본적인 작업도 불가능해요. 전쟁터에서 휴대전화로 인터넷에 접속하는 게 상상이 됩니까?" 그가 속한 부대의 또 다른 병사가 돈바스 전선 인근 참호에서 비디오 영상을 보내왔다. "문서를 보면 정부는 이 자리에 참호를 구축했습니다. 하지만 보다시피 머리를 가릴 정도밖에 안 됩니다. 이걸로 적의 탱크와 포격을 막아내라는 것입니다. 러시아군은 한번에 수 시간씩 포격을 해댑니다. 우린 참호에 웅크리고 있을 뿐이고요. AK 소총 두 자루를 병사 다섯이 나눠 씁니다. 그마저 먼지 때문에 격발이 안 되기 일쑤입니다."

"만약 이 상황을 미군이 들으면 미쳤다고 할 거예요." 이반이 말을 이었다. "미군에게 개인 승용차를 몰아 전투에 나가고, 수리비와 연료비도 병사가 직접 부담하라고 말한다고 생각해봐요. 방탄복과 전투모도 직접 사야 하죠. 게다가 관측 장비는커녕 카메라도 없어요. 무엇이 오는지 보려면 머리를 내밀어야 합니다. 언제든 로켓이나 탱크가 제 머리를 날려버릴 수 있다는 말이에요." 키에프 출신의 일리야(23세)와 다른 병사들은 무기와 보호 장비가 부족했다. "우크라이나에서 사람들은 전쟁 중에도 서로를 속입니다. 나는 우리에게 지급된 의약품을 도둑맞는 걸 지켜봤습니다. 우리를 이곳 진지로 태워온 자동차도 도둑맞았어요. 세 달 간격으로 교체하기로 했던 신병은 어디로 갔나요? 지금쯤이면 벌써 세 번이나 교체되었어야 하는데 말이죠." (의료 지원을 위해 우크라이나에 파견된 메인주 출신 의사인) 사만타 모리스는 지난 두 달간 우크라이나에 머물면서 절도와 부패를[42] 셀 수 없이 경험했다고 말했다. "수미시 군사 기지의 수석 의사는 군수용 의약품을 시간에 맞춰 서로 다른 지점에 운송하라고 명령했죠. 그는 트럭 15대 분량의 보급품을 완벽히 꿀꺽했어요." 그리고 며칠 뒤 모리스는 현지 시장에서 사라진 의료 키트가 팔리는 걸 봤다.

모리스가 기억하기를 "드네프르시 군병원 간호사의 전화를 받았습니다. 간호사가 말하길 군병원장이 되팔아먹기 위해 진통제 전부를 훔쳤다는 겁니다. 결국 부상병들은 진통제 없이 치료받았습니다. 그 간호사는 우리에게 진통제를 인편으로 전해달라고 간청했어요. 병사들에게 줄 진통제를 병원장 몰래 가져가겠다고 했습니다. 하지만 누구를 믿을 수 있을까요? 정말로 병원장이 진통제를 훔쳤을지 아니면 간호사가 우리를 속이는지, 누가 알겠어요. 모두가 거짓말을 하고 있어요."

이반은 우크라이나가 승리할 거라고 보지 않는다. "돈바스는 남아 있지 않을 것입니다. 러군이 돈바스를 파괴하고 장악할 것입니다. 그리고 계속 남진하겠죠. 지금은 돈바스에 거주 중인 민간인 80퍼센트가 러시아를 지지하고 우리 위치정보를 러군에 흘려주고 있어요." 미국과 EU가 진정으로 우크라이나의 승리를 바라는 것 같은지 이반에게 물었을 때 그는 웃었다. "전혀요. 나는 그렇지 않다고 생각해요. 서방은 우리에게 더 강력한 무기를 지원할 수 있지만 그러지 않아요. 반면 폴란드와 발틱 국가들은 우리의 승리를 바라지요. 100퍼센트 확실해요. 하지만 그들의 지원만으로는 충분치 않습니다."

우크라이나 남부의 도시 니콜라예프에서 일하는 우크라이나 언론인 앤드리는 이렇게 말했다. "미국은 우크라이나의 승리를 바라지 않는 게 분명합니다. 미국은 단지 러시아가 약해지는 걸 원할 뿐이에요. 누구도 이 전쟁에서 승리하지 못할 겁니다. 더욱이 미국이 운동장처럼 쓰고 있는 나라들은 패배할 것입니다. 전쟁 지원과 관련된 부패는 충격적이죠. 무기도, 인도적 지원품도 다 도둑맞았죠. 우리는 수십조의 지원금이 도대체 어디로 갔는지 알 수 없어요." 앤드리는 전쟁 전에 우크라이나 정치인의 부정부패를 수년간 보도했다. 오데사의 정부 관료에 대한 기사로 가족이 살해 협박을 받자 앤드리는 가족을 프랑스에 있는 친척집으로 보냈다. "우크라이나가 민주주의 국가일까요? 정부가 공식적인 방식으로 당신을 압박하진 않습니다. 첫째, 그 대신 중단하라는 경고 전화를 받을 겁니다. 그리고 중단의 대가로 돈을 제안할 겁니다. 그런데도 만일 당신이 거절한다면, 그땐 테러를 대비해야 합니다."

"이곳에서 진정한 저널리즘은 위험해요. 보세요. 전쟁 발발 이후 우리는 새로운 스타 리포터를 보고 있잖아요. 이들은 매일 '푸틴은 나쁜 놈. 러시아군은 악행을 저지르고 있다. 오늘은 우크라이나군이 1000명의 러시아군을 죽이고 500대의 탱크를 파괴했다'라고 씁니다. 이들은 트위터에 수백만 팔로워를 거느리고 있지만 이들이 하는 말은 거짓말입니다. 이것은 진정한 보도가 아니에요. 그런데 만일 당신이 군내 부패에 대해 보도하고 실제 사례를 든다면 유명해지는 대신 혹독한 문제를 겪게 될 겁니다."

벤자민 벨크로(미군 출신의 용병)도 전쟁 뉴스에 의문을 던졌다. "러시아군이 학교를 포격했다는 말을 들을 때마다 나는 어깨를 으쓱 했습니다. 왜냐하면 내가 그 학교에 주둔해 있었기 때문에요. 이게 팩트입니다. 학교 안에 학생은 없어요. 학생들이 공격받은 게 아닙니다. 그러나 우크라이나는 '저들이 학교를 공격했어!'라고 말합니다. 그런 뒤 이걸 계속 보도합니다." 그 역시 우크라이나의 승리 가능성을 비관한다. "보세요, 나는 세상 모든 것을 우크라이나가 이기는 데 쓰기를 원합니다. 우크라이나가 2014년 국경 이전으로 돌아가기를 바라고요. 하지만 이것이 가능할까요? 아니죠. 크라우드 펀딩으로는 전쟁을 지속할 수 없어요."

다음의 장면은 전쟁의 두 번째 국면과 이 상황의 희비극성을 완벽하게 대변한다. 영상 제작자가 우크라이나어를 독일어로 번역한 것을 내가 다시 우리말로 옮겼다. 우크라이나군은 정규군Armed Force Ukraine과 국가방위군National Guard으로 나뉘는데, 후자는 내무부 소속이며 대부분이 네오나치 민병대이다. 영상 속 우크라이나 정규군은 대다수가 징집병이다. 얼마 전 AFP통신의 기자가 취재한 뉴스에서도 육사 4학년생이 40~50대 징집병을 지휘하고 있었다. 중대원 110명 중 절반 이상 전사 혹은 부상으로 부대에서 이탈한 것으로 보이고 보유한 장비 역시 매우 열악하다.

"(촬영)시작했습니까?"

"예."

"우리는 우크라이나 785 부대원입니다. 우리가 남은 병력의 전부입니다."

"어제가 며칠이지?"

"5월 3일요."

"2023년? 아니, 2022년 5월 3일이지."

"우리는 4월 26일 이곳에 배치되었고, 위치를 사수하라는 명령을 받았습니다."

"301지점."

"로켓발사기, 박격포, 전투기, 장갑차, 전차 등 모든 것에 맞서서…."

"너희들이 가진 것 좀 보여줘. 일인당 수류탄 두 발…. 아, 그것도 전부 두 발씩은 아니네. 그리고 이 방탄판하고…. 야, 방탄판 좀 가져와봐!"

(중략)

"여기에 배치될 때 아무도 우리가 어디로 가는지, 왜 가는지 말해주지 않았습니다. 그리고 어제까지 무차별 폭격을 당했습니다. 폭격이 그친 뒤 소그룹으로 나눠 전사자와 부상자를 데리고 빠져나왔습니다."

"우리 중대가 몇 명이었지?"

"110명…."

"여기 있는 사람이 110명 중 남은 전부입니다."

"적의 공격을 받고 각자 대오에서 빠져나왔습니다."

"나는 79여단 3대대입니다. 5월 3일에 최전방에 배속되었습니다. 엄청난 폭격을 받았어요. 지휘관은 없어졌고, 나는 대열에서 뒤처졌습니다. 한참을 참호에 머물다 빠져나왔습니다. 그러고 나서 그냥 달리기 시작했습니다. 이리저리 헤매던 중에 이 친구들을 만났죠. 1대대 3중대 말이에요. 저는 의사입니다. 칼리니시코프 소총 한 자루를 줬는데, 군복무를 안 해서 어떻게 쏘는지 몰라요. 상황이 이래요."[43]

매사추세츠 공과대학교의 안보 전문가 베리 포슨 교수가 『포린어페어』에 우크라이나 승리론의 환상을 질타하는 글을 실었다. 미국 내 강고한 외교 안보 주류층의 흐름을 읽을 수 있다는 점에서 주목할 만하다. 내용은 간단하다. 우크라이나 승리 가설은 첫째, 서방의 원조를 통한 전장에서의 군사적 승리와 둘째, 대러 경제 제재를 통한 러시아 국내에서의 레짐 체인지를 설정한다. 먼저 군사적으로 보더라도 우크라이나가 방어자의 이점을 활용해 러시아군의 소모(병력, 보급 등)를 유도하고 적을 굴복시키는 일은 일어나지 않았다. 우크라이나의 진지전은 압도적인 화력 지원을 받는 러시아군의 기동전에 속수무책이었다. 우크라이나군의 전술 역시 러시아군을 당하지 못한다. 경제전을 통한 압박도 푸틴의 노련한 대응과 러시아의 경제력을 굴복시키지 못했다. 오히려 위태로워진 쪽은 서방의 지도자들이다. 요컨대 남은 방법은 외교를 통한 해결뿐이다. 이 또한 쉽지 않겠지만, 그래도 외교적 해결은 단지 정치적 비용만 지불하면 되니 더 경제적이지 않느냐는 말이다.[44]

그런데 잠깐 여기서 돌이켜 보자. 우크라이나군은 기존의 현역병 25만 명에 최근에 징집한 45만 명을 합쳐서 대략 70만 명이다. 반면 러시아연합군 약 20만 명은 포병을 중심으로 파병한 직업 군인에 양대 분리 공화국의 민병대와 와그너 PMC, 체첸군 등으로 구성되었다. 즉 우크라이나군의 수가 세 배 이상이다. 그런데 왜 일방적으로 밀리는 걸까? 사용한 포탄의 양이 20 대 1이라는 설도 있고, 개전 후 세 달간 러시아가 쏜 미사일 수가 미국의 한 해 미사일 생산량의 네 배라는 말이 나온다. 만약 이게 다 사실이라면 러시아의 군비 생산능력을 다시 볼 수밖에 없다.

미군의 야전교범은 근접 전투의 승리 조건으로 병력의 3 대 1 우위를 설정한다. 그리고 압도적인 공군력으로 지상 병력을 지원한다. 하지만 러시아군의 교범은 다르다. 피아의 병력을 1 대 1로 산정한다. 대신 압도적인 포 화력을 제공한다. 지금도 포위망을 좁혀 가고 있는 돈바스의 가마솥에서 러시아군과 우크라이나군의 병력은 거의 비등하다. 하지만 우크라이나군 사상자의 80퍼센트는 포격에 희생되었다.

한편 전선에 배치된 우크라이나군의 상당수는 징집을 피해 자원했다가 어디로 가는지도 모르는 채로 전선에 배치된 중장년층이다. 이 집단이 우크라이나군의 제2진이다. 1진은 정예병이다. 언제나 1진을 보호하기 위해 2진이 존재한다. 지금 전장에서 떼죽음 당하고 있는 이들은 주로 2진이다.

두 번째 국면에서 러시아는 평시에 동원 가능한 작전 병력의 최대치를 가동했고 우크라이나는 60세 이하의 남성 전부를 총동원했다. 이들은 징집병이다. 조만간 여성도 징집할 것이라고 한다. 70만 명을 모으겠다고 호언하더니 심지어 550만 명이라는 얘기도 나온다. 그러나 다른 쪽에서는 3000~5000달러만 내면 해외여행을 허가해주되, 한 달 안에 귀국하면 돌려준다는 구상도 나오고 있다. 현재 우크라이나의 재정은 사실상 파산 상태다. 전비는 하루 10억 달러로 추산되는데, 미국과 EU의 지원 없이는 결코 유지할 수 없는 규모이다. 『워싱턴포스트』의 보도처럼 최전선 병사들에게 하루에 감자 한 알이 보급되는 실정이다.

아조프연대와 마리우폴 전투

우크라이나 네오나치 혹은 극우 민족주의는 인구 비율의 문제가 아니다. 문제의 심각성은 네오나치가 우크라이나 제도권에서 과잉 대표되는 구조에 있다. 아조프연대를 마리우폴에서 항복한 네오나치 민병대로만 보는 것은 큰 오산이다. 러시아군이 아조프의 본부를 장악하고 총사령관과 부사령관을 생포했지만 이들은 여전히 건재하고, 무엇보다 정치적·사상적 중심이 키예프에 온전하다. 아조프의 정치적 구심은 '우크라이나 애국자'와 '민족군단'을 대표하는 빌레츠키다. 그의 배후이자 정치적 후견인은 2014년 유로마이단 직후부터 2021년 7월까지 장장 8년간 내무장관을 지낸 아르센 아바코프이고, 이들은 이호르 콜로모이스키 같은 우크라이나 올리가르히의 지원을 받았다. 이 기간 동안 아바코프는 권력의 제2인자이자 사실상의 배후 실세였다(젤렌스키 정권에서도 건재하다가 최근에 젤렌스키의 측근에 의해 밀려났다). 아바코프는 2014년 이래로 아조프 같은 네오나치 조직을 내무부 산하의 국가방위군으로 편입했다. 다시 말해 파시스트로 구성된 유사 군사그룹을 정식 국가기관으로 만들어 무소불위의 권력을 행사했다. 심지어 내무장관에서 물러날 때도 자신의 측근을 권력의 핵심에 앉혀놓고 나왔다. 아조프는 지금도 국가 권력의 중심부에 가장 가까이 접근한 단체이며, 나아가 사회 주변부의 폭력단체가 아니라 당당히 국가 중심부에 진입해 법의 보호를 받고 있다.

아조프의 역사를 아래에 일별했다.[45] 이 글은 아조프가 우크라이나에서 일종의 딥스테이트라고 말한다. 마리우폴에서 무조건 항복한 부대는 일부일 뿐이라는 말이다.

아조프의 뿌리는 하르코프시의 네오나치 훌리건들에게서 발견된다. 안드리 빌레츠키는 오랫동안 이 운동의 중심인물이었다. 하르코프 출신인 그는 리보프에 기반을 둔 트리추브Tryzub(민족주의 조직)에도 가담했다. 또한 사회민족주의 우크라이나당(현재의 스보보다)의 하르코프 지역 조직에서 열성적으로 활동했다. 2006년 빌레츠키는 우크라이나 애국자당을 창당했다. 이 당은 거리에서의 폭력과 심지어 테러도 서슴지 않는 민족주의 조직이다. 그의 후견인은 아르메니아계 기업인이자 정치인인 아르센 아바코프다. 아바코프는 2005~10년에 하르코프주 주지사였다. 이때 우크라이나 애국자당은 하르코프에서 경찰의 역할을 비공식적으로 대행했다. 빌레츠키의 '갱'은 불법 이민자 순찰을 보조하고 불법 사업을 단속했다. 나아가 그들은 아바코프의 비즈니스도 지원하는 대가로 정치적 비호를 받을 수 있었다.

아바코프는 마이단 쿠데타 이후 내무장관이 되었고, 이들의 관계는 지속되었다. 러시아의 네오나치 '보츠먼Botsman' 세르게이 코로치

크는 아바코프 아들의 친구다. 그는 별도의 아조프 부대인 '보츠먼 보이'를 지도했다. 2011년 빌레츠키와 그 일당은 조직강도 혐의로 체포되었다. 이후 2014년 초에 내무장관이 된 아바코프는 이들을 정치범으로 간주하여 석방했다.

빌레츠키의 우크라이나 애국자당은 유로마이단 저항운동과 우익 섹터에 가담했고 각종 민간 분쟁에도 개입했다. 그들은 '하르코프의 리틀 블랙맨'이라고 불리며 러시아계 주민을 위협하는 비디오 메시지를 공개하고, 우크라이나 전역에서 정치 폭력을 행사했다. 오데사로 와서는 악명 높은 5월 2일 학살에 가담했고, 하르코프에서 반마이단 저항 세력을 공격하거나 우크라이나 비밀경찰과 함께 친러 활동가를 납치하는 일에도 가담했다.

아조프의 기원은 무척 중요하다. 곧이어 내전이 발발했기 때문이다. 키예프의 유로마이단 정권은 우크라이나에 군대가 없음을 깨달았다. 그들의 엘리트 부대는 광부들로 조직된 돈바스 민병대에게 망신을 당하고 있었다. 마침내 아바코프가 후견하는 '자원병대대'가 창설되었다. 아조프, 아이다르, 돈바스, 토르나도, 드네프르 등지의 각종 극우 민병대 출신과 여러 내무부 산하의 부대는 동우크라이나 지역에서 벌어진 가공할 탄압으로 악명 높다. 그런데 아조프가 경험한 유일한 실제 전투는 러시아가 도네츠크 민병대를 마리우폴에서 철수시킨 뒤 빈 도시에 들어가던 순간뿐이다. 그들은 민간인을 약탈하고, 강간하고, 살해했다. 또한 친러 활동가들을 고문하고 죽였다.

아조프의 돈바스 내전 참전 경험은 사실 일천하다. 그들의 주둔지(시로키노, 졸로토에, 마리우폴)에서는 전투가 벌어지지 않았다. 대신 아조프는 우크라이나 비밀경찰과 함께 마리우폴에서 비밀감옥을 운영했다. 그런 뒤 훌리건 민병대에서 아바코프를 비롯해 콜로모이스키와 리나트 아흐메토프 같은 올리가르히의 지원을 받고 제대로 된 전투부대로 변신했다. 우크라이나 애국자당 또한 아조프의 정치 조직인 민족군단으로 바뀌었다.

아조프의 '민간' 조직들은 심지어 유아교육, 자선, 문화예술 및 기타 분야에서 유사 군사훈련을 실시한다. 그들은 출판사와 타투숍을 운영하는 데 그치지 않고 매춘과 마약 밀매까지 손대며 비즈니스 제국을 건설했다. 이들은 기업의 적대적 인수합병에도 개입했다.

빌레츠키는 국회의원이 됐다. 그가 남아메리카의 섬을 샀다는 소문도 있다. 정치가의 비호, 폭력단 조직에 더해 미국이라는 스폰서까지 등에 업은 이들은 '국가 안의 국가'가 되었다. 빌레츠키가 정치에 입문한 뒤 당시에는 무명의 인물이었으나 이후 승승장구하여 결국 아조프제철소에서 항복한 아조프연대의 사령관인 데니스 프로코펜코가 아조프의 군사 업무 책임자로 발탁됐다.

마리우폴은 아조프의 본부가 되었다. 러시아어를 사용하는 이 적성 도시는 봉건 시대의 봉토처럼 그들에게 배분되었다. 도시 안에 아조프 본부와 1개 대대가 주둔했다. 다른 대대들은 하르코프와 드네프로페트로프스크에 주둔했다. 운동의 지도부와 아이콘격인 인물들은 키예프로 갔다. 아조프의 정치조직인 민족군단은 하르코프—이곳의 부대('크라켄'과 '의용대Freikorps')가 러시아군 포로를 총살한 바로 그들이다—에서 군사독재를 수립했다. 이처럼 아조프는 그저 나치 민병대 혹은 우크라이나군 정규 부대가 아니다. 그들은 키예프 정부와 범죄조직, 국내외 정보기관, 전 세계 극우조직과 연결된 거대한 그리고 '성공한' 정치운동이다.

아조프의 등장은 마이단과, 그리고 우크라이나 동남부의 오래된 긴장관계와 이어져 있다. 2014년 4월 마이단 이후 우크라이나 동남부의 주요 도시에서 시가전이 발발하자 키예프 정권은 이른바 '반테러 작전'을 선포했고, 이를 계기로 각종 자원 대대volunteer battalion가 결성되었다.

사람들은 빌레츠키를 '백색 지도자'라고 불렀다. 그가 철저한 네오나치였기 때문이다. 특히 몇몇 장면에서 그의 생각이 적나라하게 드러났다. "우리 세대가 당면한 도전은 제3제국, 대우크라이나를 수립하는 것이다. 이 결정적인 세기에 우리 민족의 역사적 과제는 전 세계 백색 인민의 실존을 위한 최종 십자군전쟁, 유대인 인간말종을 타도하기 위한 십자군전쟁을 선두에서 이끄는 일이다." 다른 인터뷰에서는 아조프에 수십 종류의 인종이 가입했지만 중국인이나 흑인은 단 한 명도 받아들이지 않았다고 말했다. "이민 문제가 진짜 핵심이다. 우리의 믿음은 우리 인민을 파괴하는 모든 것을 파괴하는 것이다. 알다시피 경제, 거리의 질서, 인구, 강한 육군과 해군, 핵무기 같은 것은 언제든 재건할 수 있다. 하지만 절대로 재건할 수 없는 게 있다. 그 유일한 것은 바로 순수 혈통이다."[46]

아조프는 돈바스의 항구도시 마리우폴과 불가분의 관계다. 2014년 봄에 이곳에서 일어난 사건은 돈바스 내전의 참상을 대변하는 전형이다. "오전에 흑색 제복을 입고 무기를 든 아조프 대원들이 탄 차량이 줄줄이 도시로 들어왔다. 이 힘의 과시는 마리우폴은 우크라이나의 도시이며 앞으로도 그럴 것이라고 보여주는 시위였다." 우크라이나 내무장관의 고문인 안톤 게라셴코[47]는 그날의 도시 풍경을 이렇게 설명했다.

2014년 5월 9일 전승절 시위는 경찰청 인근에서의 충돌로 끝났다. 공식 통계에 따르면 시민을 포함해 경찰과 국가방위군 대원, 그리고 아조프 대원 등 13명이 사망했다. 지역 경찰은 도네츠크인민공화국에 우호적이었다. 도네츠크 독립을 결정할 주민 총투표는 2014년 5월 11일로 예정되어 있었다. 전직 우크라이나 비밀경찰인 바실리 프로조로프 중령에 따르면 당시 마리우폴 경찰은 투표소를 봉쇄하고 선거관리위원을 구금해서 투표를 저지하라는 명령을 받았다. 그러나 이들 중 다수는 명령에 불복했다. "5월 11일 투표를 분쇄하라는 지시를 이행하지 않은 대가를 나중에 치러야만 했다. 아조프연대와 키예프의 정권 지도부, 그리고 내무부의 대변자들은 불복종을 꺾으려 했다."

2022년 현재 서구 주류 언론들은 지금까지의 논조를 완전히 뒤집고 아조프를 '마리우폴의 수호자'이자 '영웅적 순교자'로 추앙하고 있지만, 돈바스 주민들에게 아조프연대가 수년에 걸친 지옥과 테러의 상징이라는 사실은 바뀌지 않는다. 2019년 3월 모스크바에서 열린 기자회견에서 우크라이나 보안국의 전직 장교인 바실리 프로조로프가 '도서관'에 대해 설명했다. "'도서관'은 아조프가 장악하고 있던 마리우폴 공항에 설치된 비밀 감옥이다. 도서관에는 '책들'이 보관되었다. 포로가 된 도네츠크인민공화국 민병대원이나 분리주의 혐의를 받는 시민들이 바로 책이다." 아조프는 이곳에서 잔인한 고문을 자행했다. 이곳에는 문이 봉쇄된 두 개의 냉장실이 있고 다른 가구는 없다. 프로조로프는 '도서관'에 수용된 아홉 명의 죄수 사진을 보여주었다. 카키색 티셔츠를 입은 십 대가 둘이고, 나이 든 남자도 두 명 있었다. 전부 구타의 흔적이 역력했다.

다음은 아조프가 마리우폴에서 벌인 참상에 대한 기록이다.

> 2014년 10월 30일 타티아나 간자는 아조프연대 휘장을 달고 복면을 쓴 군인 다섯 명에게 끌려가 마리우폴에 구금되었다. 차 안에서 그들은 총으로 그녀를 구타하고 소변을 방뇨했다. 그들은 그녀를 차에서 끌어내 발로 차고 머리 위로 총을 여러 발 발사했다. 그런 다음 마리우폴 공항으로 끌고 가 11월 8일까지 고문했다. 그런 뒤 간자를 법정으로 데려갔다. 지금은 불법화된 우크라이나 공산당원이라는 이유였다. 그녀는 마리우폴 항구에서 열린 집회와 도네츠크의 미래를 결정할 5월 11일 주민 총투표에 참여했다. 그러나 자신이 '비타협적 분리주의자' 블랙리스트에 오른 사실을 모르고 있었다.

"그들은 나를 거꾸로 매달아 머리, 가슴, 팔을 때렸습니다. 정신을 잃으면 물을 퍼부었습니다. 그리고 내 왼쪽 귀 옆으로 총을 쏘았습니다." 도서관 수감자였던 타티아나 간자는 이 감옥을 진짜 지옥, 죽음의 장소로 묘사했다. "그 공포를 도저히 설명할 수 없습니다. 콧등은 부러졌고 왼쪽 귀는 들리지 않았어요. 그때를 떠올리기가 너무나 힘듭니다. 아예 기억나지 않는 순간도 많고요. 하지만 이것만은 분명히 기억해요. 나를 화장실로 데려가던 우크라이나군 소년이 복도에서 말했죠. 이틀 전에 맞아 죽은 소녀의 이름도 타티아나였다고 말이에요.”

마리우폴의 언론인 엘레나 블로카도 도서관 ‘냉장고’에 구금되었던 상황을 밝혔다. “그 방은 반 평 정도 되는데, 흰 타일이 깔려 있었습니다. 꼭 창고 같았어요. 안에 겁먹은 여자가 의자에 앉아 있었어요. 그가 감시병을 바라보며 ‘제발 문을 닫지 마세요’라고 간청했지만 남자는 ‘참아. 강해지라고!’라고 비웃듯이 대답하면서 문을 쾅 닫았어요. 어두컴컴한 방에는 환기 장치도 없었습니다.”

아조프 병사들은 블로카와 그녀의 아들을 함께 끌고 가서, 아들은 다른 남성 수감자들과 가두었다. “아들이 말하기를 몇몇은 심하게 구타당했다고 해요. 한 명은 배 밖으로 갈비뼈가 삐져나왔고, 다른 사람은 다리가 부러졌다고…. 그들이 누구인지, 결국 어떻게 되었는지는 몰라요. 그저 상상만 할 뿐이죠.”[48]

아조프는 폐쇄적이고 엄격한 서열에 따라 운영되며 조직원에 대한 보복도 서슴지 않았다. 아조프 대원 가운데에는 자신의 극우 이념과 조직의 나치 성향 사이에서 갈등하는 경우도 빈발했다. 아조프의 부사령관을 지낸 야로슬라브 곤챠르는 『베스티』지 기자에게 이렇게 말했다. “나를 비롯하여 15명의 전사가 이념과 그 밖의 여러 문제로 사령관과 갈등하다 부대에서 이탈했다. 그들은 전투가 아니라 약탈에 몰두하고 있었다. (중략) 그들은 아조프해 남쪽 우르주프에 있는 야누코비치 가족의 별장에서 훔친 물건을 트럭 두 대에 가득 싣고 왔다. 거기에는 야누코비치의 또 다른 개인 사냥터에서 가져온 것도 있었다. 나를 비롯한 수많은 대원들은 우리의 민족주의를 지지하며, 따라서 약탈과 같은 행위는 절대로 용납

할 수 없다. 그러자 그들은 나를 결박해 지하실로 끌고 갔다. 그리고 고문이 이어졌다. 혹자는 '아조프연대는 순결하다'라고 말하는데, 이는 뻔뻔한 거짓말이다. 이들은 군대가 아니라 갱단이다."⁴⁹

우크라이나 언론은 마리우폴 전투를 이렇게 보도했다.

> 젤렌스키 대통령은 이 전투가 우크라이나 동부 전체와 이번 전쟁의
> 향방을 결정할 것이라고 했다. 만약 이곳에서 우크라이나군이 패배
> 한다면 러시아는 협상장을 나가 우리 영토를 다시 점령할 것이다.
> 젤렌스키 대통령은 마리우폴의 수호자는 침략자 만 명을 능히 상대
> 할 수 있다고 말했다. 만일 그들이 마리우폴을 방어한다면 침략자들
> 은 우크라이나 동부로 갈 수 없다.

그러나 마리우폴에서 러시아군에 포위됐던 아조프연대 부사령관 스비야토슬라브 팔라마는 당시 상황을 이렇게 증언했다. "그들은 우리를 지지한다고, 언제나 지원하겠다고 말했지만 2주가 넘도록 전화 한 통 오지 않았다. 우리 부대원 중 누구도 그들과 접촉하지 못했다."⁵⁰

젤렌스키는 마리우폴에 주둔한 네오나치 잔병을 포함한 우크라이나군에게 '옥쇄'를 요구했다. 하지만 마리우폴에서 1400명, 아조프제철에서 2500명 등 도합 약 4000명이 러시아군에 항복했다. 당연히 아조프연대의 사령관과 부사령관도 항복했다. 그러자 젤렌스키는 어이없게도 언론에 대고 자신이 서구 우방과 튀르키예, 스위스, 그리고 이스라엘의 지도자들과 '철수 협상'을 했다고 말했다.

아조프에서 투항한 이들은 다음과 같은 항복 절차를 거쳤다. 그들은 백기를 흔든 뒤 무기를 반납하고 지정된 장소로 이동했다. 그곳에서 몸수색을 한 뒤 버스를 타고 수용소로 이동했다. 이어서 러시아는 다음과 같은 절차에 따라 우크라이나군 포로를 분류했다.

1. 심사 장소로 이동한다. 부상자는 입원 치료 후 재심사한다.

2. 신분증을 면밀히 확인하고, 러시아는 가용한 모든 민간 데이터베이스에서 신분을 검토한다. 또한 심사에 입회한 마리우폴 현지 조사관이 포로의 변론을 검증한다.

3. 남녀 모두 몸에 파시스트 문신이 있는지 확인한다.

4. 지문 날인, 사진 촬영과 함께 향후 형사재판에 전쟁범죄 증인으로 소환할 수 있도록 거주지를 기록한다. 러시아와 루간스크·도네츠크 양대 공화국은 지난 8년간(내전 기간) 벌어진 행위들의 법적 처벌에 강경한 태도를 보였고, 나치 동조자는 단 한 명도 사회로 돌려보내지 않을 것이라고 분명히 밝혔다.

5. 포로의 신상과 그들이 아조프제철 안에서 맡은 역할, 실행한 임무가 무엇인지 심문했다. 사실대로 실토하지 않는 자는 구금될 것이다.

6. 모든 조치가 끝난 뒤 수용자를 다섯 그룹으로 구분했다.

그룹 A: 민간인.

즉시 귀가조치 한다. 우크라이나, 루간스크공화국, 도네츠크공화국, 러시아, 난민 캠프 가운데 어디로 갈지 직접 결정한다.

그룹 B: 우크라이나 정규군.

제네바협정에 의거하여 러시아 정규군 포로와 교환될 때까지 루간스크와 도네츠크의 수용소에서 대기한다.

그룹 C: 해외 용병.

이들은 루간스크와 도네츠크의 수용소에서 형사재판을 받는다.

그룹 D: 나토군 장교 등 고위급 외국인.

이들은 향후의 정보 획득과 정치적 목적에 따라 모스크바 FSB(러시아정보국) 본부로 이송될 가능성이 높다.

그룹 E: 아조프 대원.

교환 불가한 전쟁포로로서, 전범죄로 양대 공화국이 기소할 예정이다. 전범재판에서 유죄를 받으면 최고 사형까지 가능하다.

이상의 엄격한 규칙에 따라 포로들의 미래가 결정되었다. 알렉산드르 두긴이 『스토커존』이라는 러시아 매체에 기고한 글에 아조프 투항자 심문에 관한 내용을 적었다.

부대 지휘관들은 2022년 2~3월 젤렌스키의 지시에 따라 도네츠크와 루간스크, 그리고 크림반도에 대한 공세를 준비했다. 러시아 영토인 벨고로드와 쿠르스크도 작전 지역에 포함됐다. (중략) 지휘관들의 보고에 따르면, 서방에서 온 교관들은 이번 작전에 시리아의 이슬람 테러 조직을 모방한 '민간인 인간 방패' 전술을 도입했다. 그리고 민간인 사상을 전적으로 러시아의 책임으로 떠넘기려 했다. 일부는 키

예프 정부가 민간인 사상자를 더 많이 발생시키라고 명령했다고 인정했다.[51]

마리우폴의 아조프연대 본부에서는 히틀러의 『나의 투쟁』을 비롯한 나치 상징물이 다수 나왔다. 그 가운데 미국 육군본부가 2008년에 편찬한 『야전교범』과 미군만 사용하는 저격용 탄환도 있었다. 이로써 미국이 아조프를 지원하고 훈련시켰다는 점을 더 이상 숨기기 어려워졌다.[52]

우리 역사에도 아픈 기억이 있다. 1945년 8월 일본이 항복하고 미군이 한반도로 진주했을 때 조선의 민중은 이들을 '해방군'으로 인식했다. 하지만 미군은 스스로를 '점령군'으로 설정했다. 이 간극이 아직도 해소되지 않았다. 푸틴이 돈바스 지역의 '해방'을 위해 전쟁을 시작한다고 밝혔을 때, 많은 사람이 해방은 공산당의 프로파간다일 뿐 속셈은 러시아의 제국주의적 확장이라고 이해했다. 하지만 푸틴은 공산주의자가 아니고, 러시아는 소련이 아니다. 그런데도 이 사실을 이해하지 못하는 사람이 여전히 많다.

현지 주민들은 자신들에게 닥친 상황을 어떻게 인식하고 있을까. 지난 8년간 도네츠크와 루간스크는 '친러 반군rebel' 또는 '분리주의자'로 몰려 탄압받았다. 특히 우크라이나 나치와 파시스트들은 이 지역의 주민들을 분리주의를 뜻하는 '세파sepa'로 낙인찍고 멸시하며, 심지어 죽이기까지 했다.

마리우폴 주민들의 인터뷰는 물론, 세베로도네츠크와 리시찬스크에서도 비슷한 이야기가 들린다. 현지 주민—주로 노년이나 중년 여성—들은 "왜 이제 왔느냐. 8년 동안 기다렸다"라고 말하며 러시아군을 환영했다. 심지어 "이제는 안 갈 거지?"라고 묻는 이들도 부지기수다. 이를 전하는 수많은 뉴스와 영상들이 전부 다 조작된 것이라고 할 수 있을까? 퇴각하던 한 우크라이나 병사는 이렇게 탄식한다. "우리는 주민들을 지키러 왔는데, 저들은 우리가 떠나가길 바라는 것 같았다."

1917년에 시작된 볼셰비키혁명과 이어진 내전이 끝난 1922년에 우크라이나 동남부 지역을 이 나라에 귀속시킨 것은 레닌이다. 따라서 현재의 국가는 레닌이 남긴 유산이다. 여기에 1950년에 크림반도가 우크라이나로 귀속되었다. 지금 러시아군이 이 지역을 다시 병합한 사태를 어떤 이들은 해방으로 느끼지만 다른 이들은 점령으로 이해할지도 모른다.

아조프제철소 지하로 대피했던 우크라이나 주민의 증언은 충격적이다. 그런데 민간인 나탈리아 우스마노프라의 인터뷰를 독일 언론『슈피겔』이 자사 채널에 게재했다가 '내용상 불일치'를 이유로 삭제해버렸다. 자신들의 예상과는 다른 말을 하자 해당 부분을 삭제한 것이다. 그들이 짜놓은 그림에서는 러시아군이 '인도적 회랑'으로 나오는 우크라이나 민간인을 가로막아야 하는데, 사람들의 증언은 정반대였다.『슈피겔』도 이번 전쟁에 관해서는 미리 답을 정해놓았을 정도라고 해야 할까. 아래는 내가 인터뷰에 달린 독일어 자막을 번역한 것이다.

> 아조프 병사들이 밖으로 나가면 안 된다고 했다. 우리가 밖으로 나가는 걸 원하지 않는 것 같았다. 그들은 언제나 똑같이 대답했다. "밖은 러시아군의 폭격으로 전부 파괴되었다. 당신들은 갈 곳이 없

다. 적들은 당신이 나오기만을 기다리고 있다."

하지만 우리는 '인도적 회랑'을 알고 있었다. 라디오 방송은 계속해서 회랑으로 가라고 알려주었다. 하지만 우리는 나갈 수 없었다. 그들은 우리를 벙커에 억류했다. '회랑, 회랑, 회랑으로 가야 하는데, 하지만 여기에서 어떻게 나가지?' 아조프 병사들은 이렇게 말했다. "우리는 당신들을 못 나가게 할 것이다. 바깥에는 나쁜 놈들이 당신을 죽이려고 기다리고 있다."

그들은 마치 우리의 안전을 걱정하는 것처럼 함께 숨어 있었다. "벙커로 돌아가!" 결국 우리는 스스로 아조프제철소로 갔다. 남편과 나는 그곳에서 일했다. 2월 26일의 일이다. 제철소는 안전할 것이라고 생각했다. 그 뒤에 일어날 일은 상상하지 못했다. 제철소는 민간 시설이고 우리의 직장이었다. 만일 이런 일이 생길지 알았다면 가지 않았을 것이다. 그렇다. 우리는 가족의 목숨을 지키기 위해, 아이들의 목숨을 구하기 위해 그곳으로 갔다. 라디오에서도 그러라고 했다. 하지만 아조프 병사들은 그 사실을 우리에게 알려주지 않았다.

병사들이 와서 회랑으로 가고 싶으냐고 물어봤을까? 아니다, 그런 일은 없었다. 우리는 라디오 방송을 듣고 알았다. 그래서 나가려고 시도했지만 그들이 막았다. 우리 가족은 한목소리로 우크라이나로 가지 않겠다고 결정했다(제철소에서 나온 민간인은 우크라이나로 갈지 러시아가 통제하는 지역으로 갈지 선택할 수 있었다). 만약 돌아가게 되더라도 그곳은 마리우폴이지 우크라이나가 아니다. 내 안에서 우크라이나라는 나라는 이제 사망했다. 그들이 우리에게 한 짓은 떠올리기 힘든 상처로 남았다.[53]

아조프는 마리우폴에서 와해됐다. 그러나 얼마 후 아조프연대는 새 상표 작업을 거친 뒤 우크라이나 제2의 도시인 하르코프에서 '아조프 하르코프'란 이름으로 다시 모습을 드러냈다. 그들의 부대 마크가 나치독일의 제2SS기갑사단 다스 라이히의 휘장과 얼마나 유사한지에 관해 『타임』과 『뉴욕타임스』도 보도했다. 그런데 기사는 이들이 나치인 게 문제가 아니라, 러시아의 프로파간다 소재가 되니 문제라고 했다.

볼프스앙겔Wolfsangel은 문자 그대로 '늑대 사냥 갈고리'이다. 알파벳 Z 모양의 갈고리에 미끼를 달고 늑대가 이를 물면 그대로 낚아챘다. 숲과 수렵 생활이라는 게르만족의 시원에서 만들어진 이 도구에 시간이 흐르면서 삿됨을 물리치는 주술적 의미가 더해졌다. 여기에 16세기 초에 독일 농민전쟁을 거치면서 볼프스앙겔 문양이 항쟁의 상징이 되었고, 근대 이전 독일의 수많은 지방 국가와 촌락, 혹은 가문의 상징물로 애용되었다. 그러다 바이마르공화국을 거치며 게르만 신화 속 늑대인간의 인기까지 더해지면서 볼프스앙겔은 청년 보수주의의 상징을 거쳐 마침내 나치의 상징이 된다. 공식적으로 하켄크로이츠가 등장하기 전까지 애용되었으며 현재 독일에선 사용이 금지되어 있다.

아조프 하르코프는 아조프의 '원칙과 이념을 고수하겠다'고 선언했다. 그런데 하필이면 게르만 민족주의/인종주의의 휘장인 볼프스앙겔이 왜 우크라이나에서, 그 누구도 아닌 우크라이나 네오나치의 대표 브랜드가 되었는지는 꽤 흥미롭다. 종족적으로 슬라브와 게르만은 엄연히 다르기 때문이다. 나치즘은 크게 보면 파시즘의 한 지류이지만 실제로는 매우 다르다. 우크라이나 네오나치

즘도 네오파시즘과 구분해야 한다. 핵심 차이는 극단적 인종주의, 특히 백인 우월주의이다. 모든 인종의 정점에 아리안족을 올려놓은 독일 나치즘과 달리 우크라이나의 극우 인종주의는 흑해와 발틱해 사이의 광역, 소위 인터마리움을 통합하는 범유럽 백색 인종주의를 꿈꾼다.

아조프의 네오나치는 어찌 될까. 완전한 탈나치는 불가능할 것이다. 누차 강조했듯이 우크라이나는 지구상에서 네오나치가 탱크와 포병대를 갖춘 유일한 나라이다. 젤렌스키 정권이 처음부터 친네오나치였다고 보기 힘든 측면도 있다. 처음에는 리버럴 포퓰리스트 정권이었다. 아조프 등의 네오나치는 젤렌스키에 대해 '전략적 인내'로 대응했고 젤렌스키는 점점 더 네오나치 세력과 협력했다. 개전 이후 극우 나치의 공간이 더욱 확장되었다. 바로 어제까지 테러리스트로 규정했던 아조프를 창졸간에 민족 영웅으로 둔갑시킨 것도 미영의 주류 언론이다. 젤렌스키 정권 역시 네오나치의 실력을 받아들일 수밖에 없었다. 만약 젤렌스키가 사실상의 항복인 러시아와 평화협상에 나선다면 네오나치는 어떻게 반응할까? 그들이 순순히 무기를 내려놓을 가능성은 없다. 젤렌스키의 배신을 응징하려고 분연히 봉기할 것이다. 세계 최대의 무기 암시장이 된 우크라이나에는 지금 무기가 차고 넘친다. 이들의 무장 수준은 어느 서방 군대와도 견줄 정도이다. 정부가 마음에 안 들면 언제든 '재블린 천사'를 보내고 탱크로 공격할 수 있다.

탈산업화 시대의 물량전

우크라이나전쟁에 엄청난 양의 최신 무기들이 동원되었다. 국경의 도시로 초음속 미사일이 날아온다. 드론 없는 전투는 이제 상상할 수 없다. 그런데 이 전쟁을 얼마나 더 지속할 수 있을까?

영국 왕립통합국방연구소RUSI에 게재된 전 미군 중령 알렉스 버시닌의 논문이 상당한 반향을 불러왔다. 우선 현상 진단부터 충격적이다.

첫째, 미국의 연간 포탄 생산량으로는 우크라이나에서 잘해야 10일에서 2주를 버틸 수 있다. 둘째, 러시아는 지금까지 1100발에서 2100발의 미사일을 발사했다. 미국은 연간 110발의 프리즘 PRISM, 500발의 재즘JASSM, 60발의 토마호크 순항미사일을 구매한다. 이것이 의미하는 바는 러시아가 고작 3개월 만에 미국이 한 해에 생산하는 미사일의 네 배를 태워버렸다는 뜻이다. 버시닌 중령은 미국의 포탄 재고로는 우크라이나전쟁을 10~14일 정도만 버틸 수 있다고 한다. 심지어 이건 미국만의 문제가 아니다. 미국, 영국, 프랑스군이 참여한 최근의 워게임에서 영국군은 확전 8일 만에 비축한 포탄을 다 써버렸다.[54]

왜 이런 문제가 생겼을까? 그것은 작금의 미국 방위 산업이 '잘못된 가정'에서 출발했기 때문이다. 미국은 첫째, 정밀 유도 무기로 목표물을 정확하게 타격하는 현대전에는 탄약이 많이 필요하지 않다고 가정했다. 하지만 우크라이나전쟁은 정반대의 상황을 보여준다. 둘째, 미국은 방위산업의 스위치를 언제든 켜고 끌 수 있다고 봤다. 하지만 방위산업은 수요와 공급에 따른 시장법칙으로 움직이지 않는다. 미국에서 포탄을 구매하는 고객은 딱 하나,

오직 미국 정부뿐이다. 만약 국가가 포탄 주문을 중단하면 제조업체는 생산 라인을 폐쇄할 수밖에 없다. 이렇게 되면 숙련 노동자와 제조 능력을 유지하기 어렵다. 또한 필요에 따라 생산량을 다시 늘리기도 어렵다. 셋째, 탄약 소모율을 너무 낮게 설정했다. 미국 정부는 언제나 그랬다. 그 결과 베트남전 시대와 비교하면 소화기 공장은 다섯 개에서 한 개로 줄어들었다. 이는 이라크전쟁 때에도 큰 문제였다. 당시에 미국은 소형 화기 탄약이 바닥나서 영국과 이스라엘에서 탄약을 구입했다.[55]

버시닌은 서방은 대규모 전쟁을 치를 만한 산업 역량이 없다고 추론한다. 두 강대국의 장기전에서 승패는 어느 쪽의 제조업 기반이 더 튼튼한지에 달렸다. 국가는 미래 전쟁에서 대량의 탄약을 제조할 수 있는 산업 기반을 갖추고 유사시 무기 생산으로 전환할 수 있는 산업 설비도 유지해야 한다. 하지만 지금 서방은 둘 다 없다는 것이다. 이제 버시닌의 결론을 보자.

> 우크라이나전쟁은 동급 또는 준동급 적대국 간의 전쟁에는 선진 기술과 대규모 생산력이 필요하다는 것을 보여준다. 러시아는 미국의 예측을—또한 그들의 탄약 생산량을—훨씬 뛰어넘는 수준의 탄약을 사용하고 있다. 미국이 러시아의 침략으로부터 우크라이나를 지키고 민주주의의 방패 역할에 성공하려면 자신의 산업 생산 방식과 규모를 재조정해야 한다. 러시아 뒤에 전 세계의 제조업 수도인 중국이 있다는 점을 고려하면 생산력의 조정이 특히 더 중요하다.[56]

미국은 '굴뚝 산업'이라는 오명을 뒤집어쓴 제조업을 중국에 넘겼다. 그런데 우크라이나전쟁을 통해서 우리는 찰리 채플린의 〈모던타임스〉에서나 볼 법한 굴뚝 없이는 전쟁에서 승리할 수 없다는 사실을 깨달았다. 핵전력을 비교해도 미국 대 중국과 러시아의 동맹에서 후자가 양적으로 약간 우세하다(어느 쪽이든 인류를 멸망시키기에 충분한 양을 갖고 있다). 그런데 핵전쟁이 아닌 장기 통상전에서도 미국은 승리하기 어렵다는 분석이 종종 들린다.

2022년 11월까지 미국은 우크라이나에 M777 견인포 142문과 155밀리미터 포탄 92만 4000발을 제공했다. 미국 정부는 155밀리미터 견인포를 감산하려 했지만 최근에 긴급 예산을 편성하여 물량 확보에 나섰다. 특히 우크라이나전쟁이 포병전 양상으로 전개되면서 장사정포의 역할이 갈수록 중요해지고 있다. 미국의 포탄 재고는 위험 수위에 도달했지만, 그럼에도 포탄 생산력을 늘리려면 1년 이상이 걸릴 것으로 예상된다. 이에 미국은 한국에 포탄 공급을 요청했다.[57]

우크라이나전쟁은 비교적 고강도의 분쟁이긴 하지만, 동급 혹은 준동급의 강대국 간의 전쟁은 결코 아니다. 하지만 근미래로 예정된 미중전쟁에 대비하려면 이번 전쟁에서 반드시 교훈을 얻어야 한다. "첫 번째 총성이 울리기 전에 지금보다 훨씬 더 빠르고 진지하게 재무장에 나서야 한다." 존스홉킨스대학의 네오콘 할 브랜즈의 경고이다.[58] 또한 우크라이나전쟁은 중국을 상대할 전쟁에서 미군이 보급을 유지하기가 얼마나 어려운지를 경고하는 적신호이다. 블룸버그통신의 네오콘 논자는 다음과 같이 주장한다. "미국에게 유리한 조건을 설정한 타이완전쟁 워게임에서 미국은 엄청난 병력과 물자 손실을 입고 겨우 승리한다. 그러나 조건을 조금만 조정해도 결과는 뒤바뀐다. 나머지 모든 시나리오에서 중국이 승리한다."

가장 최근에 실시한 워게임에서는 미군의 함정과 전투기 손실이 2차 세계대전 이래 경험한 그 어느 전쟁보다 심각했다. 항공모함 두 척과 700에서 900대에 이르는 전투기(전 세계 재고의 절반)가 사라졌다.[59]

미중전쟁은 타이완을 놓고 서태평양에서 벌어질 장기 전쟁이다. 무엇보다 산업화 시대의 대량생산 경제를 바탕으로 추축국에 승리한 2차 세계대전과 비견할 만하다. "미국은 세계경제력을 바둑돌로 쓰는 장기 전쟁을 선호하는 것일까? 2차 세계대전을 기억하는 미국인이라면 그렇다고 대답할 것이다. (중략) 단순히 더 많이 생산할 수 있었기 때문에 승리했다. 2차 세계대전은 지속 가능한 능력을 증명하는 실존 경쟁이었다. 그리고 미국은 경제와 산업의 잠재력에서 상대를 압도했다. 생산력의 우위는 연합군에게 지속적으로 전력을 공급했다. 미국이 항상 독일과 일본에 질적 우위를 유지한 것은 아니다. 그랬기 때문에 전투 기술상의 사소한 차이를 무시할 수 있을 정도로 압도적인 양적 우위가 필요했다."[60]

문제는 앞으로 예정된 상대가 중국, 즉 세계의 공장이라는 점이다. "미국의 가상의 적인 중국은 세계의 공장이다. 중국은 현재 조선 부문에서 3 대 1로 우위를 점하고 있고, 이로 인해 개전 몇 주 만에 매우 유리한 국면을 차지할 것이다. 러시아는 장기 분쟁에 필요한 물자를 지속적으로 제조할 수 없지만 중국은 자신은 물론 러시아가 사용할 물자를 지속적으로 생산할 수 있다."

오늘날의 미국 방산은 전시 대량생산이 아니라 '평시' 효율성에 맞춰 설계되었다. 그래서 "개전 몇 달 혹은 몇 주 만에 엄청난 위험에 처할 수 있다. 미국은 타이완 수역에서 중국의 대함 미사일과 방공 시스템의 표적이 되는 모험을 하지 않으면서, 적함을 가격할 장거리 정밀 유도 미사일을 확보하는 데 총력을 기울여야 할지 모른다. 함정 혹은 항공기의 대규모 손실이 서태평양에서의 패배로 귀결될 수도 있다." 이 글의 요구는 분명하다. 국방 예산을 신속히 증액하고 군비 증강에 박차를 가해 전쟁을 준비해야 한다. 그리고 새로운 방위산업을 육성해야 한다. 이제 "독재의 무기고(중국)는 전쟁 준비가 끝나간다. 민주주의의 무기고(미국)는 이들의 도전을 격퇴할 준비가 되어 있는가?"⁶¹

4 하이브리드전쟁

경제전쟁으로서 대러 제재:

EU의 자해인가 러시아의 고립인가?

역사상 최악의 지정학적 위기를 불러오고 있는 우크라이나전쟁 개전과 더불어 미국은 치열한 외교전쟁을 전개했다. 하지만 그 성과는 의심스럽다. 미국은 영세 중립국인 스위스까지 압박해서 제재 전선의 맨 앞줄에 세웠지만 이른바 '집단서방Collective West' ─ 북미, EU, 영국에 이어 최근에는 북유럽과 호주, 뉴질랜드, 일본, 한국을 포함한다─의 속을 들여다보면 그리 편해 보이지 않는다. 속이 불편하기는 비서방도 마찬가지이다. 전쟁 초기에 '주적'인 중국을 향해 대러 규탄에 나서지 않는다고 성토하던 미국의 외교는 다소 안쓰러운 블랙유머 같다. 지금 중국이 러시아와 반동맹이지만 외형상 우호 중립 이상의 자세를 취하지 않는 것은 전략적 판단의 결과로 보인다. 인도를 쿼드Quad로 묶은 반중 전선 구축이 미국이 계획한 인도·태평양 전략의 핵심이지만 성과는 아직 없다. 더군다나 경제적·군사적으로 끈끈하게 결합한 인도와 러시아는 어느새 전략

러시아 제재 참여 국가

■ 러시아

■ 대러 제재 국가

적 협력으로 발전했다. 브라질, 남아프리카공화국 등 브릭스의 다른 국가와 더불어 인도는 기본적으로 실리적 우호 중립이다. 러시아 제재 전선에 중동 국가가 빠진 상황도 흥미롭다. 현재 사우디아라비아는 미국이 원하는 대로 움직이지 않는 정도가 아니라 OPEC 플러스에서 러시아와 손잡고 석유 증산을 반대하고 있다. 국제사회에서 한국과 더불어 '무조건' 미국 편이었던 이스라엘의 태도도 주목할 만하다. 이번에는 전술적 중립을 취하고 있다. 튀르키예는 사우디아라비아를 견제하며 역내 주도권 경쟁을 하면서 미국의 통제 밖으로 나갔다. 심지어 나토 회원국인 튀르키예는 자국 내 쿠르드족 문제를 고리로 핀란드와 스웨덴의 나토 가입을 거부했다. 게다가 러시아와 우크라이나 간 평화협상을 시도한 '이스탄불 라운드'의 중개인을 자임함으로써 국제사회에서 정치 공간을 확장하고 있다.

오죽하면 『뉴스위크』에 이런 기사가 실렸다. 미국과 그 동맹의 제재에도 불구하고 "세계 인구의 87퍼센트가 제재를 거부했다. 더욱 예측할 수 없는 것은 냉전 II로 인해 한때 파트너이거나 동맹국이던 나라들이 이탈하고 비동맹국들은 더 빠르게 다자동맹으로 결합하고 있다. 원하는 만큼 찍어낼 수 있는 통화와 달리, 에너지 시장은 다른 분야와 비교할 수 없을 정도로 정세 변동이 명확하게 반영된다. 여기에서 제재는 망이 아니라 체가 되었다."[62] 서방the West은 87퍼센트의 나머지the rest를 잃어버렸고, 갈수록 고립되는 것은 러시아가 아니라 미국 등 집단서방이다.

EU의 자발적인 대러 제재와 세계 여러 나라의 디커플링decoupling(탈동조화)은 '정치적인 것의 우위' 속에서 진행되었다. 다시 말해 경제 논리만으로는 설명되지 않으며, 오히려 EU가 정치적으로 미국의 '국가 이익'에 예속되어 있음을 보여준다. 그런데 여기서 신세계질서의 핵심 지정학적 트렌드는 신세계질서의 지경학 Geo-economics적 형태를 예측하는 데 결정적이다. 그리고 고전적인 국제 정치경제는 지리·정치·경제적 요인 분석에 의해 보완되어야 한다. 무슨 말인가 하면 "경제의 무언의 강제"(마르크스)에 의해 정치적 상부 구조가 최종 심급으로 규정된다기보다, 지정학적 세력 균형으로 규정된 가상의 국가 이익이 오히려 시장을 결정한다는 말이다. 이러한 탈경제 법칙 혹은 시장 논리 외부의 지경학적 구조가 얼마나 오랫동안 지속 가능한지는 지금으로선 예측하기 어렵다. 하지만 현재 EU 국가의 외교정책은 그만큼 새롭고(?) 반자본적(!)이다.

"대러시아 경제 제재가 러시아를 굴복시킬 거라고 오판하는 것을 보고 충격받았다. 사실은 그 반대다. 러시아는 자급자족이 가능하며, 수입에 의존하지 않는다. 반면 러시아의 수출은 서방의 경제 후생에 결정적이다. 러시아가 밀, 탄산칼륨, 가스, 석유, 팔라듐, 제련 니켈, 그 밖의 핵심 광물을 서방에 공급하지 않는다면 유럽과 미국의 경제는 유린당할 것이다. 러시아를 제재로 통제하려는 시도는 준비통화로서 달러의 역할을 역사 속으로 사라지게 할 가능성이 크다."⁶³

카라가노프 역시 "EU는 대러 의존을 없애는 방향으로 움직이고 있다. 먼저 석탄, 그다음 석유, 그리고 마지막으로는 가스일 것이라고 예상했는가?"라는 질문에 이렇게 대답했다. "나로선 당신들이 포기하지 않기를 바랄 뿐이다. 물론 제재가 러시아에게도 타격인 것은 맞다. 하지만 그보다 심각한 강도로 유럽의 경제와 사회적 상태를 붕괴시킬 것이다. 나는 당신들이 자기 자신의 이익이 무엇인지를 헤아려서 이런 일이 일어나지 않기를 바란다. 당신들이 우리 석탄을 원하지 않는다면 우리는 다른 곳에 팔면 된다. 당신들이 우리 석유를 원하지 않는다면 또 다른 곳에 팔면 된다. 그리고 당신들이 우리 가스를 원하지 않는다면, 뭐 좋다, 조금 손해를 보더라도 판로를 바꾸면 된다. 러시아인의 81퍼센트가 푸틴을 지지한다. 러시아인들은 고난의 시기를 버틸 준비가 되어 있다."[64]

대러 제재, 즉 하이브리드전쟁의 한 축을 이루는 경제전쟁을 통해 러시아를 굴복시키는 것이 미국이 주도하는 집단서방의 전쟁목표 가운데 하나이다. 하지만 이에 대해 미국의 경제학자 마이클 허드슨은 단호하게 불가능하다고 말한다. 이유는 다음과 같다.

첫째, 대러 제재가 중국과 러시아를 밀착시켜서 거대한 경제 블록을 형성할 수 있다. 여기에서 유라시아가 단결하면 세계를 지배한다는 것은 지정학의 상식이다.

둘째, 글로벌 자본주의는 이번 제재로 종말을 맞이하고 집단서방의 금융 자본주의 대 중국·러시아의 산업 자본주의 간 경제전쟁이 시작되었다. 여기에서 후자의 승리 가능성이 높은데, 식량과 에너지 등 핵심 자원의 공급 능력에서 앞서기 때문이다.

셋째, 대러 제재의 일환으로 집단서방은 러시아의 외환 자산을 차압했다. 그러나 이는 달러 패권을 스스로 무너뜨리는 자해이다. 허드슨 교수는 "그동안 막대한 재정 및 무역 적자에도 불구하고 미국 경제가 건재했던 가장 큰 이유는 외국 정부가 외환 준비금을 미국 국채 같은 달러 자산으로 보유하고 있었기 때문이다. 그런데

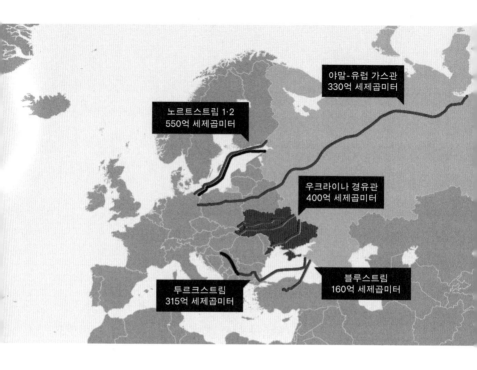

야말-유럽 가스관
330억 세제곱미터

노르트스트림 1·2
550억 세제곱미터

우크라이나 경유관
400억 세제곱미터

투르크스트림
315억 세제곱미터

블루스트림
160억 세제곱미터

러시아-유럽의 주요 가스관 및 연간 공급량

▬ 완공

▬ 건설 중

적대국에 대한 달러 압류는 미국의 경제 패권을 가능하게 했던 달러본위제라는 황금 거위를 죽이는 일이다."[65]

러시아 경제발전 장관 막심 레셰트니코프는 제재의 결과를 이렇게 전망한다. "러시아는 제재가 장기화될 것이라 예상하고 아시아로의 회귀, 동부 시장과 아시아 시장으로의 방향 재설정 가속화를 진행하고 있다. 우리는 정확히 아시아 국가, 아랍 국가, 남미 국가와 가치 체인을 통합하고자 모든 노력을 다할 것이다."[66] 이처럼 대러 제재는 단순히 우크라이나전쟁을 겨냥한 것이 아니다.

현재의 경제 상황을 보면 대러 제재는 사실상 '자해 공갈'과 다름없다. 특히 그 피해가 EU에 집중되어 나타나고 있다.[67]

첫째, 2022년 5월 기준 세계은행 상품가격 지수(100=2010년 평균) 대비 비료 가격이 250을 넘어섰다. 여기에 콩기름과 식품 및 곡물 가격은 170, 에너지는 160 이상이다. 유엔식량농업기구의 국제식량가격 지수에서 2014~16년의 평균을 100으로 했을 때, 2022년 5월의 지수는 150을 초과한다. 이는 21세기 들어 가장 높은 수준이다. 2022년의 인플레이션은 2008년 금융위기 수준이며, 특히 곡물과 원유 가격이 현 상황을 주도하고 있다.

둘째, 현재 유럽은 인플레이션으로 고통받고 있다. 프랑스가 5.8퍼센트, 독일 7.6퍼센트, 영국 9.1퍼센트를 비롯하여 동유럽 대부분의 국가는 그 비율이 10퍼센트를 훨씬 넘어섰다. 이들과 달리 러시아는 제재로 인한 공급 부족으로 인하여 17.8퍼센트의 높은 인플레이션을 기록하다가 서서히 진정세에 접어든 것으로 알려졌다.

셋째, EU 전체의 무역수지가 2021년 8월 적자로 돌아선 뒤 2022년 5월 35억 유로 적자를 기록하며 최저수준에 도달했다. 2010년

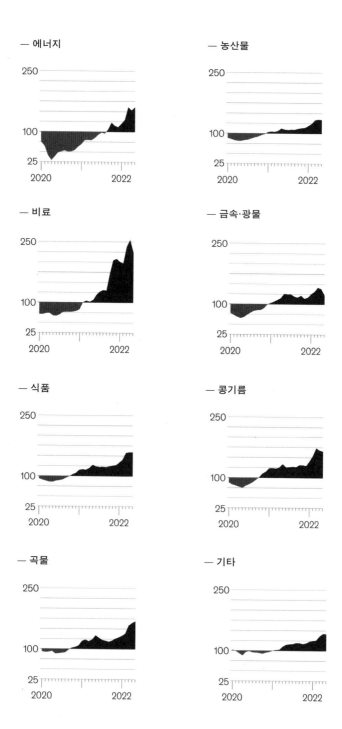

세계은행 상품가격 지수

금융위기 여파로 약 18억 유로의 적자를 기록한 적이 있는데 지금은 그 두 배에 달한다. 무엇보다 2022년 5월 독일의 무역수지가 1991년 이후 처음으로 10억 유로 적자를 기록한 것이 컸다.

넷째, 고물가는 직접적인 가계 부담으로 전가된다. 여기서 G7 국가 대부분에서 2021년 2사분기에 저점을 찍고 반등한 실질임금 상승률이 다시 떨어지고 있다. 오직 미국만 약간의 상승 기조를 유지하고 있다.

다섯째, 2022년 6월 기준 G20 국가의 성장 전망은 암울하기 짝이 없다. 영국 마이너스 7.4퍼센트, 미국 마이너스 4.5퍼센트, 프랑스 마이너스 5.4퍼센트, 한국 마이너스 1.5퍼센트, 중국 마이너스 3.2퍼센트, 인도 마이너스 2.5퍼센트 등으로 예상된다. 사우디(5.9퍼센트), 인도네시아(1퍼센트), 일본(0.1퍼센트) 등 일부 국가는 성장이 예상되지만, 세계경제는 동력을 잃고 침체 국면으로 진입한 것으로 보인다.

프레스티튜트[68]와 포스트트루스 시대의 언론(정보)전쟁

우크라이나전쟁은 특히 언론의 역할에 대해 의문을 갖게 만드는 사건이다. 하이브리드전쟁에서 언론전, 선전전, 정보전, 담론전, 내러티브전, 심리전 등 다양한 형태의 비재래식 전쟁이 벌어지고 있다. 일반 대중을 전쟁 목표 아래로 단결시키기 위해서는 더욱 그렇다. 하지만 '진실 보도'라는 언론의 사명과 전쟁을 통한 지배 엘리트—언론권력을 포함한—의 기득권 유지 및 확장 사이에서 긴장과 갈등은 불가피하다. 우크라이나의 파시스트와 러시아의 침공, 그리고 미국 민주당 네오콘의 대리전쟁을 마주하는 이 순간, 21세기 민주주의에 대한 근본적인 질문은 불가피하다.

> 다시 말해 우크라이나는 말라 죽을 때까지 매달려 있을 것입니다. 서방은 기본적으로 이렇게 말합니다. "우크라이나의 독립을 위해 우크라이나인의 최후의 일인까지 싸울 것이다." 이는 그 모든 애국적 열망에도 불구하고 참으로 냉소적인 자세입니다. 내가 덧붙이자면, 이 문제에 대해 객관적으로 사고하려는 사람들은 즉각 '러시아 첩자'로 공격받습니다.
>
> 이렇게 설명할 수 있습니다. 우크라이나전쟁에 대해 말하는 것은 마치 하나의 입장만 지지하는 광기에 치어리더로 가담하는 것과 마찬가지입니다. 만에 하나 이 합창단의 일원이 아니라면 입도 뻥끗해서는 안 됩니다. 나는 이 흐름이 서구적 자유에 커다란 해악을 미칠 것이라고 생각합니다. 전체주의적이라고까지 말하고 싶지 않지만, 거의 비슷한 종류와 강도로 서구 사회의 표현과 연구의 자유를 통제하려 합니다. 생각만 해도 우울한 일이에요. 우리는 이런 일이 일어나지 않도록 일어서야 합니다."[69]

인터뷰의 주인공 채스 프리먼은 미국 국방부 차관보를 지냈다. 이제 문제는 '치어리더와 러시아 첩자' 사이에서 자신의 역할을 선택하는 일이다. '진실'은 이미 정해져 있고, 따라서 합창단원이 되어서 노래를 따라 부르면 된다. 한 세기 전 프랑스의 귀스타브 르봉은 프레스티튜트들이 자신의 프로파간다를 통해 기대하는 것에 '군중심리'라고 이름 붙였다. 군중은 어떤 개인들의 집합에 불과하지만, 특정 조건이 결합하면 개인의 의식과 개성이 소멸되고 그 집합체를 이루는 모든 단위의 감정과 생각이 같은 방향으로 향한다.[70] 집단 무의식의 심리 법칙에 따라 정신적으로 일체화된 군중을 형성하는 것이 정보전염병infodemic이다. 그래서 "군중의 여론과 신념은 감염되는 것이지 이성적 추론으로 전파되지 않는다."[71]

> 왜 언론은 우크라이나 국민이 이 전쟁에서 이길 수 있다고 확신하도록 만들려고 하는가? 당신 말이 맞다면 모든 시민이 러시아군과 싸우기 위해 전쟁터로 가서 이길 수 없는 전쟁에서 싸우다가 죽어야 한다는 것 아닌가? 왜 언론이 이토록 심각하게 사람들을 오도하는가? (중략) 이것은 진짜 '보도'가 아니라 무지와 태만이 합쳐진 결과이다. 빅테크뿐 아니라 방대한 미디어(종이 신문과 전자 신문)가 대규모 프로파간다 캠페인을 지원하고 있다. (중략) 우리는 새 히틀러인 블라디미르 푸틴을 마주했다. 이는 참으로 진부하고, 이미 실패한 각본이다. 그러나 여기에 대해 정당한 질문을 제기하는 사람은 그 즉시 푸틴의 괴뢰 혹은 러시아의 앞잡이가 된다. 사실을 증명할 수 없을 때, 호소할 데라고는 헐뜯기밖에 없다.[72]

마이클 허드슨도 흥미로운 이야기를 덧붙인다. "미국에서 유일하게 반전을 말하며 우크라이나에서 전쟁을 하면 안 된다고 보도하는 매체는 놀랍게도 공화당 우파인 폭스뉴스이다. 오직 이 채널만 러시아가 세상을 보는 시각을 제대로 알려주고 있다. 우리는 사태를 우리의 관점으로 볼 것인지 아니면 제대로 볼 것인지 정해야 한다. 지금 이 순간 미국에서 우크라이나전쟁에 반대하는 세력은 공화당과 우파이다. 좌파는 찬성 일색이다. 좌파가 집권 민주당을 장악하고 있지만, 사태를 냉철하게 파악하고 있는 인물이 한 사람도 없다."[73] 지금 이 전쟁은 네오콘 전쟁이다. 아니 더 정확히 리버럴 혹은 진보네오콘의 대리전쟁이다.

안드리 샤포발로프라는 우크라이나 '가짜 정보 퇴치센터장'은 "가짜 정보를 의도적으로 퍼트리는 자는 정보 테러리스트"라고 강변한다. 그리고 테러리스트를 분쇄하기 위한 법률 개정을 주장한다. 가히 2차 세계대전 중 나치독일의 언론 및 정보 채널 탄압을 연상시킨다. 샤포발로프에 따르면 정보 테러리스트는 전범으로서, 법에 따라 응분의 책임을 져야 한다.[74] 가짜 정보 유포자는 테러리스트이자 전범이니 전범 재판에 회부되어야 하는 것이다. '이견'은 '가짜 정보'이며 '정보 테러'이고 곧 '전범'이라는, 극도로 위험하고 심지어 나치를 가볍게 능가하는 실로 '파시스트 테러 지배'를 내외에 과시한 것이나 다름없다.

우크라이나 정부의 서버를 이용하는 저 악명 높은 '평화유지자' 사이트는 우크라이나 정권이 후견하는 명백한 불법 살생부이다. 러시아 철학자 알렉산드르 두긴의 딸 두기나가 살해된 날 이 사이트는 두기나의 사진에 청산liquadated을 뜻하는 X자 표식을 그었다. 핑크플로이드의 창단 멤버인 로저 워터스는 물론 미국의 헨리 키신저와 존 미어샤이머도 이 명단에 올라가 있다. 마찬가지로 젤렌스키 정권은 폭스뉴스의 〈터커 칼슨 쇼〉를 방송 금지시켰다.

2022년 5월 하순 아조프제철소 지하에서 50일간 항전하던 아조프연대가 항복하고 밖으로 나왔다. 여기에 대한 러시아 국방부의 발표는 매우 간단했다. "부상자 이송에 합의했고 인도주의 통로를 통해 우크라이나 부상병은 도네츠크인민공화국 노보아조프스크의 의료시설로 이송하여 치료할 것이다.” 교전 중 아조프연대는 개인화기를 소지한 채 우크라이나가 통제하는 지역으로 철수하겠다고 제안했다. 이 제안에 러시아가 응할 가능성은 처음부터 없었다. 결국 합의한 사항이 부상병부터 인근 도네츠크공화국에서 치료하는 것이다. 그 뒤 정식 항복 절차를 밟고 제철소에서 농성하던 인원 전부를 러시아 연합군이 인수했다.

서방의 주요 언론은 이 사건을 어떻게 보도했던가. 그날 『뉴욕타임스』의 속보를 보자. “우크라이나는 마리우폴에서 ‘전투임무’를 완수했다. 이들은 제철소 전투가 종결되었음을 알리며 철수 중이다.”[75] 『워싱턴포스트』의 헤드라인은 “우크라이나가 마리우폴 혈전을 종결하고 아조프제철소에서 전사들을 철수시켰다”[76]였다. 이들은 한결같이 우크라이나군이 임무 완수하고 철수evacuate했다고 했다. 일부는 이들이 구조rescue되었다고도 했다. 한국의 한 언론은 젤렌스키가 “명령이다. 목숨을 구하라”라고 말했다고 보도했다. 이들이 항복과 철수의 차이를 모르지는 않을 것이다. 예컨대 2차 세계대전 당시에도 독일 언론은 스탈린그라드 제6군이 ‘철수’했다고 했다. 문제는 어디로 철수했느냐이다. 제6군은 모스크바의 수용소로 갔다. 이번에도 마찬가지다. 병사들은 도네츠크공화국의 수용소로, 지휘관들은 모스크바로 갔다. 어찌 보면 이는 이제 일상이 되어버린 사실 왜곡의 사소한 사례일지도 모른다.

우리는 영화 〈매트릭스〉 속 빨간 알약과 파란 알약을 마주하고 있는 걸까? 기원전 2세기에 로마 인민들은 지혜로운 판관으로 루키우스 카시우스를 꼽았다. 송사에서 카시우스는 가장 먼저 시간을 물은 뒤 다음을 질문했다. "누구한테 이익이지cui bono?" 누가 범인인지 도대체 알 수 없을 때 기준으로 삼을 만한 논증의 방법론이다.

우크라이나 부차에서 일어난 사건을 놓고 양측이 벌인 뜨거운 진실 공방을 지나, 이제 부차는 러시아군의 만행을 고발하는 성지가 되었다. 그렇다면 이 반인도적 범죄를 통해 누가 이익을 보았는가.

최대의 이익은 우크라이나의 몫이다. 부차 사건 직후 미국과 우크라이나의 국방장관이 전화 통화를 하고 우크라이나에 대한 각종 지원을 강화하기로 했다. 우크라이나는 나토군, 특히 미군의 지원이 없으면 전쟁을 이어갈 수 없다. 부차 사건은 이른바 서방의 여론을 움직여 지원을 끌어오기에 아주 좋은 소재였고, 그 결과는 성공적이었다. 또 우크라이나를 지원하는 미국의 입장에서도 국내 여론을 설득하기에 아주 좋은 소재였다.

둘째, 혹 러시아의 이익은 무엇이 있을 수 있을까? 친우크라이나 주민의 공포를 유발해 자국군에 유리한 민정 환경을 조성할 수 있었을 것이다. 또 친우크라이나 부역자를 처단해 사보타주를 차단하는 효과도 기대할 수 있다. 하지만 러시아군의 특수 군사작전은 법으로 규정된 엄격한 교전수칙에 따라 수행된다. 민간인 보호 수칙을 위반해서 얻을 수 있는 작전상의 이익이 반대의 경우보다 명백히 우위에 있다면 학살이 가능할지도 모른다. 부차 사건이 발생한 시점에 키예프 방면의 러시아 부대는 예고된 전략적 퇴각 중이었다. 상부의 지시가 있다거나 과거의 나치 총살부대처럼 명백한 이데올로기적 동기가 있는 게 아니라면, 대개 저런 학살극은 지휘체계가 붕괴된 채로 퇴각하다가 낙오된 병사들이 저지른 일탈이다. 그게 아니라면 지휘부의 강력한 지시가 있었거나 적군 포로를 처리할 수 없는 상황 같은 특별한 사정이 있을 때 발생한다. 부대 재편성과 전선 조정을 위해 퇴각하는 전투부대가 민간인을 보이는 족족 사살해 대충 묻어두고 도망갔다는 주장은 어느 모로 보나 어설프다. 퇴각 중 낙오한 러시아 병사가 확인된 바는 있지만 부차 지역은 아닌 것으로 보인다. 아니면 점령 기간 중 비협조적이거나 사보타주에 가담한 지역 주민을 체계적으로 제거했을 수 있다. 이 경우 다른 지역에서도 유사한 사례가 발생하거나 앞으로 드러나야 한다. 그게 아니라면 유독 부차에서만 학살 사건이 발생한 이유에 대한 합당한 설명이 필요하다. 체첸 등 다른 민족의 부대를 투입했거나 다수의 지역 주민을 나치 부역자로 몰아서 사살했을 가능성도 있다. 하지만 북부 전선은 러시아 정규군이 투입된 지역이다.

다른 나라에서 일어난 사례들과 비교해보자. 예컨대 아프가니스탄이나 이라크에서 민간인이 미군에 대해 생각하는 바와 우크라이나 민간인이 러시아군에 대해 생각하는 바는 전혀 다르다. 유럽의 최빈국 중 하나인 우크라이나에서 주민 세 명 중 한 명은 자신이 러시아에서 일하거나 아니면 친인척이 러시아에서 일하고 있다. 전쟁이 벌어지고 있는 지금 이 순간에도 다수의 우크라이나인이 러시아에 거주하고 있다. 이런 상황에서 민간인에 대한 대학살이 발생할 가능성은 크지 않다. 하지만 그럼에도 모른다. 정말로 러시아군이 민간인 학살을 자행했다면 그에 상응한 이익이 있었을 것이고, 그 이익이 학살의 후과를 압도할 수준이었을 것이다. 만약 이도저도 아니라면 지휘통제에서 이탈한 러시아 살인광들의 소행일 수밖에 없다.

러시아가 요청하는 유엔안전보장이사회 소집이든 혹은 다른 방식이든, 공정하고 객관적인 조사단이 조속히 진상을 밝혀야 한다. 그러나 유감스럽게도 이런 사건의 진상은 교전 당사국 중 한쪽이 무조건 항복하거나 국가 시스템이 완전히 붕괴되어서 전범으로 기소되지 않는 한 밝히기 어렵다. 어쩌면 진실이 수면 위로 떠오르기까지 아주 오래 걸릴지도 모른다.

지금 인터넷을 떠도는 전쟁 영상과 사진의 상당수는 우크라이나 정부에서 제공한 것이다. 전직 유엔 검사관의 말에 의하면 민간인 사망 일시와 과정, 시신 이동 여부 등 의학적 포렌식 자료가 검증되기 전까지 이를 말하는 건 '역정보'이다. 러시아 국방부는 러시아군이 3월 30일 부차 지역을 떠났다고 발표했는데, 시신이 발견된 것은 우크라이나 비밀정보원들이 다녀가고 나흘 뒤였다. 3월 31일에는 부차 시장이 러시아군은 지금 부차에 없다고 말했다.

2022년 6월 7일 이탈리아 '스카이 TG24' 채널은 우크라이나 내 친러시아 부역자 혹은 협력자collaborationist에 관한 프로그램을 방송했다. 이들이 부차 사건에 의문을 던진 최초의 서방 주류 언론일 것이다. 이날 방송에 따르면 부차에서 발견된 시신 중 적어도 일부는 우크라이나군이 사살한 친러시아 부역자였다. 부차의 우크라이나 방위군은 인터뷰에서 "친러시아 부역자는 어디든 있으며, 이들을 수색하고 검거한 뒤 경찰에 이첩했다"라고 밝혔다. 다만 그 이후 부역자들이 어떻게 처리되었는지는 모른다고 했다. 러시아의 철군 직후 우크라이나 비밀경찰이 부차를 접수했다는 사실도 확인했다.[77]

부차 사건의 진실은 여전히 잠정적이다. 친러시아 부역자의 존재를 확인하고, 이들이 우크라이나 경찰에 의해 사살되었을 가능성이 방송된 것은 진실로 가는 교두보 하나를 확보했다고 할 만하다. 사망자들 가운데 적어도 흰색 밴드—친러시아를 상징한다—를 착용한 시신은 러시아군에 의해 사살되지 않았다고 추정하는 게 논리적이다.

나는 한국을 포함한 서방의 언론이 개전 이후에 내보낸 뉴스에서 한 가지 흥미로운 경향을 발견했다. 이것을 미디어와 사실fact의 관계 변화라고 해도 좋겠다. 진실truth은 어떤 도덕적 함의를 내포한다는 점에서, 사실이 곧 진실인 것은 아니다. 포스트트루스post-truth의 진행 단계가 고속화·고도화되면서 이제 미디어는 사실이나 진실에 특화된 사회적 체계와 기능에서 이탈했다. 미디어는 그 자체로 하나의 권부mediocracy가 되어 사실과 진실을 선별하고, 기사를 권력자원화한다. 자신이 선택한 사실을 곧 진실로 간주하라고 강제한다는 말이다.

서방 주류 언론이 사실을 변질 혹은 변형하는 까닭은 다음과 같다. 첫째, 대러시아 하이브리드전쟁 과정에서 전체로서의 서방의 식민주의적·제국주의적 이익을 세계의 85퍼센트에 달하는 나머지 비서방에 대항해 비호하고 변론하기 위해서이다. 둘째, 미디어 자체가 사실 혹은 진실과 무관하게 사회 내 별개 하위 시스템sub-system이 된 결과, 이것의 특수 이익을 지키고자 하는 목적 또는 열망이 발현되었다.

변형 혹은 변성된 미디어 지형에서 보자면 예컨대 푸틴 악마설은 두 목적을 충족시키는 성스러운 신탁의 언어이자 지배의 밀어로서, 절대 변경이 불가하다. 하지만 그럼에도 나는 다시금―적어도 방법적으로라도―가설에 불과한 설정을 변경하자고 권하고 싶다. 보 대령이 말한 것처럼 푸틴이 '비둘기'라는 사고실험이 필요하다.

전쟁의 3단계:
돈바스를 넘어
노보로시야?

현재까지 러시아군은 전황을 주도하며 전략적 우위를 차지하고 있다. 반면 우크라이나는 형식상의 작전 지휘를 하고 있을 뿐 사실상 지휘는 미국과 영국의 몫이다. 러시아는 처음부터 특정한 대도시를 점령하는 것이 아니라 적 군대의 파괴를 지향했다. 화력에서 열세인 우크라이나군은 전쟁 초기부터 도시 방어에 강제되었고, 그 결과를 승리로 해석했다. 그러는 사이에 러시아군은 우크라이나 동남부를 거의 장악했고, 돈바스와 도네츠크의 60퍼센트 정도를 공략했다.

러시아군은 돈바스 해방이 특수 군사작전 제2단계의 목표라고 밝혔다. 그렇다면 3단계는 무엇인가? 오데사를 넘어 저 오래된 우크라이나 동남부 6주를 포함하는 노보로시야 프로젝트의 소환일까? 2014년 마이단 사태와 내전 당시 제기되었던 운명적인 "돈바스냐, 노보로시야냐?"라는 질문에 대해 이제는 답변이 나와야 한다. 현재 러시아의 점령지는 2단계의 핵심 목표인 돈바스를 넘어 동남부 4주에 걸쳐 있다.

8월에는 세르비아 대통령이 자국 방송에서 이런 말을 한 바 있다. '젤렌스키 방어선'인 세베르스크, 바크무트, 솔레다가 무너지고 그다음 슬라비안스크, 크라마토르스크, 아브디브카가 함락되면 푸틴이 중대한 제안을 할 것이라고 했다. 만약 이 제안을 서방이 받아들이지 않으면 "지옥문이 열릴 것이다." 비슷한 시기에 중국 왕이 외무장관도 "가만히 앉아서 우크라이나 사태를 관망하지만은 않겠다. 우리는 불에 기름을 붓는 짓이 아니라 평화회담을 촉진하겠다"라고 말했다.

친러 노선을 선택한 세르비아는 막후에서 러시아의 메시지를 서방에 전달하는 역할을 해왔다. 그래서 돈바스와 도네츠크의 방어선이 무너지면 푸틴이 평화협상을 제안할 것이라고 말할 수 있었다. 협상안은 3월 말 이스탄불 라운드에서 제기한 6대 쟁점에 지금의 전황을 반영한 것으로 채워질 것이다. 전투를 중단하고 그 시점의 군사 분계선을 따라 현상을 동결하자는 내용이다. 중국의 왕이가 평화회담을 강력히 촉구한 것도 이와 무관하지 않다.

물론 서방은, 특히 미국은 그 내용이 무엇이든 푸틴의 평화안을 수용할 가능성이 크지 않다. 특히 11월 미국 중간선거에서 승리할 가능성이 낮은 바이든에게 푸틴의 평화안은 정국을 더욱 꼬아놓을 걸림돌이다. 푸틴의 최후통첩을 거부한 뒤에 올 수순은 무엇일까? 러시아는 우크라이나 동남부 점령지에서 주민투표를 실시해 러시아연방 가입 여부를 결정할 것이다.

하지만 이 무렵에 떠돌던 각종 추측은 우크라이나군이 하르코프 방면에서 전격전에 성공하여 상당한 영토를 회복하고, 사마르칸트에서 상하이협력기구 정상회담이 열린 뒤 전부 다 예상을 빗

나가게 되었다. 러시아는 부분 동원령을 발동하여 30만 명의 병력을 동원했고, 동남 4주는 러시아연방에 가입했다. 그런데 우크라이나 동남부가 러시아 영토로 편입되는 순간, 이 전쟁의 성격이 달라졌다. 돈바스 해방을 위한 특수 군사작전에서 러시아 영토에 대한 공격을 방어하는 본격적인 전쟁으로 바뀐 것이다. 우크라이나 군대가 도네츠크에 무차별 포격을 퍼붓는 일이 이제는 러시아 본토에 대한 공격이 되었다. 푸틴이 말한 "심각한 어떤 것"이 우크라이나에 대한 선전포고일 수도 있다. 이제 이번 전쟁은 특수 군사작전이 아니라 정식 전쟁으로, 지금까지 사용을 자제했던 전략자산을 투입하여 대규모 폭격, 젤렌스키 등 우크라이나 지도부에 대한 직접 타격, 또는 총동원을 통한 진정한 전면전 등 완전히 새로운 국면으로 넘어갈 수도 있다.

이로써 2014년 마이단 직후 내전 상황에서 주어진 '돈바스냐, 노보로시야냐?'라는 운명적인 질문에 대한 답변은 우크라이나 동남 6주—노보로시야 전체—가 아니라 현 시점의 미점령지, 즉 동남 4주이다. 이는 1991년 우크라이나 독립 이후 30년 넘게 끌어온 돈바스 문제를 현재의 상태로 '봉인'하는 사건으로 볼 만하다.

8~9월에 예상되었던 푸틴의 중대 발표와 돈바스 완전 해방—그밖에 도네츠크주 나머지 지역의 완전 점령—대신 상황은 하르코프주의 러시아군 퇴각과 전선 이동 및 조정, 사마르칸트 상하이협력기구 회담 이후 30만 명 부분 동원, 동남 6주 대신 동남 4주(돈바스 2주, 헤르손, 자포로지예 점령지)에서의 주민투표로 가닥이 잡혔다. 이로써 제2단계는 일단락되었다.

향후 전개될 상황은 지금까지와는 질적으로 성격이 달라졌다.

일단 주민투표 결과 동남 4주는 러시아연방에 가입했다. 현시점에서 우크라이나 동남 4주는 러시아연방헌법과 제반 법률이 적용되는 러시아의 영토다. 2020년 개정된 러시아연방헌법에 따르면 영토의 할양이나 이를 위한 의사표시는 불가능하다. 한번 편입된 영토에 대한 반환이나 이를 위한 협상도 원천 배제한다.[78] 새로 동원한 30만 명의 예비군은 이곳의 방위를 위해 배치될 것이고, 지금까지의 특수 군사작전은 사실상 성격을 달리할 수밖에 없다. 이제 전쟁은 러시아연방의 영토를 방어하는 일이다. 더 이상 영토 반환의 대가로 우크라이나와 평화를 주고받을 출구는 없다. 오직 군사력으로 영토를 지키든 아니면 빼앗기든 둘 중 하나만 남는다. 우크라이나도 이 새로운 현상을 수용하거나 아니면 실로 최후의 우크라이나인까지 싸우는 수밖에 없다. 어쩌면 이것은 미국이 바라던 장기 전쟁의 실현인지도 모른다. 하지만 우크라이나 혼자서는 끝까지 싸울 수 없기 때문에, 미국이 우크라이나를 지원해야 한다. 마찬가지로 러시아도 영토를 지키기 위해 끝까지 싸워야만 한다. 싸우다가 한쪽이 완전히 힘이 빠질 때까지 기나긴 장기 교착 국면이 기다리고 있다. 여기에서 우크라이나는 '미국의 아프가니스탄'인 동시에 '러시아의 아프가니스탄'이다.

하지만 이 또한 일종의 시나리오이지, 그 이상은 아니다. 향후의 전황과 전세를 구성하는 각종 요인을 점검할 필요가 있다. 미래는 힘의 관계를 구성하는 다양한 요인의 벡터에 따라 정해질 것이다.

첫째 요인은 미국의 장기전 수행 의지와 군사력이다. 2022년 4월에 시행한 무기대여법으로 이 전쟁이 미국 네오콘의 대리전쟁임이 분명해졌다. 이 강력한 원심력이 우크라이나 분쟁을 역내 분쟁으로 국지화해 '중립화와 돈바스 해방'으로 정리하려 한 러시아의 의도를 방해했다. 미국은 국내에서 정치적 격변이 일어나지 않는 한 우크라이나에서 장기전을 포기하지 않을 것이다.

둘째, 마찬가지 러시아의 의지와 힘이다. 경제 제재를 통해 러시아를 압박하고 와해시키겠다는 집단서방의 구도와 구상은 현재로선 실패했다. 즉 러시아에서는 아직 치명적인 국내외 교란 요인이 관찰되지 않는다. 하지만 전쟁이 장기화되고 역내 요인, 특히 발틱 3국이나 폴란드, 몰도바, 혹은 포스트소비에트 공간에서 새로운 전선이 출현할 가능성을 완전히 배제할 수 없다.

셋째, 미국과 서유럽의 관계와 러시아와 중국의 관계라는 복잡한 매트릭스다. 서유럽이 언제까지 미국의 봉신으로 남아 있을지 알 수 없다. 특히 다가올 겨울의 에너지 위기는 정치사회적 불안을 현저히 강화할 것이다. 마찬가지 신세계질서를 끌어내고 있는 중국과 러시아의 협력 체제가 현재로선 '경계가 없다'고 하지만 언제까지 유지될지 장담할 수 없다.

넷째, 동남 4주가 러시아연방으로 편입되면 우크라이나의 정치경제적 타격은 심각할 것이다. 오데사가 열려 있지만 매우 불안하다. 전쟁이 장기화될수록 우크라이나는 분할될 확률이 커진다. 어쩌면 둘이 아니라 셋으로 갈라질 가능성도 배제할 수 없다. 만약 셋으로 나뉜다면 그것은 폴란드 때문이다. 몇 달 전 우크라이나 국경수비대장에게 발송된 괴문서에는 폴란드가 5월 22일부터 약 1만 명의 병력을 동원해 우크라이나 서부로 진입할 것이라고 적혀 있었다. 우크라이나와 폴란드가 비밀 군사협정을 체결했다는 말은 이전부터 있었다. 폴란드는 평화유지군으로 개입한 뒤 서우크라이나 리보프를 중심으로 하는 폴란드의 고토 갈리시아에 대한 권리를 주장할 것이다. 우크라이나가 폴란드에 '연성합병soft annexation'된다는 말이다. 이런 상황은 분쟁의 양상을 더욱더 불확실성의 영역으로 끌고 갈 것이다.

다섯째, 우크라이나전쟁은 타이완의 향배와도 밀접하게 연관되어 있다. 시리아와 이스라엘을 둘러싼 서아시아에서의 갈등 역시 마찬가지다. 역으로 타이완 문제는 우크라이나 문제와 맞물려 중러 관계의 지속성을 강화하는 요인이 될 가능성도 충분하다. 그래서 어쩌면 이 모든 요인이 한편으로 미국 단극 체제의 동요를 수반하고 다른 한편으로 신냉전을 강화하는 경향을 만들어낼 것이다. 이것이 군사적으로 한층 고조되어 3차 세계대전이 될 가능성 또한 실재한다. 왜냐하면 벌거벗은 힘의 관계와 힘의 법칙 외부 그 어디에도 사건이 세계대전을 향해 전개되고 수렴되는 것을 억지할 힘의 중심이 부재하기 때문이다.

여섯째, 위에서 언급한 내용들과 질적으로 다른 지정학적 차원에도 주목할 필요가 있다. 사실 전통적 지정학은 제국주의의 이익과 닿아 있었다. 이제는 "제국주의와 연결된 지정학을 넘어서서 독립과 자치, 해방을 정당화하는 대안적인 반제국주의 지정학"이 필요하다. "이러한 지정학은 국가의, 국가를 위한 지정학이 아니라 사회운동의, 사회운동을 위한 지정학이다."[79] 이것이 프랑스의 마르크스주의 지리학자 이브 라코스트가 대표하는 신지정학의 관점이다. 그는 특히 전통적인 제국주의 지정학에 강한 의문을 제기한다. 해퍼드 매킨더와 앨프리드 머핸의 명제들은 "땅과 바다라는 거대한 지리적 메타포에 기반한다. 따라서 그것은 엄격한 전략적 사유라기보다 역사적 기억을 환기하는 데에 더 기대고 있다."이들의 명제는 미소 분쟁을 땅과 바다의 형이상적 분쟁으로 표상함으로써 과학적 가치가 결여되었다. 이들은 그저 서정적lyrical 가치만을 주장할 수 있을 따름이다.[80] 에드워드 사이드의 표현을 빌리면 '심상지리imagined geography'에 불과한 것이다. 국제관계를 땅과 바다의 이분법으로 보는 관점을 기각해야 한다. 이를 대신해 사회운동의 지정학, 내부inner 지정학, 파르티잔 지정학의 관점에서 새롭게 구성해야 한다. 베를린장벽의 붕괴는 의문의 여지없이 20세기를 종결시킨 지정학적 대사건이지만, 그것은 동시에―그 정치적 함의를 어떻게 평가하든―동독 대중의 항의와 저항, 사회운동의 산물이었다.[81] 소련의 붕괴 역시 마찬가지다. 소련 인민으로부터의 광범위한 충격이 없었다면 일어나지 않았을 사건이었다. 일정한 공간에서 일어난 힘의 충돌 역시 내부 지정학의 대상이 된다. 대러 제재와 우크라이나전쟁으로 인해 대대적으로 증폭되고 가속된 유럽의 인플레, 생활고, 그리고 경제위기에 유럽의 대중이 격렬하게 항의하고 저항하는 것은 가히 필연적 귀결이다. 각국의 시민들은 미국의 전략에 맹종묵수하는 EU와 그 회원국 정부에 대해 선거와 거리 항쟁으로 저항할 것이다. 네덜란드, 이탈리아, 폴란드의 농민뿐 아니라 프랑스와 독일, 체코 등 곳곳에서 저항이 확산되고 있다. 전통적 지정학에서 광범위하게 간과하는 민중의 항의와 저항은 향후 국제관계와 전쟁의 궤적에 심각한 영향을 미칠 벡터 값이다.

4장

우크라이나전쟁과
신세계질서

1

지정학적 대전환과 신냉전: 단극에서 다극으로

2022년 6월 17일 상트페테르부르크에서 열린 25차 국제경제포럼 SPIEF에서 푸틴은 이렇게 선언한다. 2007년 뮌헨 안보회의에서 처음으로 '단극 체제'를 호명한 뒤 15년 만에 그 '종말'을 선포한 것이다.

> 나는 단극의 세계질서는 끝났다고 강조했습니다. (중략) 어떤 대가를 치르더라도 이를 유지하려는 모든 시도에도 불구하고 이 시대는 끝났습니다. 변화는 역사의 자연스러운 과정입니다. (중략) 잘못은 이 개념 자체에 있습니다. 단극의 개념은—비록 강할지는 몰라도—폐쇄된 하나의 동맹만 권력을 갖거나, 오직 몇 나라에게만 권력이 허용된다고 합니다. 모든 비즈니스 관행과 국제관계가 오로지 이들의 이익을 위해서만 해석됩니다. 이들은 제로섬 방향으로만 작동합니다. 그런 교리 위에서 세계는 끝없이 불안합니다. (중략) 지정학과 글로벌 경제, 기술 등을 비롯한 국제관계 시스템 일체의 진정한 혁명적 지각 변동이 시작되었습니다. 이 변화는 근본적이며 땅을 뒤흔드는 엄밀한 변화입니다. (중략) 서방의 지배 엘리트는 명명백백한

것을 간파하지 못하고 과거의 그림자에 집착하고 있습니다. 예컨대 글로벌 정치와 경제에서 서방의 지배가 불변이며 영원할 것이라고 믿고 있습니다. 그러나 영원한 것은 없습니다.[1]

푸틴은 7월 7일 러시아 하원 정당 지도자들을 만난 자리에서도 발언을 이어갔다. 특수 군사작전(즉 우크라이나전쟁)의 시작이 단극 질서의 종말이자 신세계질서의 탄생이라면서, 이른바 '규칙 기반 국제질서'를 직접 비판했다. "우리가 특수 군사작전을 시작한 바로 그 순간부터 저들은 패배를 간파했어야 한다. 왜냐하면 그 시작이 바로 미국이 만든 세계질서의 근본적 붕괴를 의미하기 때문이다. 이것은 리버럴 글로벌리스트 미국 중심주의에서 진정한 다극 세계로 나아가는 일의 시작이다. 새 세계는 누군가가 자신만을 위해 만들어낸—그러나 그 배후에는 패권을 향한 욕망 외에는 아무것도 없는—이기적 규칙과 위선적 이중 잣대가 아니라, 국제법과 진정한 인민주권과 문명, 자신의 역사적 운명과 가치와 전통 속에서 살고자 하는 의지에 기반한다. 우리는 민주주의와 정의와 평등 위에 협력을 구축하고, 나아가 이 과정을 결코 멈출 수 없음을 이해해야 한다."[2]

그런데 며칠 뒤인 7월 11일, 미국 국무장관 블링컨이 태국 공영방송과 가진 인터뷰에서 푸틴이 한 말의 '댓글' 같은 대답을 했다.[3] 그는 규칙 기반 세계질서에 러시아가 도전하고 있는데, 만약 우크라이나에서 러시아가 본래의 목적을 달성한다면 국제관계의 새로운 현실을 만들어낼 것이라고 말했다. 기존의 국제규칙은 유엔을 중심으로 하는 몇 가지 기본적인 이해들이다. 즉 주권 존중, 영토 불가침, 인권 등으로 이루어졌다. 그런데 러시아의 우크라이나 침공은 이 모든 것에 대한 도전이며, 만일 러시아의 시도를 세계가 허용한다면 앞으로 큰 나라가 작은 나라를 협박하는 '힘이 곧 정의 might makes right'인 세계로 돌아간다는 뜻이다. "이 상황은 현재의 규칙 기반 질서와 대립한다. 다른 쪽에서는 중국이 지역에 대한 침략과 국내의 억압 강화를 통해 이 질서에 도전하고 있다." 미국에게 중국은 가장 중요한 관계 중 하나이자 가장 복합적인 관계이다. 양국의 경쟁에도 불구하고 미국은 중국과 협력할 수 있는 방안을 찾고 있다. "나는 중국이 실제로 어떤 국제질서를 바라고 있다고 본다. 우리가 지키고 세우고자 하는 질서는 기본적으로 리버럴한 가치인 반면, 중국은 다른 가치의 조합을 반영하는 보다 비자유주의적인 질서를 모색하는 것 같다. 문제는 사람들이 어떤 세계에서 살기를 원하는가이다."

푸틴과 블링컨의 발언을 정리해둘 필요가 있다.

① 푸틴이 말하는 인민주권 혹은 '인민peoples의 자결self-determination'은 민족자결보다 훨씬 더 포괄적인 국제법 개념이다. 즉 인민이 민족nations보다 더 넓다. 이는 1960년대 이후 확립된 강행규범으로서, 국제법상 최상위 규범이다. 예컨대 우크라이나 돈바스의 인민이 자결을 요구하며 무장 독립항쟁을 시작할 경우 국제사회는 이를 무조건 지원해야 한다. 이로 인하여 침공의 국제법적 성격이 큰 논란을 야기할 수 있다.

② 미국과 서방의 내러티브에 가장 자주 등장하는 어휘가 규칙 기반의 국제질서 또는 세계질서이다. 중국과 러시아는 이 질서에 도전하는 세력으로 규정된다. 아래에서 볼 나토의 신전략 개념도

마찬가지다. 규칙 기반 질서에 대해 블링컨이 나름의 해설을 더한 셈이다.

③블링컨에 따르면 미국의 규칙 기반 질서는 곧 자유주의적이고, 중국과 러시아가 말하는 질서는 비자유주의적이다. 이게 무슨 뜻일까. 푸틴은 여기에 대하여 이렇게 대답할 것이다. "그것은 미국의 패권을 위한 '미국 중심주의적 리버럴 글로벌리스트' 질서에 불과하다!"

④미국의 이른바 가치외교는 바로 이 규칙 기반 질서를 수호하고 유지하는 수단이다.

⑤미국의 주적인 중국에 대한 언급도 흥미롭다. 뜬금없이 중국은 침략자라고 하면서 어디를 침략했는지는 설명하지 않는다. 그러면서 또 협력을 말한다. 중국은 침략자이지만 협력의 파트너라고 말이다.

⑥그런데 미국의 규칙과 푸틴이 말하는 국제법은 도대체 무엇이 다른 걸까? 전자가 '가치'라면 후자는 '가치'가 아닌가? 규칙은 지켜야 하지만 국제법은 지키지 않아도 되는가? 둘 다 규범임에는 의심의 여지가 없다. 그렇다면 어떤 규범이 선행하는가?

⑦블링컨이 해설한 규칙 기반 질서는 결국 서방의, 미국의, 리버럴의 질서이다.

푸틴이 오래전에 제기한 단극에서 다극으로의 이행은 국제정치 이론의 새로운 과제라고 할 만한 것이다. 여기에 대해 존 미어샤이머가 제시한 '공격적 현실주의'에 주목해야 한다. 미어샤이머는 전쟁 원인에서 국가 간 힘의 균형뿐 아니라 극성polarity도 강조했다. "전쟁의 주요 원인은 국제 체제의 구조에 있다. 가장 중요한 것은 강대국의 수와 각 강대국이 얼마나 큰 힘을 장악하고 있는지이다."[4]

균형과 극성을 기준으로 국제 체제를 나누면 네 개의 유형—불균형적 양극 체제, 균형적 양극 체제, 불균형적 다극 체제, 균형적 다극 체제—이 나온다. 하지만 불균형적 양극 체제는 현실에서 발생할 가능성이 거의 없으므로, 결국 세 유형이 남는다. 미어샤이머에 의하면 1792년부터 1990년까지 세 체제하 유럽에서 일어난 전쟁의 빈도는 아래의 표와 같다.[5]

	전쟁 횟수			전쟁 빈도			전쟁 치명도
	대전쟁	강대국 대 강대국 전쟁	강대국 대 약소국 전쟁	전체 기간 (년)	전쟁 지속 기간 (년)	전쟁 기간 비율 (%)	군인 사망자 (명)
균형 양극 체제 1945~1990	0	0	1	46	1	2.2	10,000
균형 다극 체제 1792~1793 1815~1902 1919~1938	0	5	9	109	20	18.3	1,200,000
불균형 다극 체제 1792~1815 1903~1918 1939~1945	3	1	5	44	35	79.5	27,000,000

유럽에서 일어난 전쟁, 1792~1990년

유럽에서는 1945년부터 1990년까지, 즉 냉전 기간 내내 큰 전쟁이 일어나지 않았다. 따라서 미어샤이머는 양극 체제가 평화적일 가능성이 가장 높고, 불균형적 다극 체제는 잔혹한 전쟁이 일어날 가능성이 가장 크며, 균형적 다극 체제는 전쟁과 평화의 중간 정도로 분석한다.[6]

하지만 여기에도 몇 가지 한계가 있다. 첫째, 미어샤이머도 인정했듯이[7] 균형적 양극 체제였던 냉전 시기에 구가한 유럽의 평화가 '극성' 때문인지 핵무기로 인한 '상호 확증 파괴Mutual Assured Destruction' 때문인지 확정하기 어렵다. 즉 핵무기를 사용할 경우 쌍방 모두 절멸한다는 공포로 인해 억지 효과가 발생한 것일 수도 있다. 둘째, 비유럽 세계에 냉전기가 평화로웠는지 묻는다면 아무도 동의하지 않을 것이다. 같은 시기에 유럽 바깥에서는 약 2000만 명의 인명 손실이 발생했다. 미어샤이머의 지정학은 기본적으로 유럽·대서양 중심의 사고이다. 동시기 제3세계의 고통에는 관심이 없다는 말이다.

균형과 극성을 기준으로 전쟁과 평화를 가늠하는 데에 분명한 한계가 있다는 점을 인정해야 한다. 그럼에도 미어샤이머의 국제 체제와 전쟁의 상관성 연구는 적지 않은 시사점을 제공한다. 왜냐하면 지금의 세계질서 변동이 단극에서 양극 혹은 다극 체제로 흐르고 있기 때문이다. 군사 부문으로 한정해서 보더라도 지금의 '체제 경쟁'은 단순히 미국 대 러시아의 경쟁이 아니다. 중국이 존재하기 때문이다. 여기에 관하여 푸틴의 책사로 불리는 카라가노프의 설명에 주목하자.

질문자: 제재가 더 엄격해지고 있다. 러시아는 중국에 더욱 의존하게 되지 않을까?

카라가노프: 여기엔 의문의 여지가 없다. 우리는 더욱 통합될 것이고 중국에 더 의존하게 될 것이다. 거기에는 긍정적인 요소도 있지만, 어쨌든 그렇게 될 것이다. 나는 일부 EU 국가가 미국의 바둑돌이 된 것처럼, 우리가 중국의 바둑돌이 되는 상황이 두렵지는 않다. 왜냐하면 첫째, 러시아는 주권이라는 핵심 유전자를 갖고 있다. 둘째, 우리는 문화적으로 중국과 다르다. 나는 중국이 우리를 취할 수 있다고 생각하지 않는다. 나는 러시아가 유럽과 더 좋은 관계를 맺는 방식을 선호했다. 하지만 중국은 우리의 밀접한 동맹이자 친구로서, 러시아 인민 다음가는 힘의 원천이다. 나는 유럽과의 대치가 끝나기를 바란다. 나의 셈법은 미래에 아시아 세계에서 더 효과적으로 경쟁하기 위해 안전한 서쪽 국경을 만드는 것이다.[8]

우크라이나전쟁의 결과가 어떻게 끝나든, 가장 유력한 미래의 경향은 미국이 주도하는 리버럴 단극 체제가 양극 내지 다극 체제로 이행하는 것이다. 이는 최소한 1989년 이래의 단극 체제가 지금의 형태로는 더 이상 지속될 수 없다는 말이기도 하다. 지난 30년간 지속된 단극 체제의 경제적 표현이 바로 '신자유주의 세계화'였다. 미국 헤게모니가 직면한 동요와 위기는 극도의 히스테리를 동반했고, 미국과 영국의 주류 언론은 진실이니 객관이니 국제법이니 하는 거추장스러운 외피를 내던지고 우크라이나 네오콘 대리전쟁으로 전방과 후방을 가리지 않고 총력 질주하는 일대 진풍경을 보이고 있다. 양극 체제의 안착을 위해 중국과 러시아는 과거처럼 양자 간 이데올로기 투쟁과 미국의 이간계에 휘말려 소련이 붕괴한 "20세기 지정학적 대사건"(푸틴의 표현이다)을 되풀이하지 않을 것이라는 말도 들린다. 두 번째 냉전은 이전과 다를 것이라는 말이다. 이 신냉전 양극 체제의 일방이 중국과 러시아의 반동맹이다. 하필이면 한반도는 이번에도 신냉전의 최전선이 되었다.

　유럽의 좌파들은 러시아가 중국에 의존하는 상황을 냉소한다. "미국의 우크라이나 대리전쟁이 베이징에 대한 러시아의 의존을 더욱 강제한 것 같다. 러시아는 중국에 서방과는 비교할 수 없을 정도로 헐값에 자원을 제공하고, 그 대가로 중국을 유라시아 전속專屬 동맹으로 확보했다. 이제 러시아는 이용 가능한 만큼 중국의 기술을 뽑아 쓸 수 있다. 이 동맹은 미국의 지정학 전략 이익에 배치된다. 하지만 이 동맹은 똑같이 긴밀하고, 똑같이 비대칭적인 미국·서유럽 동맹과 함께 등장할 것이다. 미국과 서유럽의 동맹은 독일을 통제하고 '유럽 주권'에 대한 프랑스의 갈망을 억제한다. 유럽이 미국에 제공하는 것은 러시아가 중국에 줄 수 있는 것을 능가한다. 또한 러시아는 중국에 제공하는 것보다 더 많은 것을 미국이 서유럽에서 패권을 강화한 결과로 얻게 될 것이다. 우크라이나에서의 대리전쟁은 곧 다가올 다음 신세계질서가—그것이 단극이든 양극이든—걸린 대중국 전투에 대비하여 글로벌 동맹을 구축하고 있는 미국에게 그래서 매력적이다."[9]

　미국이 우크라이나 대리전쟁을 통해 서유럽을 포함한 글로벌 동맹에서 얻을 이익이 중러 동맹에서 얻을 것보다 더 많다면 이 전쟁을 마다할 이유가 없다. 하지만 과연 정말로 그럴까?

카라가노프는 러시아의 대외 정책이 과거와는 다르다고 강조한다. 현재의 핵심은 '대유라시아 프로젝트'이다. 그리고 러시아는 지정학적 방향성을 동쪽과 남쪽에서 찾고 있다. 서방과의 관계를 굳이 피하진 않겠지만, 중요한 미래는 동과 남에 있다는 말이다. 특히 동진하는 과정에서 중국과 반동맹을 구축하여 과거 냉전 때처럼 서로를 적대하는 과오를 되풀이하지 않겠다고 한다. 그리고 이 신냉전에서 러시아가 승리할 것이라고 말한다. 우크라이나전쟁은 대유라시아 프레임워크라는 '빅픽처'의 걸림돌을 제거하는 과정으로 이해할 수 있다. 우크라이나는 미국이 건 싸움을 마다하지 않는 '신냉전의 대포밥'에 불과하다. 이 전쟁의 목표는 위협 제거와 억지다. 우크라이나에 필요한 만큼의 힘만을 투사하여 다시는 러시아의 미래를 위협하지 못하게 하겠다는 의도이다.

미국의 시사지 『하퍼스』에 흥미로운 기사가 실렸다. 요약하면 리버럴 국제주의—다른 말로 리버럴 제국주의—의 대전략인 무력외교armed diplomacy를 통해 패권을 유지한 미국의 세기가 끝났다는 것이다. 그러면서 대안 전략으로 자제restraint를 제안한다.[10]

1차 세계대전부터 2022년까지 이어진 미국의 세기 내내 수많은 사람이 목숨을 잃었다. 먼저 1914~45년에 인류는 두 번의 세계대전을 겪으며 1억 2000만 명이 사망했다. 냉전 시기 역시 결코 평화기가 아니었다. 이때도 2000만 명이 죽었다. 마지막 1990~2022년 미국 단극 체제 시기에는 테러와의 전쟁으로 약 600만 명이 목숨을 잃었다. 양차 세계대전은 미국 탓으로 돌릴 수 없으니 제외하더라도, 1945년부터 지금까지 죽은 약 2600만 명의 목숨은 주로 미국의 패권 유지 비용으로 지불되었다고 해도 틀리지 않다. 현재 우크라이나에서 매일 1000명 이상 발생하는 사상자 역시 이 비용에 포함시킬 수 있다.

1990년에는 전 세계 GDP의 총합에서 G7의 비중이 70퍼센트였는데, 2020년에는 31퍼센트로 축소되었다. 이 추세는 앞으로도 계속될 것이다. 현재 미국과 브릭스 5국이 전 세계 GDP에서 차지하는 비중은 똑같이 25퍼센트이다. 브릭스는 빠르게 몸집을 불리고 있으니 10년 안에 차이가 벌어질 것이다. 이란이 상하이협력기구 가입을 예고하면서 중국과 러시아에 이란이 결합하는 유라시아 판이 모습을 드러내고 있다. 앞으로의 상황을 견제하기 위해 바이든은 "만약 이란이 핵을 보유하려 한다면 미국은 전쟁을 선포할 것"이라고 위협했다.

서방과의 하이브리드전쟁은 러시아 외교의 새로운 도전을 의미한다. 러시아 국제문제위원회 드미트리 트레닌의 말을 들어보자. 먼저 냉전 종식 후 신서방의 일원이 되려고 서구와 비서구 사이에서 줄타기하던 러시아의 노력은 2014년에 사실상 좌절되었다. 이번 전쟁이 전면적인 하이브리드전쟁으로 전개되면서 러시아의 선택지는 서구와 단절, 아시아·서아시아·아프리카·남아메리카로 대대적 방향 전환을 예고하고 있다. 역사적으로 볼 때 러시아는 표트르 대제의 서구화 정책 아래에서 유럽식 사고방식과 제도를 차용하여 강대국이 되려 했다. 이후 소비에트 시기에는 글로벌 초강대국으로, 최근 러시아연방 시기에는 리스본에서 블라디보스토크를 연결하는 대유럽의 핵심 구성원이 되고자 노력했다. 하지만 현재 역사상 처음으로 집단서방 진영과 충돌하면서 이들과 정치적 단절이 완성되고 있다. 하이브리드전쟁의 결과에 집단서방과의 국제관계가 앞으로 어떤 규범을 따를 것인지가 달렸다고 할 수 있다. 하지만 당장 그것이 가능해 보이지는 않는다.

둘째, 역사적으로 러시아는 서유럽 산업의 자원 공급처이자 대륙의 '빵 바구니'였으며, 서유럽 제품과 기술의 주요 수입국이었다. 현재도 러시아 무역의 절반 이상을 EU가 차지한다. 특히 독일은 기계와 기술의 대러 수출국이자 1970년대 이후 러시아산 석유와 가스의 최대 수입국으로서 러시아와 유럽 경제의 중추를 이루었다. 하지만 이 관계도 사실상 종결되었다. 대러시아 경제 제재가 전쟁 이후에도 해제되지 않을 것이라는 전망이 우세하고, 특히 미국이 러시아의 해외 자산을 압류하면서 서방과 러시아 사이에 깊은 골이 생겼다.

셋째, 러시아의 문화 정체성은 유럽과 분리될 수 없다. 기독교, 고대 그리스와 로마의 유산, 프랑스의 계몽사상과 독일 철학, 유럽의 문학과 예술, 음악과 무용은 러시아 문화 형성에 강력한 자극이 되었다. 최근의 정치적 단절과 지경학적 변동에도 불구하고 러시아 문화는 확고하게 유럽적이다. 하지만 오늘날 서구의 문화적 풍경의 수많은 요소들은, 특히 개인적 자기표현을 압도적으로 숭배하고 갈수록 억압적으로 변하는 무절제의 자유주의와 가족 가치의 침식, 젠더 담론의 확산은 러시아의 보다 전통적인 문화 코드와 충돌한다. 말하자면 이제 러시아는 서방 너머에서 역사적 관성, 과거의 지경학적 우선순위, 유럽과의 문화적 친근성을 극복할 수 있다. 서방이 러시아를 고립시키고 종종 기피함에 따라 모스크바는 낡은 관습을 지우고 서유럽과 북미 바깥의 더 넓은 세계로 뻗어나가는 것 외에 다른 선택지가 없다. "대외 정책의 대개조overhaul의 필요성을 넘어 이를 진정으로 추구할 기회가 왔다. 냉전 종식 후 아시아, 중동, 아프리카, 남아메리카의 선도국들은 경제와 정치는 물론 기술과 군사에 이르는 모든 방면에서 대단히 성장했다." 따라서 러시아는 외교정책을 새로 수립해야 한다. 무엇보다 돌이킬 수 없을 만큼 망가진 서방과의 결속보다 비서구 국가들과의 관계에 우선순위를 부여해야 한다. 그래서 다극 체제의 신외교에서는 "인도네시아 대사가 로마 대사보다 더 명예스럽고, 타슈켄트가 빈보다 더 중요해져야 한다."[11]

다극 체제로의 평화적 이행은 가능한가?: 지정학의 귀환과 중러 전략협력 체제

> 잠재적으로 가장 위험한 시나리오는 중국과 러시아, 그리고 아마도 이란이 합세한 거대한 동맹이다. 이들은 이데올로기로 통합된 동맹이 아니라 상호 보완적인 불안감으로 결합한 반패권 동맹이다.[12]

과연 가장 위험한 시나리오는 실현되는 것일까? 대러시아 외교전이 벌어지고 있는 와중에 바이든 미국 대통령은 사우디아라비아와 이스라엘을 방문했다. 그러자 푸틴은 이란으로 가서 에르도안 튀르키예 대통령과 3국 정상회담을 열었다. 바이든은 사우디아라비아에서 망신살이 뻗쳤지만 러시아와 튀르키예, 이란 세 나라는 시리아 문제에 협력을 과시했다. '제재 중독 국가'인 미국은 러시아 제재는 물론 이란 제재에도 실패했다. 반면 러시아의 동진, 남진은 빠른 속도로 진행되고 있다. 우크라이나전쟁은 러시아의 '유라시아 프레임워크'라는 빅픽처 속에서 봐야 한다. 이란은 상하이협력기구와 브릭스 가입 의사를 밝히고 러시아와 전략적 협력을 강화하고 있다. 그러나 바이든의 네오콘 민주당이 장악한 미국은 출구가 보이지 않는다. 전쟁이 계속될수록 미국의 무기고도 비어간다. 믿기 어렵지만 말이다. 유럽은 가스와 기름 탱크마저 비었다.

브레진스키는 그저 그런 제국주의 지정학자이지만, 미국의 악몽만큼은 제대로 잘 짚었다. 러시아와 중국과 이란이 손잡은 반패권 유라시아 동맹이라는 지정학적 대전환은 현실이 되어가고 있다. 러시아 안에서 지금까지 부정적으로만 바라보았던 이란의 이미지가 실은 서방 언론의 프로파간다 때문이었다는 자성의 목소리도 들린다. 이슬라모포비아도 결국 루소포비아처럼 서방 주류 언론의 작품 아니냐는 말이다.

2022년 현재 미국 및 나토 진영과 중국 러시아의 유라시아 진영이 보유한 핵무기는 '공포의 균형'에 도달해 있다. 북한도 핵탄두 약 20기를 보유하고 있다. 이스라엘과 인도, 파키스탄을 제외하면 양대 진영이 핵무기를 쌍점하고 있다.

한 군사 평론가는 우크라이나전쟁의 경과를 평가하면서 누구나 제기할 만한 흥미로운 문제를 던졌다. "나토는 동일한 전장에서 러시아를 이길 수 있는가?" 이 평론가는 "확실히 아니다"라고 답하며 세 가지 이유를 들었다.

> 나토가 병력, 무기, 훈련, 보급, 지휘에서 러시아보다 우위에 있다는 근거가 전혀 없다. 또한 충분한 병력을 소집, 무장시킬 능력이 부족

영국
25기
프랑스
290기

이스라엘
90기

파키스탄
165기

인도
160기

러시아
5977기

중국
350기

북한
20기

미국
5428기

핵무기 보유 국가와 보유량, 2022년

하며, 러시아군을 상대로 전쟁을 지속할 능력도 없다.

마지막으로 러시아와 전쟁하기 위해 유럽에 미군을 집결시키는 바로 그 시도가 글로벌 제국과 그 제국의 방대한 해외 기지 네트워크의 해체로 귀결될 개연성이 매우 높다. 이로 인해 이미 진행 중인 다극 체제로의 이행이 가속될 것이다.[13]

평론가는 우크라이나전쟁에서 러시아군은 빠르게 전투에 단련되고 신속히 전황에 적응하는 전투병으로 진화하고 있다고 설명했다. 반면 미군은 2차 세계대전 이래 러시아군처럼 강력한 군대를 상대한 적이 없다. 많은 사람이 미군은 전투에 단련된 강군이라고 믿지만 현재 수천에 달하는 미군 전투부대 가운데 오직 일부만 '전투'라고 할 만한 것을 경험했다. 게다가 그 어느 부대도 현재 우크라이나에서 벌어지고 있는 고강도 전쟁은 본 적도 없다.

미군의 군사적 우위를 의심하지 않는 이들은 미국의 압도적인 공군력이 러시아의 군사 능력을 며칠 안에, 길어야 수주면 황폐화시킬 것이라고 말한다. 하지만 이 평론가는 "반대로 러시아가 가진 최고 수준의 방공망이 미국과 나토의 공습 시도를 갈가리 조각낼 것이다. 전쟁은 놀라운 학살극으로 전개될 것이며, 개전 후 48시간 동안 벌어진 일을 목격한 똑똑한 두뇌들은 적대 행위의 즉각 중단을 요청할 것이다." 또한 사람들은 미군의 기지가 전 세계 750개 이상의 지역에 흩어져 있다는 사실을 간과한다. 이 말은 미군이 러시아군을 상대하기 위해 충분한 병력을 모으기 위해서는 전 세계 주요 기지를 거의 전부 소개해야 한다는 뜻이다. 일본, 한국, 괌, 시리아, 튀르키예, 그리고 다수의 아프리카 국가에 있는 기지가 사

라진다면, 이로 인한 거대한 힘의 진공이 적대 세력에게 견디기 힘든 유혹을 야기할지도 모른다.[14]

　귀화한 러시아계 미국인인 안드레이 마르티아노프는 국제적으로 상당한 반향을 일으킨 『군사적 우위의 상실: 미국 전략 수립의 근시안Losing Military Supremacy: The Myopia of American Strategic Planning』이란 책에서 이렇게 질문한다. 세계 최강의 군사력을 보유한, 일상이 전쟁이 되어버린 전쟁국가 미국. 그런데 진짜 미국은 얼마나 강할까? 미국이 전쟁에서 마지막으로 승리한 때가 언제였지? 2차 세계대전이다. 그러니까 미국이 최강이라는 자부심은 근거 없는 오만이라는 것이 저자의 핵심 논지이다. 그렇다면 미국은 왜 세계 최강이 아닌가? 도대체 어디에서 이런 신화가 만들어졌을까? 마르티아노프는 미국의 정책 입안자와 군사 전략가들, 특히 '군대도 안 가 본' 네오콘이 이 신화에 열광하는 과정을 분석한다.

　그는 마이클 허드슨의 논리를 가져와 '미국 경제의 탈산업화'를 미군이 최강이 아닌 근거로 제시한다. 21세기에 미국은 자신의 산업 기반을 중국으로 옮겼다. 그 결과 미국에는 유사시에 사용할 총알과 포탄 재고가 턱없이 모자란다. 다음으로 러시아의 군사 기술을 포함한 국방 개혁이 그 이유이다. 2018년 3월 1일 러시아 의회 연설에서 푸틴은 이렇게 말했다. "미국이 탄도탄요격미사일 제한 협정에서 일방 탈퇴한 2002년 이후 우리는 집중적으로 장비 및 무기 개발을 위해 노력했다. 그 결과 우리는 새로운 전략무기에서 돌파구를 찾았다." 2002년 이후 15년에 걸쳐 러시아가 재무장했다는 말이다.

　이 시기에 이룬 성과물이 사르마트Sarmat 대륙간탄도미사일이다. 이 미사일의 파괴력은 영국을 바다 밑으로 가라앉힐 정도이고 사거리는 무제한이다. 마르티노프는 "이로써 미러 간의 미사일 기술 격차는 그저 격차gap가 아니라 심연abyss"이라고 표현했다. 이에 더해 러시아는 극초음속hypersonic 무기를 다수 보유하고 있다. 마하20 이상의 아방가르드와 킨잘, 마하8 이상의 대함 미사일 치르콘과 신형 핵잠수함을 실전 배치했다. 여기에 현존 최고의 방공 시스템 S500을 갖추고 있다.

마르티아노프는 2차 세계대전 시기에나 통했던 미국의 낡은 항모 중심주의를 비판한다.[15] 이는 우크라이나가 나토와 미국의 전투 교범에 따라 수도 중심주의에 매몰되었다는 자크 보 대령의 지적과도 맥이 통하는 얘기다. 때만 되면 한국의 동해로 항모를 보내는 미국의 낡은 관행으로 급속한 무기 공학과 전쟁 기술의 발전을 언제까지 제압할 수 있을지 우리도 자문해야 한다.

다극 체제의 출현은 단순히 신무기 한두 개 때문에 일어나지 않는다. 그 배경에는 훨씬 더 오래된—대개 우리가 인식하지 못했던—'의도'와 '전략'의 투사가 있다. 그래서 이것은 일시적 국면이 아니라 장기적이고 구조적인 변화이다.

21세기의 전략적 아둔함이라고밖에 묘사할 길이 없다. 미국은 동등하고 상호 이익이 될 관계에 기반해 러시아와 동맹을 맺을 역사적 기회를 놓쳤다. 이제 그 기회는 사라졌다. 1990년대부터 미국은 앵글로색슨의, 그리고 이제는 네오콘의 지정학적 계산법에 따라 오만과 협박, 모욕과 무시로 러시아를 압박하는 치명적 원죄를 저질렀다. 즉 러시아와 중국이 손을 잡도록 압박했고, 그러면서 동시에 중국에 모든 경제 수단을 제공해 세계 최대의 경제 대국으로 만들었다. 오늘날 미국은 핵과 산업 부문의 초강국 두 나라를 상대하고 있다. 그중 하나는 세계 최고 수준의 군사력을 보유하고 있다. 만약 러시아와 중국의 관계가 단순한 경제 동맹을 넘어 군사적·정치적 동맹으로 공식화된다면, 이는 글로벌 강국으로서 미국의 종말을 뜻하는 일이 될 것이다.[16]

2022년 8월 낸시 펠로시 미국 연방하원 의장의 타이완 방문을 둘러싼 위기 국면에서 중국은 백악관에 "군사적 대응을 배제하지 않을 것"이라고 통보했다. 그러자 미국은 항공모함을 타이완해협으로 보냈다. 그런데 러시아의 극초음속 대함 미사일 치르콘은 해전의 역사를 다시 쓸 수 있다. 항해 금지 구역을 무력으로 관철시킬 수 있기 때문이다. 미군은 극초음속 미사일뿐 아니라 그것을 방어할 수단이 없다. 반면 러시아뿐 아니라 중국도 이 미사일은 보유하고 있다. 다시 말해 바다 위의 적 항모를 하이퍼소닉으로 무력화시킬 수 있다.

타이완 위기를 전후해 세계는 미국 혹은 '집단서방' 대 중국과 러시아의 반동맹 또는 '전략적 협력' 간의 전략적 경쟁 단계로 좀 더 빠르게 이행하고 있다. 그래서 미국의 규칙 기반 단극적 리버럴 세계질서와 중러의 국제법 기반 다극적 비자유주의 세계질서 사이에서 최소한 20년은 긴장이 이어질 것이라는 예측도 있다.

여기에 얽힌 문제는 '단극에서 다극으로 평화적 이행이 가능한가?'이다. 20세기 내내 인류가 골머리를 앓은 '현상Stutus quo의 평화적 변경' 말이다. 현재로선 그 가능성이 잘 보이지 않는다. 앞으로 지구는 최소 20년 이상 지속될 전쟁의 시기로 접어들 수도 있다. '멋진 신세계'가 언제 올지 모르지만, 이것이 자리를 잡을 때까지 세계의 전쟁은 사라지지 않을 듯싶다. 우크라이나전쟁이 끝나도 미국은 전쟁을 끝내지 않을 것이다.

9·11 이후 20년간 이른바 테러와의 전쟁으로 580만~600만 명이 사망했다. 미국 브라운대학이 진행한 '전비Costs of War 프로젝트'의 사망자 수 추산은 100만 명 수준인데, 이 자료는 유엔의 공식 집계, 그러니까 '직접 사망'만 보수적으로 센 것이다. 이에 반해 '간접 사망'은 전쟁이 초래한 질병과 피난, 식량난 및 식수난으로 인한 사망자를 합산한다. 나라별 사망자 수는 시리아 255만 명, 리비아 137만 명, 이라크 138~153만 명, 아프가니스탄 88만 명, 예멘 56만 명, 파키스탄 34만 명이다.[17]

시디타 쿠시와 모니카 더피 토프트는 1776년(미국 건국)부터 2019년까지 243년간 미국이 해외에 군사 개입한 사례를 연구했다.[18] 그 수는 총 392회였고, 그중 절반은 1950년 이후에 일어났다. 또한 약 4분의 1은 이른바 탈냉전 시기인 1991년 이후의 일이다. 지역별로 남아메리카와 카리브해 국가로 34퍼센트, 동아시아와 태평양 지역으로 23퍼센트, 중동과 북아프리카로 14퍼센트였으며 유럽은 13퍼센트였다.

> 2000년 이후 미국은 레벨4(군사력 사용) 또는 레벨5(전쟁)에 해당하는 군사 개입을 30차례 실시했다. 탈냉전기에는 미국의 핵심 국익을 방어하기 위한 강대국 간의 분쟁이 감소했지만 미국의 군사 개입자체는 높은 비율로 유지되며 더 높은 수준의 적대 행위가 지속되었

다. 상대적 평화 시기, 미국 본토와 안보에 거의 아무런 위협이 없던 기간에도 군사주의 패턴은 지속되고 있었다.[19]

결국 현재의 안보 환경과 '워싱턴 정치 머신의 관성inertia'으로 볼 때, 중동과 북아프리카 및 사하라 이남 아프리카에 대한 미국의 개입은 계속 증가할 것으로 예상된다.

단극에서 다극으로의 평화적인 시스템 변경이 가능할까라는 운명적 질문에 대하여, 미국 외교에 어떤 선택지가 남아 있을까?

① 잠재적인 유라시아 동맹국(중국, 러시아, 인도, 이란 등)에 대한 이간계를 펼쳐서 동맹할 여지가 없을 정도로 충분한 적대와 대립을 심는다.
② 현재 미국의 핵심 국방 독트린을 '두 개 전선 회피'에서 '둘 이상의 동시 전쟁 가능'으로 변경한다.
③ 화해와 협력을 통한 평화 공존을 모색한다.

미국 네오콘은 ①안보다 ②안으로 갈 가능성이 크다. 미국 국방부는 이미 이 작업에 착수한 상태이다. 현재 양 진영의 핵전력은 양적으로 비등한 수준이지만, 중러가 개발한 극초음속 무기를 고려하면 미국이 우세하다고 말하기 어렵다. 따라서 미국은 동맹을 더욱 강화하고, 무한 핵군비 경쟁을 통해 핵무기 보유량을 대폭 늘릴 수밖에 없다. 하지만 향후 10년 안에 중국의 경제력이 미국을 추월할 것으로 예상되는 상황에서, 미국이 달러 패권을 현재 상태로 유지하기는 어려워 보인다. 국제사회에서 미국의 통제력도 빠르게 약화될 것으로 예상된다.

　미국의 군사 개입이 앞선 탈냉전기에도 지속적으로 확장되었다고 할 때, 현재의 글로벌 군사안보 조건은 이를 더욱 가속할 것이다. 핵전쟁까지는 아니라 하더라도, 이에 준하는 중강도 및 저강도 전쟁과 그 위협의 일상화가 체제 전환기 지구의 모습이 될 것이다.

미국의 대전략: 글로벌 나토와 동맹 궁핍화

마드리드 나토 정상회의를 기해 드디어 나토의 신전략인 '나토 전략 개념 2022'가 발표되었다. 나토는 말 그대로 북대서양조약기구다. 그래서 나토의 전략은 조약 제5조에 명시된 것처럼 북대서양 지역에 한정되었다. 하지만 이제는 아니다. 이번 신개념은 강력하고 독립된 우크라이나가 "유럽과 대서양 안보의 생사여탈적vital 요소"라고 했다. 나아가 이 문서는 '루소포비아 선언문'이라고 부를 수 있을 정도로 러시아에 대한 공포와 적개심이 묻어 있다. 러시아 연방은 "유럽과 대서양 지역 동맹의 안보와 평화, 안정에 가장 심각하고 직접적인 위협"으로 규정되었다.

　조약의 이름은 '북대서양'으로 한정되는데 신전략 개념은 그 범위가 슬그머니 '유럽과 대서양 지역'으로 확장되어 있다. 그리고 중국의 "체제 변경 도전systemic challenges" 위협을 강조한다. 더군다나 중러 양국의 전략적 협력 강화로 인해―입만 열면 등장하는―'규칙 기반 국제질서'가 위험에 처했다고 한다. 이제 이번 신전략을 나토판 '신냉전' 선언이라 할 만하다. 나토는 좁은 유럽을 벗어나 글로벌 군사동맹을 선언한 셈이다. 인구로 보면 서구 대 비서구는 각각 12퍼센트와 88퍼센트를 차지한다. 서구와 브릭스의 인구는 7억 8000만 명 대 32억 명이다. 핵을 포함한 군사력은 우열을 가리기 어렵고, 경제력은 아직 전자가 크지만 10년 안에 뒤집힐 것이다. 브릭스의 성장 속도가 더욱 빨라지는 가운데 이란과 아르헨티나에 이어 인도네시아와 이집트도 가입을 신청할 것으로 보인다.

앞으로 세계는 서방(한국 포함) 대 브릭스와 글로벌사우스로 블록화될 가능성이 높다. 물론 상당수의 국가는 둘 사이의 완충지대에 남으려 할 것이다. 양대 블록의 관계가 안정될 때까지 상당한 진통이 예상된다. 이것은 또한 리버럴과 콜로니얼 대 포스트리버럴과 포스트콜로니얼 블록 사이의 분계다.

2022년 6월 24일 폼페이오 전 국무장관이 허드슨재단에서 흥미로운 연설을 했다. 이른바 '자유를 위한 세 개의 등대론'이다. 여기에서 세 등대는 우크라이나와 이스라엘, 타이완을 말한다. 이들 나라가 전 세계 자유국가의 동맹을 연결하고 각 회원국의 역량을 강화시킬 수 있다. 그리고 세 요새를 나토에 연결하면 새로운 안보의 허브hub가 될 수 있다고 말했다. 이어서 꽤 적극적인 주문이 등장한다. "우리는 중국이 이끌고 러시아가 결합하는 범유라시아 대구조물colossus의 등장을 저지해야 한다. 이를 위해 나토를 강화해야만 한다. 미국은 인도·태평양에서 일본, 호주, 인도에 더해 한국과 영국, 프랑스를 통합하기 위해 4자 안보 대화를 확대해야 한다. 오커스AUKUS(미국·영국·호주 세 나라가 모여 2021년 9월 15일 공식 출범한 외교안보 협의체)는 이 확대된 안보 동맹 속으로 들어가야 한다."[20]

폼페이오의 연설은 미국 외교안보 네오콘의 광범위한 공감대가 단지 민주당 내부에 한정된 것이 아님을 잘 보여준다. 또한 나토 정상회담을 통해 정식 선언된 신냉전의 주전장이 우크라이나, 이스라엘, 타이완이라고 가리켰다.

신개념을 실현하려면 나토군의 증강이 필요하다. 아래의 글은 그 수를 10만 명으로 역설하고 있다.

더 이상 폴란드와 발틱 국가에 배치된 전투 병력에만 의존할 수 없다. 나토의 상비 억지력 개선은 동유럽의 군사기지를 필요로 하는데, 이것은 1997년 탈냉전의 질서 속에서 체결했지만 이제 러시아가 파괴한 나토·러시아 기본조약을 포기하는 일이다. (중략) 덧붙여 러시아를 견제하기 위해 나토 대응군을 현재의 4만 명에서 적어도 10만 명으로 증강할 필요가 있다. 나토의 대비는 러시아의 침략과 중국의 부상을 분리할 수 없다. 미국 군사자원이 아시아 방면으로 이동함에 따라 유럽 대륙을 방어할 책임이 유럽 동맹국에게 주어졌다. 유럽 동맹국은 신뢰할 만한 지휘 구조, 전략적 공중 지원, 그리고 특히 핵우산과 관련해서 향후에도 미국에 계속 의존하게 될 것이다.[21]

미국 조지타운대학의 찰스 쿱찬 교수는 『뉴욕타임스』 칼럼에 흥미로운 입장을 개진했다. 그는 이른바 미국 국제정치학의 리얼리스트 학파 계열이다. 그의 관점에서 나토의 동진과 러시아를 배제한 포스트냉전 안보를 구축한 것이 미국 외교의 치명적인 실수였다. 그는 우크라이나전쟁을 분수령으로, 과거 미소 냉전 때보다도 더 벅찬 중러 블록의 탄생을 예고했다. 하지만 이 블록은 러시아가 중국을 더 필요로 한다. 바로 이것이 약점이니, 미국은 무슨

수를 써서든 중국과 러시아를 분리시켜야 한다. 미국이 글로벌 균형자가 되어서 러시아를 당분간 '페널티박스penalty box'에 묶어두되, 이제라도 중국과 더 이상 가까워지지 않도록 해야 한다.[22]

미국 무기대여법의 부활은 우크라이나전쟁의 진정한 의도가 무엇인지 묻게 만들었다. 무기대여법의 엄청난 위력을 보면 현재는 영구 전쟁 시대로 보지 않을 수 없다. 미국이 원한 것은 처음부터 우크라이나전쟁의 확산과 지속이었다. 리버럴과 네오콘의 연정인 바이든 정권은 전쟁을 원한다. 바이든의 결재 없이 젤렌스키가 평화협정에 서명할 수 있을까? 아직까지 미국은 이 전쟁이 자신에게 유리하다. 무기를 팔고, 러시아의 가스 대신 미국의 가스를 팔고, 농산물도 팔고, 게다가 영국과 독일, 프랑스를 비롯한 EU 소속 미국의 '위성국'들을 제대로 줄 세울 수 있기 때문이다. 게다가 미군은 단 한 명도 죽을 일이 없다.

미국의 진정한 의도는 무엇일까? 랜드 보고서에 나온 것처럼 과잉 확장을 유도해 러시아를 약화시키는 것이라면 앞으로 러시아가 어떻게 대응할지 지켜볼 일이다. 소련 붕괴 직전에 미국의 역사가 폴 케네디는 제국 흥망의 이유를 제국적 과잉 팽창overstretch이라고 요결했다. 흥미롭게도 랜드연구소와 폴 케네디는 서로 다른 대상을 놓고 비슷한 처방을 내린 셈이다. 러시아의 '과잉 확장' 대 미국의 '과잉 팽창' 말이다.

글로벌 나토는 미국이 말하는 '안보 불가분성', 즉 유럽·대서양의 안보와 인도·태평양의 그것이 불가분이기 때문에 나토의 관할권을 인도·태평양까지 확장한다. 여기에서 또 하나 언급해야 할 것이 '신근린 궁핍화new beggar-thy-neighbor 전략' 혹은 '동맹 궁핍화 전략'이다. 미국은 러시아 경제 제재, 즉 경제전쟁을 통해 사실상 신근린 궁핍화 전략—이 이름은 내가 붙인 것이다—을 취하고 있다. 여기에 대해 살펴보자.

미국의 대러시아 경제전쟁[23]은 주로 다음의 세 가지 전술에 입각해 전개되었다. 첫째, 러시아를 국제 결제망 스위프트에서 배제했다. 그러자 러시아는 중국 결제망을 활용하는 방식으로 응전했다. 나아가 상하이협력기구와 브릭스플러스, 그리고 기존의 유라시아 네트워크를 활용하여 새로운 국제 결제통화를 구축하려 하고 있다. 둘째, 러시아의 해외 자산—미국 은행 예치금과 금융 자산 등—을 압류했다. 그러자 러시아 경제는 자국 내 미국과 유럽의 투자기업을 덤핑 가격으로 인수했다. 셋째, 미국의 위성국인 EU 회원국들이 대러 무역을 차단했다. 그 결과 러시아는 서방으로부터의 수입이 격감한 반면 석유와 가스, 식량 등의 해외 수출이 급증했다. 이는 루블화 폭등을 불렀다. 또한 러시아는 유럽산 수입품을 대체할 산업에 대규모로 투자했는데, 이것은 유럽의 수출 기업들이 러시아 시장을 상실했음을 의미한다. 동시에 미국은 자신들이 수입하는 유럽 상품에 '트럼프 관세'를 계속 적용하여 유럽의 산업을 위축시켰다.[24]

현재까지 미국이 구사한 대러 경제전의 세 가지 전술은 러시아를 굴복시킬 만큼 효과적이지는 않았던 것으로 보인다. "미국 군산복합체가 전쟁에서 거둔 이익이 유로화와 영국 파운드화의 가치를 끌어내렸다. 이것이 다시 EU 국가들의 에너지와 식량 부문 적자를 증가시켰다. 결국 유로화와 파운드화의 달러 환율은 곤두박질쳤다. 유로화의 가치는 현재 달러와 거의 1 대 1 수준(약 1.07

달러)에 도달했다. 이는 유럽의 심각한 물가 상승을 의미한다."[25]
러시아 제재의 '부수적 피해'는 특히 독일 경제에 항복을 요구[26]하
는 형태로까지 나타났다. 경기 침체와 고물가, 생활 수준의 하락이
잇따를 게 분명하다. 가스 공급 감축으로 인해 독일의 화학산업은
비료 생산을 중단했고 자동차산업[27] 역시 생산량을 줄였다.

유럽의 경제 손실은 곧 미국의 폭리를 의미한다. 미국은 자국의
비싼 에너지를 더 많이 판매하여 막대한 이윤을 거두어들이고 있
다. 이 에너지는 대부분 미국 기업이 소유·유통하고 있고 일부 영
국과 프랑스의 석유 회사들도 연관되어 있다. 유럽이 우크라이나
에 제공할 무기를 미국의 군산복합체에서 구매하면서 여기에서도
이윤이 폭증했다. 그러나 미국은 자국의 경제적 이익을 이 사건의
최대 피해자인 유럽으로 돌려보내지 않고 있다.

실제로 2022년 미국의 비석유 부문 무역 적자는 1300억 달러에
달하지만 석유 부문은 적자가 없다. 반면 EU의 경우 2022년 6월
기준 비에너지 부문의 무역 적자는 급감했지만 에너지 부문의 적
자가 400억 유로를 훨씬 상회하면서 전체적으로 대규모의 무역 적
자를 떠안았다. 이와 연동하여 미국 달러화는 2022년 9월 말 기준
1월과 대비하여 22퍼센트 이상 급등한 반면, '동맹국'의 화폐 가치
는 급락했다. 캐나다달러가 8퍼센트, 호주달러는 12퍼센트, 유로
화는 18퍼센트 하락했으며, 파운드화와 엔화는 각각 22퍼센트, 23
퍼센트씩 추세했다.

미국의 냉전 II '비용 분담'에도 불구하고 유럽 경제는 미국 경제
의 부속물이 되었고 유로화는 달러의 위성통화가 되었다. 러시아
를 상대로 구축한 신베를린장벽은 결국 유럽 경제의 대미 종속을

뜻한다. 대러 제재는 결과적으로, 그리고 중장기적으로 대EU 제재가 되고 말았다. 기존의 대미 군사적·정치적 종속에 경제적 종속까지 더해졌고, 이제 나토는 '사실상의 유럽 통치 기구'가 되었다.[28]

앞에서도 언급한 바, 랜드연구소는 비밀문서 「독일 약화와 미국 강화」는 가짜라고 주장했다. 하지만 그 진위는 영원히 밝혀지지 않을지 모른다. 두 가지 가능성 다 열려 있다. 만약 가짜라면, 이 시나리오는 독일의 국내 정치와 유럽의 지정학·지경학 속사정에 정통한 전문가가 작성한 '체제 약화' 도상훈련의 교재일 것이다. 그런데 만에 하나 이것이 진짜라면 그 용도는 내가 말한 미국의 '동맹 궁핍화 전략'의 생생한 실례로 볼 수 있다.

이 문서는 두 가지 전제에서 출발한다. 첫째는 현재 미국의 경제는 외부의 재정·실물 지원 없이는 기능할 수 없다는 점이다. 둘째는 "경제 상황의 지속적인 악화로 말미암아 2022년 11월의 상하 양원 선거에서 민주당이 의석을 상실할 가능성이 매우 높다. 이 상황에서 대통령 탄핵만큼은 어떤 대가를 치르더라도 반드시 막아야 한다." 두 전제 모두 미국의 정치경제적 사정이다. "특히 미국의 은행 시스템에 신속하게 재원을 투입해야 하는데" 이를 위해 "EU와 나토 공약에 묶여 있는 유럽 국가는 군사적·정치적 추가 비용 없이 이 재원을 제공할 것"이다. 그런데 여기에 방해 요인이 있다. 바로 독일의 독립성이 증대되는 것이다. 독일과 EU의 경제적 취약성으로 인해 "독일이 통제된 경제 위기를 경험한다면 유럽에서 미국으로 돈이 더욱 빠르게 흘러갈 것이다. EU의 경제는 독일 경제에 의존하며 그밖의 다른 대안은 없다."

현재 독일의 경제 모델은 두 개의 축에 기반한다. 하나는 값싼 러시아의 에너지 자원이고, 다른 하나는 원자력 발전으로 만든 값싼 프랑스 전기에 대한 무제한적 접근이다. 둘 가운데 첫째 요인이 훨씬 더 중요하다. 그런데 러시아 에너지의 공급이 중단되면 독일 경제를 넘어 전 EU의 경제가 파괴되는 체제적 위기가 올 것이다. 체제적 위기를 조장하기 위한 러시아 에너지의 공급 축소—더 나아가 공급 중단—는 독일 산업에 재앙을 불러온다. 겨울철에 주거와 공공시설에서 사용하는 막대한 양의 러시아산 가스를 제대로 대체하지 못하면 공급 부족은 더 악화될 것이다. 제조업체의 록다운은 부품과 대체 부품의 품귀를 야기하고 물류망의 붕괴를 초래하며, 궁극적으로 도미노 효과를 낳는다. 러시아 에너지를 대체할 방법을 찾지 못하는 동안 화학, 제철, 기계, 플랜트 부문에서 거대한 조업 중단이 예상된다. 이 과정이 확산되고 고조되면 곧 기업이 도산한다.

앞으로 수년간 독일 경제의 누적 손실은 2000~3000억 유로에 달할 것이다. 이로 인해 독일 경제의 파멸뿐 아니라 EU 전체의 붕괴 역시 불가피하다. 잠깐의 성장 둔화가 아니라 지속적인 불황이 예상되며 향후 5~6년간 GDP가 매년 3~4퍼센트씩 줄어들 것이다. 경기 후퇴로 금융시장의 패닉은 필연적이고, 아예 붕괴할 수도 있다. 즉 유럽 금융시장의 붕괴와 유로화의 추락, 이로 인한 대량 매각 사태가 목표다. "유로화는 불가피하게 그리고 불가역적으로 달러화 밑으로 추락한다." 장기 불황의 또 다른 불가피한 결과는 "생활수준의 급격한 하락과 실업 증가(독일에서만 20~40만 명이 일자리를 잃는다)인데, 숙련 노동자와 고등교육을 받은 청년의 엑소

더스를 유발할 것이다. 그러나 오늘날 이들에게 주어진 이민 선택
지는 미국뿐이다."

이 시나리오를 통해 미국은 직간접적으로 국가 재정을 강화하
고, 단기적으로는 불황 추세를 역전시키고, 추가적으로 미국 사회
를 강화할 것이라고 예상한다. 이는 선거 리스크를 감소시킬 것이
다. 4~5년의 중기적 전망에서 보자면 물류의 방향을 바꾸고 핵심
산업 분야의 불필요한 경쟁을 줄인다. 이를 통한 누적 이익은 7~9
조 달러에 달할 것이며, 부수적으로 유럽의 대미 정치적 종속을 심
화하면 유럽의 대중 접근도 차단할 수 있을 것이다.[29] 이보다 더
생생한 동맹 궁핍화 시나리오가 있는지 나로선 의문이다.

다극 체제와 글로벌사우스

우크라이나전쟁과 뒤를 이은 식량 및 에너지 가격 폭등으로 글로
벌사우스에서는 사회적 불안이 확산되고 있다.[30] 전쟁이 장기화되
면 사회 불안이 정치적 불안으로 옮겨갈 가능성도 배제할 수 없다.
반면 이 전쟁으로 인해 글로벌사우스에서 러시아가 고립되고 있다
는 징후는 거의 보이지 않는다. 왜 서방의 러시아 고립 전략은 큰 효
과를 얻지 못하는 것일까? 우크라이나전쟁에 대한 국제사회의 반
응을 보면 과거 제3세계, 비동맹국, 개도국, 빈곤국 등으로 불리던
글로벌사우스에서는 미국에 대한 지지가 강하지 않다. 또한 이 전
쟁에 대한 아랍 지역의 정서는 서방과 꽤 동떨어져 있다. 예컨대 이
지역에서는 우크라이나전쟁의 원인이 바이든에게 있다고 지목하
는 이들이 13퍼센트, 나토라고 지목한 이들이 24퍼센트인 반면 러

시아를 지목한 이들은 16퍼센트이다(그 밖에 우크라이나 6퍼센트, 모름이 42퍼센트).

트리타 파르시 미국 퀸시연구소 부소장의 글을 보면 그 이유를 알 수 있다. 그 내용을 요약하면 다음과 같다.

① 젤렌스키 말은 이들에게 별 소구력이 없다.

② 우크라이나 난민에 심정적으로 동조하지만, 서방이 말하는 소위 '규칙 기반 질서'는 이들에게 위선일 뿐이다. 지금까지 국제규칙을 가장 많이 어긴 게 바로 서방이기 때문이다.

③ 따라서 러시아 제재에 동조할 이유가 없다.

④ 아랍의 산유국은, 특히 사우디아라비아와 아랍에미레이트연합은 석유 증산에 동의할 필요를 못 느낀다. 오히려 UAE 외교장관은 러시아를 방문해 양국의 결속을 다졌다. 사우디는 더하다.

⑤ 브라질, 멕시코, 남아프리카공화국, 에티오피아, 인도는 러시아 제재를 거부했다. 인도의 친러시아 행보는 러시아가 냉전 시기에 카슈미르 분쟁에서 인도 편을 든 때로 거슬러 올라간다.

⑥ 러시아가 수출한 무기의 18퍼센트는 아프리카로 간다. 러시아와 우크라이나에서 생산하는 밀과 비료에 대한 의존도는 더 높다.

⑦ 우크라이나전쟁의 목적이 '규칙 기반 질서'를 구제하는 데 있다는 설명이 이 나라들에게는 그저 미국의 위선에 불과하다. 그런 사례는 아주 많다.

⑧ 나토 역시 북아프리카에서 저지른 행동으로 인해 신뢰할 수 없다.

⑨ 다극 체제의 출범은 미국 일방주의, 모험주의, 개입주의에 대항할 균형추라 할 수 있다. '약간의 보호 수단a degree of protection'으로도

이해할 수 있다.

⑩ 우크라이나전쟁은 그저 유럽의 문제일 뿐이다. 글로벌사우스에서 이 전쟁은 우선순위가 아니다.

이들이 우크라이나전쟁에서 미국 편에 서지 않는 이유는 지난 수십 년간 미국이 펼친 외교의 결과이다. 요컨대 글로벌사우스는 현재와 같은 미국 단극 체제보다 다극 체제에서 좀 더 나은 가능성을 본다는 말이다.[31]

인도는 과거와 비교해 50배 이상의 러시아산 석유를 수입하고 있다. 그 밖에도 인도에서 이란을 거쳐 러시아로 가는 남북경제회랑NSTC을 재가동하고 위안화를 포함한 탈달러 체제로의 이행에 개입·동조하고 있다. 그 이유는 다극 리더십의 세계가, 특히 다극의 경제금융 구조가 인도를 비롯한 개도국에 더 평등하고 공정하며 정의로운 방향으로 개혁될 가능성이 크다고 보기 때문이다. 미국이 러시아를 겨냥해 한 일처럼 달러를 무기화하여 개도국에 개입하면 이 나라들의 전략적 자율성은 더욱 약화될 것이다. "인도의 대전략 관점에서 보면 유라시아에서 러시아, 이란과 함께 제3의 영향력 축을 만들어내는 것은 전 세계 모든 나라에 최대한의 전략적 자율성을 제공하는 복합적 다극 체제로 이행하는 과정에서 현재의 교착을 돌파하는 작업의 절반일 뿐이다."[32]

우크라이나전쟁으로 조성된 국제역학에서 인도의 선택은 매우 중요하다. 인도는 글로벌사우스에서 일정한 대표성을 주장할 위치에 있으며, 전통적으로 러시아와는 친교를 맺고 중국과는 경쟁을 지속하며 미국과도 '무시할 수 없을 만큼의 관계'를 유지하고 있기 때문이다. 인도의 대표적인 지정학 이론가 산자야 바루는 현재의 미중 경쟁은 비대칭적으로 신세계질서를 형상화하고 있다고 설명한다. 여기에서 중소 규모의 국가는 두 최강국 사이에서 균형을 추구하며 전략적 자율성을 극대화하여 국익을 확보할 수 있다. 그렇다면 러시아와 인도 같은 상대적 강국의 경우는 어떨까?

산자야 바루는 인도가 러시아의 특수 군사작전 이후 파트너의 잠재적인 대중 불비례 의존을 방지하기 위해 서방과 동방의 압력을 조절하는 밸브valve를 자임할 것이라고 예상한다. 인도가 새로운 국제사회의 조건에서 러시아의 전략적 자율성을 보존하게 만드는 데에 결정적으로 개입할 것이라는 설명이다.[33] 그 근거로 러시아의 적극적인 글로벌사우스 접근도 제시한다.

> 모스크바의 전략은 극초음속 무기로 키예프를 황무지로 만드는 일—최소한 6개월 전부터 언제든지 실행할 수 있었다—보다 훨씬 정교하다. 모스크바는 글로벌사우스 전체를 향해 세계 체제가 우리 눈앞에서 어떻게 변하고 있는지 설명한다. 미래의 핵심은 상하이협력기구, 유라시아경제연합, 브릭스플러스, 대유라시아파트너십 등에 있다고 설명하는 것이다. (중략) 오늘날 드넓은 글로벌사우스—세계 인구의 85퍼센트—가 느리지만 확실하게 금융자본가를 국경 밖으로 몰아내고 있으며, 궁극적으로 이들을 무너뜨릴 태세를 갖추고 있다. 비록 여러 번의 좌절을 겪을 고통스러운 전투를 치러야 하지만 말이다.[34]

글로벌사우스에게는 러시아의 석유도 작지 않은 유인이다. 러시아는 전략적 파트너인 중국과 인도는 말할 것도 없고 모든 글로벌사우스 국가에 파격적인 가격으로 석유를 판매할 수 있다. 러시아의 석유 채취 비용은 배럴당 최대 15달러에 불과하다. 러시아는 이 석유를 배럴당 40~45달러에 구입하는 반면 세계의 시장가격은 이것의 거의 두 배에 달한다.

하지만 그럼에도 "글로벌사우스는 결코 '제국 비즈니스Empire business'에 시선을 거두지 말아야 한다. 이 산업은 왜곡과 현지 엘리트 매수, 그리고 돈 안드는 암살과 그로 인한 혼란을 기획하는 데 탁월하다. 모든 분할 지배divide and rule 교과서에 나오는 꼼수가 언제든지 다시 등장할 수 있다. 어떤 일이 있더라도 쓰라린 패배에 상처를 입고 가슴 깊이 원한을 품은 쇠퇴하는 제국(미국)을 과소평가하지 마라."[35]

2 | 달러 헤게모니의 위기: 새로운 준비통화의 출현

세르게이 글라지예프는 현재 러시아에서 가장 영향력 있는 경제학자 중 한 명이다. 심지어 대통령선거에 출마한 경험도 있다. 현재 그는 새로운 글로벌 금융통화 시스템—워싱턴 컨센서스의 대안—의 밑그림을 설계하고 있다. "우리는 참여국의 화폐와 실물가치를 결정하는 장내 거래 상품에 연동된 새로운 국제 결제통화를 만드는 국제협정 프로젝트를 수행하고 있다."[36] 그가 그리는 '신지경학 패러다임'의 세 단계는 다음과 같다.

> 1단계: 참여국은 통화 스와프를 지원받으면서 자국 화폐와 결제 메커니즘을 강화한다. 이 단계에서 가격은 여전히 각종 거래소에서 달러화로 표시된다. 그런데 이 단계는 이제 거의 종결되었다. 달러, 유로, 파운드, 엔으로 된 러시아의 자산이 동결된 이후에 말이다. 이제 주권국가들은 서방의 통화로 자산을 축적하지 않을 것이다. 자국의 화폐가 달러와 유로, 파운드와 엔화를 직접 대체할 것이다.

2단계: 달러, 파운드, 유로, 엔 같은 기만적인 통화를 사용하는 가격 형성은 여전히 매력적일 수 있다. 남아 있는 유일한 글로벌 통화 후보인 위안화는 불태환성과 폐쇄적인 중국 자본시장으로 인해 달러를 대체할 수 없다. 금은 지불수단으로 사용하기에 불편하다.

3단계: 신경제 질서로 이행하는 세 번째 단계이자 최종 단계는 투명성, 공정성, 선의와 효율성의 원칙에 따라 새로운 디지털 통화 창출을 포함하는 국제협정이다. 우리가 개발한 화폐 모델은 이 단계에서 비로소 역할을 하게 될 것이다. 이 통화는 브릭스 국가의 통화준비금에 근거해 발행되며, 여기에 이해 당사국 모두가 참여할 수 있다. 각국 통화의 비중은 GDP나 국제 무역상의 비중뿐 아니라 참여국의 인구와 국토 면적 등에도 비례할 것이다. 여기에 덧붙여 "새 통화 바스켓은 주요 장내 거래 상품―금과 기타 귀금속, 핵심 공업용 금속, 탄화수소, 곡물, 설탕 그리고 또한 물과 기타 천연자원―의 가격 지수를 포함할 수 있다. (중략) 신통화는 오직 국가 간 거래의 지불 수단으로만 사용될 것이며, 사전에 정해진 공식에 따라 참여국에서 발행될 것이다. 참여국은 부의 보유뿐만 아니라 국내 투자와 산업을 위한 자금 지원을 위한 신용 창출을 위해 자국 화폐를 사용할 수도 있다.[37]

글라지예프는 이 프로젝트의 의의를 이렇게 정리한다. "우리에게 미국과 영국의 은행은 필요 없다. 블록체인에 기반한 새로운 지불 시스템을 개발하고 있다. 이로써 은행을 바탕으로 세워진 고전적 자본주의는 소멸할 것이다. 반대로 국제법은 복원되고 있다. 통화의 발행을 포함하는 핵심 국제관계를 담은 협정의 기초를 만들고 있다. 이 협정으로 국가 주권의 중요성을 회복할 수 있다. 글로벌 경제 협력의 기초는 인민의 복리를 향상하는 합작 투자이다. 무역 자유화를 절대적으로 추종하지 않으며 국가별 우선순위를 존중할 것이다. 모든 국가는 국내 시장과 경제 공간을 보호하는 시스템을 구축할 것이다. 즉 리버럴 세계화의 시대는 끝났다. 우리 눈앞에서 새로운 세계경제 구조가 만들어지고 있다."[38]

글라지예프가 설명하는 신세계경제는 이른바 양극적bipolar 지경학을 전제하고 있다. 그것이 고전적 자본주의와 구분되는 지향과 성향을 내장하고 있음을 어렵지 않게 간파할 수 있다.[39] 달러 기반의 낡은 글로벌 경제를 '국민경제'가 대체하게 될 것이다. 글라지예프는 이 용어의 법적 정의를 명료하게 하자고 주문한다. 나아가 러시아중앙은행에는 매우 강력한 불만과 이의를 제기한다. 이들이 기본적으로 워싱턴의 영향력 아래에 있는 조직이라는 비판이다.

지금까지 IMF의 지침을 고수한 허약한 의지로 말미암아 워싱턴 컨센서스가 강요한 정책을 추종하고 있다. 또한 언제 어디서나 국민경제를 파괴하는 교리 체계를 쌓고 있다. 자본의 자유로운 국경 이동과 통화 제한을 거부하고, 주권적 통화 정책과 자국의 통화 발행 및 외환 보유액 증가를 반대하며, 외국 자본의 무제한적 소유를 사유화하고, 국내 시장을 글로벌 독점에 넘겨 가격 규제와 계획을 포기하는 방식으로 말이다.[40]

더욱 흥미로운 점은 새로운 구상이 바로 글로벌사우스에 대해 갖는 정책적 함의다. 인터뷰를 진행한 페페 에스코바는 마이클 허드슨 교수가 제기한 문제를 인용하여 이렇게 질문했다.

> 질문자: 이 새로운 시스템이 글로벌사우스에 속한 나라가 달러 표시 채무를 유예할 수 있게 하는지, 외환 지불 능력에 기반하는지 궁금하다. 그리고 이 대출이 원료나—중국의 경우—해외 비달러 차관을 통해 자금을 조달한 유형 자본의 소유주에게도 구속될 수 있는가?

> 글라지예프: 신세계 경제질서로의 이행은 달러, 유로, 파운드, 엔으로의 채무 이행을 체계적으로 거부하는 과정을 수반할 것이다. 이점은 수조 달러가 족히 넘는 이라크, 이란, 베네수엘라, 아프가니스탄, 그리고 러시아의 외환 자산을 훔쳐도 된다고 생각하는 통화 발행국들이 만든 선례와 아무런 차이가 없을 것이다. 미국, 영국, EU와 일본은 자신의 채무 이행을 거부하고 타국이 보유하고 있던 외환 자산을 몰수했는데, 글로벌사우스는 왜 채무를 변제하고 융자금을 상환할 의무를 져야 하는가?

또 다른 허드슨 교수의 질문에 대하여, 글라지예프는 유라시아경제연합 회원국 간 자국 화폐를 통한 지불 및 결제 시스템과 미국 통제하에 있는 스위프트 시스템에 대한 치명적 종속을 제거하기 위해 유라시아경제연합, 상하이협력기구, 그리고 브릭스 국가 간의 독립된 국제 결제 시스템을 개발해야 한다고 주장한다. 그런데 "과연 이 시스템을 상하이협력기구와 브릭스 회원국, 아세안 회원국, 서아시아, 아프리카, 라틴아메리카에 '판매sell'할 수 있을까? 그래서 그 결과가 양극의 지경학, 즉 서방 대 나머지로 귀결될 것인가?"

답변은 이렇다. "맞다. 바로 이것이 우리가 가는 방향이다." 이어서 그는 러시아 통화당국이 여전히 워싱턴 패러다임의 일부로 남아 달러 기반 시스템하에서 움직이는 상황에 대해 지적한다. "다른 한편으로 최근의 제재로 인해 비달러 블록, 즉 나머지 사이에서 광범위한 자기성찰soul-searching이 촉진되었다. 서방의 '영향권 에이전트'는 여전히 대다수 국가의 중앙은행을 통제하고 있다. 이들은 IMF가 처방한 자살정책 적용을 강요한다."[41] 유라시아 통합의 밑그림에 대한 글라지예프의 설명이 다소 장밋빛이란 점은 숨기기 어렵다. 그 실현 가능성을 논외로 한다고 해도 말이다.

> 대유라시아파트너십GEP은 영향력의 재분배가 아니라 순수 경제적 수단에 의해 유라시아의 협력과 신뢰를 만들고 유라시아경제연합 EAEU과 포괄적지역경제파트너십RCEP의 이익이 서로 달라도 컨센서스에 합의하는 것을 목표로 한다. 다시 말해 GEP는 명확한 개념과 전략, 뚜렷한 장기 우선순위를 가진 일반 의회이다. 여기에서 명확한 목표하에 각국의 발전전략을 세우고 정교하게 다듬는다. 러시아에게 이것은 학문 공동체가 새로운 기술 패러다임에 의해 가속화된 산업 발전 모델이자 새로운 세계경제 패러다임이다. 또한 사회 정의와 경제 성장의 제도를 만드는 선진 발전 프로그램이다.[42]

글라지예프의 양극 지경학은 중러의 지정학적 동맹과 불가분이다. 두 나라의 전략 협력은 공통의 감각, 이해, 협력 경험에서 나왔다. 미국의 지배 엘리트는 글로벌 하이브리드전쟁을 통한 패권 유지의 장에서 중국은 '핵심 경제적 경쟁자'로, 러시아는 '핵심 반세력균형counter-balancing 세력'으로 규정하고 양국의 분쟁을 유도하기도 했다. 두 나라 사이의 전략 파트너십과 협력이 강화되자 미국은 대중국 관세전쟁과 대러시아 금융제재전쟁을 전개하기에 이르렀다. 이를 보면 중러 양국의 협력을 가능하게 한 것은 양자가 공유한 미국으로부터의 '명백히 현존하는 위험clear and present danger'이다. 마이클 허드슨은 이 상황을 다음과 같이 설명했다.

> 지금까지 모두가 가장 안전한 자산이라고 생각했던 미국 은행 예금과 국채가 안전하기는커녕 매우 위험하며, 이것을 보유한 대가로 미국 대외 정책의 인질이 됐음을 깨달았다. 영국의 『파이낸셜타임스』도 (달러의 금 태환이 정지된) 1971년 이후 50여 년간 자국의 재정 및 무역 적자를 공짜로 해결해준 달러 본위제를 미국이 이토록 무모하게 망쳐버리고 있는 상황에 놀라움을 표시했다. 그동안 막대한 재정 및 무역 적자에도 불구하고 미국 경제가 건재했던 가장 큰 이유는 외국 정부가 외환 준비금을 미국 국채 같은 달러 자산으로 보유하고 있었기 때문이다. 그런데 적대국에 대한 달러 압류는 미국의 경제 패권을 가능하게 했던 달러본위제라는 황금 거위를 죽이는 일이다.⁴³

산업 자본주의와 금융 자본주의: 글로벌 경제의 종말?

노벨경제학상을 수상한 조지프 스티글리츠 교수도 "미국이 신냉전에서 패배할 수도 있다"라고 입을 열었다. 그는 한때 세계은행의 수석 이코노미스트였다. 모르긴 해도 미국 주류 가운데 신냉전 전망을 내놓은 극소수 중 한 명이 아닐까 싶다.

스티글리츠는 미국이 냉전에서 승리한 이유로 소프트파워, 즉 '매력과 설득력'을 든다. 하지만 테러와의 전쟁, 금융위기, 전염병, 그리고 트럼프를 거치며 미국과 서방은 설득이 아니라 가르치는 데 탁월했다. 이들이 하는 "내 말대로 해"라는 말은 위선이다. 그 결과 미국과 서방은 신뢰를 잃었다. 중국의 경제력 추월이 분명한 상황에서 러시아가 중국과 벽 없이 협력하게 된다면 어떤 결과가 펼쳐질까?

2022년 6월 지구 한쪽에서 EU와 나토 정상회담이 열리는 동안 다른 쪽에서는 브릭스 정상회담이 열렸다. 그리고 우리는 브릭스 정상회담을 통해 다가올 신세계질서의 얼개를 전망해볼 수 있다. 정치군사적으로는 중러 동맹에 기초한 양극이, 경제적으로는 브릭스의 전면화를 통한 다극이 구축될 것이다. 브릭스개발은행을 설립하고, 미국이 러시아 제재를 핑계로 어설프게 무기화하다 실패한 국제 결제 시스템을 다른 체제로 대체할 것이다. 그리고 또 하나 빠트릴 수 없는 것이 WTO와 IMF, 세계은행 등 신자유주의 세계화를 지탱해온 국제기구의 운명이다. 지금의 형태로는 더 이상 지속 불가능한 시점이 올 것이다. 다시 스티글리츠로 돌아가자. "자유주의와 낙수 경제학은 글로벌사우스에서 광범위하게 수용된 적이 없었다. 그리고 이것들은 이제 모든 곳에서 유행에 뒤처졌다."

IMF가 발행하는 『세계경제전망』 2022년 7월호에 흥미로운 구절이 있다. "세계경제는 계속 파편화되고 있다. 중기적 전망에서 우크라이나전쟁은 세계경제를 서로 다른 기술 표준, 국제 결제 시스템, 그리고 준비통화를 갖춘 지정학 블록으로 더욱 파편화시킬 것이다. 파편화로 인해 식량 위기가 노멀normal이 될 수도 있으며 기후변화를 해결하기 위한 다자 협력의 효율성도 감소할지 모른다."[44] IMF가 말하는 '지정학적 블록화'가 바로 그들의 존폐를 결정할 것이다. 세계경제의 파편화와 블록화가 우크라이나전쟁 때문은 아니다. 전쟁은 그 이전부터 진행되던 과정에 새로운 모멘텀을 부여했을 뿐이다.

향후 WTO, IMF, 세계은행이 없어지지는 않더라도 지금의 형태로 존속하기는 어려울 것이다. 다른 지정학적 블록 입장에서는 군이 식민주의의 상징 같은 국제기구를 존치시킬 이유가 없기 때문이다. 유엔은 사실상 기능 마비로 진입할지 모른다. 왜냐하면 유엔은 5개 상임이사국(P5: 미국, 영국, 프랑스, 러시아, 중국)의 과두체제인데 이들이 현재—사실상—교전 중이기 때문이다. 즉 P5라는 '국제 올리가르히'가 붕괴된다는 말이다.

세계경제는 국제무역과 국제금융을 대별해보면 이해하기 쉽다. 이미 오래전에 국제무역(상품과 서비스)에서 미국의 패권이 무너졌다(서비스산업에서 미국이 흑자를 거둔다 한들 전체의 결과는 달라지지 않는다). 미국 패권의 경제적 기초는 금융이며, 미국 월가와 영국 런던시티가 그 중심이다. 실물 국제경제와 분리 자립된 국제금융은 불로소득 계급을 만들어냈다.

마이클 허드슨은 세계경제를 산업자본과 금융자본의 서로 다른 시스템과 철학이 경쟁하는 장으로 파악한다. 그런 점에서 지금까지의 정치경제학계와 상당히 구분되는 영역을 개척했다. 그는 금융, 보험, 부동산의 국제적 유착을 현대 금융자본의 핵심으로 파악한다. 그리고 현대는 국제 불로소득 계급이 지배한다. 이들은 지대를 추구하는 계급이다. 그런데 현대에 와서는 금리와 주식 배당으로, 특히 부동산에서 발생하는 소득을 통해 부를 축적하는 국제 투기 세력을 가리킨다.

지금 한국의 부동산을 통한 지대 추구rent-seeking를 금융자본과 분리해서 이해할 수는 없다. 경제학적으로 보면 가치 혹은 노동과 완벽히 분리된 가공자본fictitious capital을 통한 이익이자 투기의 결과물이고, 금융자본(즉 은행)은 여기에 판돈을 제공해 막대한 수수료를 챙긴다. 이 과정 어디에도 생산을 수행하는 주체가 없다(어차피 실물이 아니기 때문이다).

전통적인 경제학은 이윤과 임금을 다룬다. 따라서 이것은 산업자본주의의 논리이다. 하지만 금융 자본주의는 이 전통 경제학에서 배제된 지대에 근거한다. 세계경제 차원에서 보면 지대의 경제학이 곧 달러 패권의 경제학이다. 이는 기축통화국으로서 미국이 경상수지 적자에도 불구하고 소위 세계 최고의 안전자산이라는 신화에 둘러싸인 재무부의 채권 판매로 회수한 달러를 통해 군사적 패권 유지에 소요되는 막대한 군비를 조달해온 시스템에 기초한다.

하지만 러시아는 오래전부터 미국 재무부의 채권을 처분했고, 중국도 보유량을 지속적으로 줄이고 있다. 대신 양국은 금을 모았다. 이 상황은 달러 리사이클링 메커니즘을 위협한다. 나아가 달러를 대체할 국제 준비통화도 준비 중이다. 향후 월가와 런던시티를 대체할 새로운 금융시장이 등장하지 않을 것이라고 누가 장담할 수 있는가.

달러 패권의 위기는 국제 금융자본과 이와 결탁한 불로소득 계급의 위기이다. 나아가 이것이 미국 패권의 위기로 이어진다고 보는 것이 자연스럽다(당연히 한국의 부동산시장도 이 과정과 연결되어 있다). 어느 곳에서든 지금과 같은 형태의 금융자본 전성시대는 지속 가능하지 않다.

새로운 지정학적 블록 간 경쟁은 과거 냉전처럼 이데올로기로 대립하는 시대가 아니다. 그보다 훨씬 더 치열한 이익 각축의 시대일 것이다. 한 가지는 분명하다. 미국의 패권은 저물고 있다.

> 서구의 몰락이 필연적이거나 역사적으로 불가피한 것은 아니다. 그것은 그동안 서구가 지대 이익을 추구하는 정책을 선택한 결과이다. 실패한 국가는 지대 추구라는 과두제가 정부의 규제와 과세 권한을 해체시키면서 출현했다. 이 과두제는 지대 추출이 생산활동의 당연

한 대가이고, 여기에서 형성된 부가 나머지 경제활동과 사회적 번영에 보탬이 될 것이라는 잘못된 논리 위에 세워졌다.[45]

4   정의로운 신세계질서?

2022년 2월 4일, 푸틴 대통령이 베이징 동계올림픽 개막식에 참석한 뒤 시진핑 중국 국가주석과 함께 '새로운 시대로 진입하는 국제관계와 글로벌 지속 가능 발전에 대한 러시아연방과 중화인민공화국 공동성명'을 발표했다.[46] 얼핏 우크라이나전쟁을 앞둔 러시아가 중국의 지지를 얻기 위해 취한 행보로 보이지만, 성명의 내용은 '새로운 시대'의 '국제관계'와 '지속 가능 발전'이었다. 전통적 국제관계와 언어에 익숙한 사람에게 이것은 다극 체제의 이정표 혹은 로드맵으로 보일 수 있다. 러시아는 '하나의 중국' 원칙을 지지하며 "타이완은 양도할 수 없는 중국의 일부로서 그 어떤 형태이든 타이완 독립을 반대"했다. 그리고 양국은 접경 지역에서 자국의 안보와 안정을 저해하려는 외부 세력의 시도에 단호히 맞설 것이며, 어떤 구실로든 외부 세력이 내정에 간섭하는 것에 반대하고, 색깔혁명도 반대한다고 밝혔다. 또한 양국은 더 이상의 나토 확장에 반대하며, 나토에 이념화된 냉전식 접근을 포기하라고 말했다. 아시아·태평양 지역의 폐쇄적 블록 구조 형성과 이 지역의 진영들에도 반대하며 "미국의 인도·태평양 전략이 역내 평화와 안정에 미칠 부정적 영향을 매우 경계"한다고 밝혔다.

나아가 양국은 '민주주의 대 독재(전제)'라는 이른바 집단서방의 내러티브에 대해서도 날 선 비판을 가했다. 서방의 제국들이 민주주의와 인권이라는 개념을 전가의 보도처럼 사용하는 것에 대한 신랄한 항변이다. "민주주의는 보편적 인간 가치이지 소수 국가의 특권이 아니며, 민주주의의 증진과 보호는 전 세계 공동체의 공동 책임이라는 인식을 공유한다. (중략) 민주주의를 수립하는 방식에 만병통치 처방은 존재하지 않는다. 어떤 나라든 사회정치적 시스템과 역사적 배경, 전통, 유일무이한 문화적 특성에 기반해 그곳에 가장 적합한 민주주의의 형태와 방법을 선택할 수 있다."

이어서 민주적 원칙은 국내뿐 아니라 글로벌 수준에서도 이행되어야 한다고 강조했다. "자신의 민주적 기준을 타국에 강요하고 그 수준을 평가할 권리를 독점하며 배타적 블록과 편익 동맹을 수립하는 것을 포함해서 이데올로기에 기반한 분계선을 긋는 일부 국가의 시도는 민주주의를 경멸하는 행동이며 민주주의 정신과 참된 가치에 배치된다. 이러한 패권 시도는 전 세계와 각 지역의 평화를 심각하게 위협하며 세계질서를 위태롭게 만든다." 그러면서 민주와 인권은 타국을 압박하는 수단이 되어서는 안 되며 그것을 구실로 주권국의 내정에 개입하고 분리와 대결을 조장하는 행동에 반대했다. 또한 국제 공동체에 문화와 문명의 다양성과 인민 자결권을 존중하라고 호소했다.[47]

그렇다면 중국과 러시아의 동맹이 그리는 미래 세계는 어떤 모습일까? "오늘날 세계는 거대한 변화를 경험하고 있으며, 인류는 급속한 발전과 심중한 변혁의 시대에 들어섰다. 세계는 다극 체제, 경제 세계화, 정보화사회 출현, 문화 다양성, 글로벌 거버넌스 구조와 세계질서의 변혁 같은 과정과 현상을 목도하고 있다. 국가 간의 관계와 의존이 더욱 중요해졌고 그 사이에서 힘을 재분배하는 트렌드가 출현했다. 국제 공동체는 평화와 점진적 발전을 추구하는 리더십을 강력하게 요구하고 있다." 이들이 추구하는 '새로운 시대'의 구조적 특징을 몇 가지만 간추리면 다음과 같다.

첫째는 유엔이 주도하는 국제 시스템이며, 둘째는 일부 국가의 이익이 아니라 국제법에 기반하는 세계질서의 확립이다. 셋째는 WTO의 중심 역할하에서 진정한 다자 무역 체제를 구축하는 것이며, 이상의 모든 방향은 국제관계의 민주화와 국제관계상의 정의, 곧 정의로운just 세계를 가리킨다. 이것은 새로운 유형의 국제관계이며, 즉 '다극 체제'이다. 여기에 러시아가 주도하는 유라시아경제연합과 이들이 제안한 대유라시아파트너십, 중국이 주도하는 일대일로와 양 세력의 공동 포럼인 상하이협력기구가 포함된다. 더불어 브릭스플러스를 위시한 지역 협력 기구와 G20, ASEAN, APEC과의 협력 관계를 구축하며, 무엇보다도 중러 동맹의 정치 군사적 중심에 더해 '새로운 시대'의 물적 기반을 구성한다.

미국 정치학자 데이비드 칼레오는 다음과 같이 주장한다. "국제 체제의 붕괴는 보통 불안정하고 공격적인 신흥 열강이 이웃 나라를 지배하려 할 때 일어난다. 혹은 쇠퇴하는 강대국들이 조정과 타협보다는 자신의 손상된 우월성을 착취적인 패권으로 봉합하려고 시도할 때도 국제 체제가 붕괴된다."[48] 현재의 위기가 신흥 강대국(중국)의 해외 침략 때문인지 아니면 쇠퇴하는 강대국(미국)의

착취적 패권 때문인지 판단하기란 그리 어렵지 않다. 적어도 중국에 관한 한 서방이 만든 규칙 위에서 이겼다는 러시아 외무장관 라브로프의 설명이 틀리지 않다.[49]

이제 남은 것은 미국의 착취적 패권이다. 분명히 미국의 외교는 신흥 강대국 중국과 타협하기보다는 네오콘적 신냉전 시나리오를 따라 무력행동에 나서는 쪽에 가깝다. 제국이 저지르는 가장 전형적 실수는 모든 영역에서 자신의 존재가 중요하다고 믿는 것이다. 그 결과 제국은 과잉 팽창한다.[50]

체제 변경적 이행이 빠르게 '뉴 노멀'이 되고 있다. 글로벌 단극 체제를 가로질러온 '미국의 세기'가 지금처럼 강력한 저항에 직면한 적은 없다. 미국은 독일과 일본의 강력한 도발을 제압하고 뒤이어 2차 세계대전의 동맹국 소련도 굴복시켰지만, 이번 중러 연합은 정치·군사·경제·문화·지식·기술 등 '종합 국력'이라는 측면에서 과거의 적과는 차원이 다르다. 그리고 두 나라가 제시한 개념과 언어들은 이들이 그린 새로운 '민주적' 국제 체제가 현재보다 더 정의로운지 질문하게 만들기에 부족함이 없다. 하지만 좀 더 자세히 들여다보면 그 내부에도 적잖은 균열과 모순의 징후가 도사리고 있다.

첫째, 다극 체제로의 이행은 어떤 진영의 계획이나 혁명적 사변의 결과가 아니다. 이런 글로벌한 작위를 연출할 힘의 중심이 있는 것도 아니다. 이 트렌드는 미국을 종주suzerain로 삼은 봉신국가vassal state 서유럽과 인도 등의 균형자를 포함하는 중러 비대칭 동맹이 세계적으로 분열하는 과정을 표현한다. 특히 후자는 이념이나 목표보다는 미국이라는 '명백하게 현존하는 위험'에 의해 결합한 지리정치경제 프로젝트에 가깝다. 따라서 만약 미국이라는 공동의 적이 사라지거나 결정적으로 약화된다면 전혀 다른 상황이 도래할 수 있다.

둘째, 다극 체제의 동력이자 명분—유엔과 WTO 주도, 국제법 기반—은 중국과 러시아, 인도, 이란 등의 협력이 공고해지고 그에 따라 대미 경쟁 혹은 신냉전이 격화되면 활용할 공간이 협소해진다. 이미 유엔과 WTO 등 다자 기구의 기능은 매우 불안한 상태이다.

셋째, 미국 중심의 서방과 중러 동맹 양쪽 모두 구성이 완료되지 않았으며, 또한 완료될 수도 없다. 어느 쪽이든 동맹의 중심국이 동요할 경우 순식간에 와해될 가능성도 있다. 게다가 현재 미국의 쇠퇴 징후가 일관되게 보이기는 하지만, 그들이 가진 정보자산으로 상대 그룹을 약화시킬 능력은 아직 충분하다.

이처럼 새로운 경향에 내장된 모든 리스크에도 불구하고 '국제 관계의 민주화'라는 미증유의 과제를 제기했다는 점에서 중러의 새 프로젝트는 평가할 만한 가치가 있다.

이 프로젝트는 경제 정책 부문에서 케인스주의적 국민경제론에 기반한 공공 투자와 공공 부문 활성화, 사회국가 등의 공간을 확충할 가능성이 있다. 하지만 아직 전망을 말하기엔 이르다. 지금까지 자본이 주도해온 신자유주의 세계화는 적어도 형태와 노선의 변경을 강요받게 되었다. 또 세계화의 중핵을 이루는 달러 기반 금융 세계화도 시장이 축소되는 새로운 시대에 적응하라는 요구을 받게 되었다. IMF와 세계은행 등 금융 자본주의의 주체들도 구조조정이 불가피하다. 특히 규제 완화와 민영화, 자유무역 등의 신자유주의의 도구 목록도 다시 작성해야 할 것이다. 그리고 중국의 WTO 성공 사례를 경험적 준거로 WTO가 주도하는 다자 틀의 '자유롭고 공정한 무역'을 적극 옹호할 것이다. 여기서의 자유무역은 투자금융보다는 상품무역 쪽에 방점이 찍힌 다소 고전적 형태의 관점이라고 할 만하다.

정치군사적 차원에서는 미국과 나토 블록의 무분별하고 무차별적인 개입주의를 억지하는 모멘텀을 찾게 될 것이다. 시리아 문제에 대한 러시아의 개입이 일례가 될 수 있다. 중국 또한 핵심 이익 영역에 군사 개입할 가능성이 있다. 달러 패권에 도전하는 양극 지경학은 미국의 군사비를 압박하고, 이로 인해 미국은 부단히 우선순위를 조정해야 하는 상황에 봉착하게 될 것이다. 이것만으로도 미국의 고삐 풀린 과잉 팽창을 냉각시키는 효과를 거둘 수 있다. 이것을 머지않아 중국과 러시아가 군사력을 해외 투사할 것이라는 의미로 해석해서는 안 된다. 완전한 다극 체제가 완성될 것인지는 전망하기 어렵지만, 일단 그 경과 단계로 양극과 다극이 혼성하는 체제는 충분히 검토할 수 있을 것이다.

5장

한국의 '지정치경제적'
대위기?

1 한국의 지정학적 정체성과 오리엔탈리즘

1623년 광해군을 임금의 자리에서 몰아내면서 인목대비는 폐위의 사유를 이렇게 말했다.

우리나라가 중국을 섬긴 지 200년이 지났으니 의리에 있어서는 군신의 사이지만 은혜에 있어서는 부자의 사이와 같고, 임진년에 나라를 다시 일으켜준 은혜는 영원토록 잊을 수 없다. 이리하여 선왕께서 40년간 보위에 계시면서 지성으로 중국을 섬기시며 평생 단 한 번도 서쪽으로 등을 돌리고 앉으신 적 없었다. 그런데 광해는 은덕을 저버리고 천자의 명을 두려워하지 않았으며 배반하는 마음을 품고 오랑캐와 화친했다. 기미년에 중국이 오랑캐를 정벌할 때 장수에게 사태를 관망하여 향배를 결정하라고 은밀히 지시했다. 끝내 우리 군사가 모두 오랑캐에게 투항하여 추악한 명성이 사해에 퍼졌다.[1]

광해가 강홍립에게 정말로 '관변향배觀變向背' 밀지를 내렸는지 논란이 있다. 하지만 쿠데타로 레짐 체인지에 성공한 반정군이 그

명분 중 하나로 광해의 외교 노선을 든 것은 분명하다. 쿠데타 세력은 광해의 전략적 모호성 노선을 털어내고 숭명반청崇明反淸, 즉 명청 교체기라는 시대적 흐름에 확실히 반하는 반동 노선으로 갈아탔다. 그 결과는 익히 알듯이 인조 5년(1627)의 정묘호란과 인조 14년(1636)의 병자호란이다. 참패한 조선의 국토는 유린되었다. 이후 조선의 외교는 청의 종주권에 사실상 복속된다.

19세기 말 조선의 엘리트가 다시금 거대한 지각 변동과 조선 사회의 혁명적 위기에서 '문명개화'라는 대안을 모색한 것은 그 자체로 당연한 일이다. 당시 조선은 한편으로 낡은 봉건제에 대한 새로운 자본제 생산양식의 도전과 다른 한편으로 청제국의 위기―서양 제국주의 세력의 침탈―라는 거대한 이중 위기에 직면해 있었다. 이 위기는 아래로부터 낡은 신분제에 대한 공격과 낡은 친청 종주권 국제 체제에 대한 도전으로 표출되었다. 위로부터의 쿠데타(갑신정변)와 아래로부터의 민중혁명(동학전쟁)이 위기에 대한 반응이었다. 조선 지배계급의 범죄적 무능과 부패는 '자발적'―양반층이 어느 정도까지 자발적이었는지에 대해서는 반론이 있을 수 있다―주권 이양과 함께 비로소 청산될 수 있었다. 조선은 멸망했다. 그날 조선 국왕의 마지막 대국민 성명은 다음과 같다.

> 짐朕이 부덕否德으로 간대艱大한 업을 이어받아 임어臨御한 이후 오늘에 이르도록 정령을 유신維新하는 것에 관하여 누차 도모하고 갖추어 시험하여 힘씀이 이르지 않은 것이 아니로되, 원래 허약한 것이 쌓여서 고질이 되고 피폐가 극도에 이르러 시일간에 만회할 시책을 행할 가망이 없으니 한밤중에 우려함에 선후책善後策이 망연하다. 이

를 맡아서 지리支離함이 더욱 심해지면 끝내는 저절로 수습할 수 없는 데 이를 것이니 차라리 대임大任을 남에게 맡겨서 완전하게 할 방법과 혁신할 공효功效를 얻게 함만 못하다. 그러므로 짐이 이에 결연히 내성內省하고 확연히 스스로 결단을 내려 이에 한국의 통치권을 종전부터 친근하게 믿고 의지하던 이웃 나라 대일본 황제 폐하에게 양여하여 밖으로 동양의 평화를 공고히 하고 안으로 팔역八域의 민생을 보전하게 하니 그대들 대소 신민들은 국세國勢와 시의時宜를 깊이 살펴서 번거롭게 소란을 일으키지 말고 각각 그 직업에 안주하여 일본 제국의 문명한 새 정치에 복종하여 행복을 함께 받으라. 짐의 오늘의 이 조치는 그대들 민중을 잊음이 아니라 참으로 그대들 민중을 구원하려고 하는 지극한 뜻에서 나온 것이니 그대들 신민들은 짐의 이 뜻을 능히 헤아리라.[2]

광해군 이후에 벌어진 사건이 이른바 대륙의 지각 변동으로 인한 결과였다면, 조선의 멸망은 해양에서 온 변화가 촉발한 결과였다. 다시 말하자면 두 사건 모두 외부로부터의 도전에 제대로 대응하지 못했거나 아예 그 위험을 인지하지 못한 결과다. 지정학적 위기에 대한 대응 실패는 한국에 '지정학적 문화'의 원형질로서 방어적 민족주의에 기반한 외부의 타자화Othering 태도로 남았다. 지정학적 문화라는 개념은 '비판지정학자' 제러드 툴이 제안한 개념이다. "국가란 세계 속 자신의 위치와 과제에 대한 상이한 공간 정체성과 이해 속에서 생성되는 영토적 권력 구조이다. 이 공간 정체성과 이에 대한 계속되는 논쟁이 한 국가의 지정학적 문화를 정의한다. (중략) 지정학이란 국제정치에 대한 접근방식의 특정한 시각이 아니다. 대신 문화로서 지정학은 어떻게 한 국가가 세계를 바라보고 그것을 공간화하며 국가의 근본 과제, 즉 안보와 현대화, 정체성의 보존에 대한 전략을 만드는지를 설명한다."[3] 여기서 미국의 지정학적 문화에 대한 톨의 언급이 흥미롭다. 즉 미국의 지정학적 문화는 매우 이례적인데, 미국 이외의 세계에 대한 지리적 지식이 전혀 중요하지 않기 때문이다. '지리학의 부재에 대한 지리적 설명'으로 자신의 반구에 자리 잡은 하나의 대륙으로서 미국은 미국 시민에게 그 자체로 하나의 세계를 이룬다. 따라서 "미국의 지정학적 문화는 미국 연안을 벗어난 세상에 대한 지리적 접근이 아니라 '도덕'에 의해 특징된다." 한 세기 전에 나온 '전쟁은 신이 미국인에게 지리를 가르치는 방식'이라는 말은 이들의 특징을 아주 적절하게 설명한다.[4]

독일의 지정학적 문화도 언급할 필요가 있다. "독일은 유럽 한 가운데에 있는 왕국이다. 독일이 처한 독특한 입장의 가장 핵심적 측면이 바로 여기에 있다. 다른 열강처럼 자유롭게 활용할 수 있는 식민지도 없고, 인접 지역으로 팽창할 여지도 없다. 모든 방향에서 독일은 더 오랜 역사와 더 거대한 규모를 자랑하는 문명국에 둘러싸여 있다. '강대국들에게 포위되어 있음'이 바로 독일의 본질이다."[5] 그리고 포위에 대한 의식이 동방으로의 충동에서 출로를 찾았다는 식의 설명이 '지정학적 결정론'이라 할 수 있다.

또한 지정학이 일본 제국주의에 복무한 역사도 이렇게 설명할 수 있다. "1930년대에 일본의 국제적 지위가 명확해졌다. 그것은 국제정치 게임의 주요 참여국 중 하나이며 세계질서의 재구성을 요구하는 지역 리더였다. 또한 세계를 향해 팽창하는 자신의 세력권 방위를 주장한 '제국주의 일본'이라는 지위도 있다. 이처럼 자신의 세력권을 팽창시키려는 일본의 요구로 인해 동아시아는 '동아'라는 지정학적 개념으로 다시 형성되었고, 전쟁 수행과 더불어 불가결한 보급 기지로서의 '남방'이 마침내 일본의 새로운 세력권으로 추가되었다. 1930년대부터 일본은 자신이 맹주로 군림할 수 있는 동아라는 영역을 형성했고, 거기에 또 하나 빠뜨릴 수 없는 남방 영역까지 포함하여 '대동아'를 건설하려 했다."[b]

  동아 지정학은 문명국 일본과 비 혹은 반문명국 조선이라는 인식을 전제로 세워졌다. 3·1운동 이후 일본의 지식인 야나기 무네요시는 『개조』 1920년 6월호에 쓴 「조선의 친구에게 보내는 글」에서 이렇게 말한다. "나는 오랫동안 조선의 예술에 대해 진정한 존경심과 친밀감을 품었다. 당신들 마음의 아름다움이나 따뜻함이, 또는 슬픔이나 하소연이 언제나 거기에 감추어져 있다. 나는 그 어떤 곳에도 조선의 예술만큼 사랑을 기다리는 예술은 없다고 생각한다. 그것은 인정을 그리워하고 사랑에 살고 싶어 하는 마음의 예술이다. 오랫동안 참혹하고 처참했던 조선의 역사는 예술에 남모르는 쓸쓸함과 슬픔을 아로새겼다. 거기에는 언제나 아름다운 비애가 있다." 야나기는 조선 미학을 '한'과 '비애'로 포착한다. 이 민족의 "말할 수 없는 원한과 슬픔과 동경이 얼마나 은밀하게 그 선을 타고 흘러오고 있는가? 그 민족은 올바르게도 선의 밀의密意에 마음을 표현해낸 것이다. 형태도, 색도 아닌 그것은 이 민족의 정을 호소하기에 가장 적합한 방법"이라고 말한다. 이어서 야나기는 "당신들과 우리의 결합은 자연 자체의 의지"라고 결론짓는다. 나는 야나기 무네요시라는 당대 일본의 계몽 지식인의 시선에 포착된 조선의 미학과 서정은 수동성의 감각으로 요결될 것이라고 생각한다. 이를 일본 제국주의 남성에게 전이된 서양 남성의 시선이라고도 할 수 있다. 따라서 이것은 '이중의 오리엔탈리즘'이다. 즉일본에 이식된 서양의 오리엔탈리즘이 문명론적으로 1차 가공된뒤 조선에 적용되고, 다시 한번 이 시선권력으로 조선의 미학과 서정을 재확인했다. 이 과정에서 야나기 무네요시는 '수동성'을 유지하며 조선을 동아의 식민질서에 순응시켰다. 하지만 우리에게중요한 지점은 '한의 정서'가 민족의 대표 정서로 등극해 근대화의 전 과정을 함께했던 것처럼, 해방 후 포스트콜로니얼 사회에 진입한 뒤에도 오리엔탈리즘은 한국의 지정학적 문화에 공고한 지식권력으로 잔존하고 있다는 점이라 하겠다.

사실 제국주의와 식민주의는 일종의 하드웨어다. 따라서 소프트웨어 없이는 작동하지 않는다. 여기에서 소프트웨어 역할을 한것이 오리엔탈리즘이다. 비서구 사회에 대한 서구의 시선, 해석, 담론을 제공하고 비서구를 어떤 미개, 미성숙, 수동적인 것으로 본다. 그런 뒤 서구의 '문명사적' 사명에 맞춤형으로 해석, 편집해서제작된 어떤 실체가 된다. 그것은 일종의 지적·정신적 헤게모니이다. 심지어 1차 세계대전 후 만들어진 국제연맹 헌장도 비서구 사회를 가르치고 지도하는 문명사적 과제를 언급했다. 세계를 '우월한 서구와 열등한 비서구'로 나누고 문명의 전파를 구실로 삼아서비서구를 취해도 된다는 관념, 인식, 태도, 동기의 원천이 오리엔탈리즘이다. 때때로 오리엔탈리즘은 인종생물학, 사회진화론 같은 반동적 지정학과 결합하여 등장한다.

한국에도 오리엔탈리즘의 역사적 사례들이 200년에 걸쳐—오리엔탈리즘 자체의 역사와 똑같이—축적되었다. 파리외방전교회의 집요한 조선 선교 시도와 천주교 박해, 파리외방전교회 신부의 '가치'와 조선 전통의 충돌, 그리고 일어난 민란(이재수의 난), 일제의 하위 오리엔탈리즘과 차별, 미국의 '조선 독립 시기상조론'에 입각한 임시정부 승인 거부와 신탁통치, '한국 민주화 시기상조론'에 근거한 4·19혁명 이후 미국에 의한 1차 쿠데타(5·16)와 2차 쿠데타(12·12와 5·17)가 역사의 고비마다 등장했다.

2차 세계대전 패전 후 일본의 대표적 지성 다케우치 요시미가 질문을 던졌다. '방법으로서의 아시아'라는 물음이다. "서구의 우수한 문화 가치를 보다 큰 규모에서 실현하려면 서양을 다시 한번 동양으로 싸안아서 거꾸로 서양 자신을 이쪽에서 변혁시킨다는, 이 문화적인 되감기 혹은 가치상의 되감기를 통해 보편성을 만들어내야 합니다. '서양이 낳은 보편적인 가치를 보다 고양시키기 위해 동양의 힘으로 서양을 변혁한다.' 이것이 오늘날 동과 서의 문제입니다. 그 되감기를 할 때 자기 안에 독자적인 것이 없어서는 안 됩니다. 그것이 무엇인가 하면, 아마도 실체로는 존재하지 않겠죠. 하지만 방법으로는, 즉 주체 형성의 과정으로는 있을 것이라고 생각하는 까닭에 '방법으로서의 아시아'라는 제목을 달았지만, 그것을 명확하게 규정하는 일은 저에게도 벅차군요."[7]

서양을 진보된 무엇으로 고정시켜놓고 이를 따라한 일본의 근대와 달리 '일본과 다른 길' 유형으로서 중국의 근대는 저항 속에서 정체성을 찾고 자신의 고유한 근대화를 이루어왔다는 말이다. 다케우치 요시미의 자각(방법으로서의 아시아)은 일본의 근대화(실체로서의 아시아)의 좌절 속에서 마치 불 속에서 밤을 줍듯 대

동아공영권에 이르러 자폭해버린 일본의 아시아주의에서 새로운 합리적 핵심을 건지고자 시도했다.

1980년대에 종속이론가 안드레 군더 프랑크의 아시아주의는 비아시아권에서 나왔다는 점에서뿐만 아니라, 세계체제론의 시각에서 매우 방대한 실증적 근거를 갖고 있다는 점에서 중국의 부상에 대한 정치경제학적 해석의 전형적 사례라 하겠다. 2003년 『리오리엔트』의 한국어판 서문에서 그는 이렇게 설명한다. 아시아와 특히 중국은 비교적 최근까지 세계경제에서 위세를 누렸던 만큼, 머지 않아 그것을 되찾는 일도 얼마든지 가능하다. 지난 세기에 서양이 유포한 신화와 달리 지금까지 아시아는 한 세기에서 한 세기 반이라는 비교적 짧은 기간 동안만 세계경제의 주도권을 내주었을 뿐이다. 과거 중국과 아시아 각국이 경제적으로 성공한 것은 서양의 방식을 모방해서가 아니었다. 최근 아시아가 이룩한 경제 성장도 서양이 걸었던 길과는 거리가 멀다. 따라서 일본이 되었든 어느 나라가 되었든 아시아가 서양을 전범으로 삼아야 할 하등의 이유가 없다. 그는 다시 한번 동북아시아가 세계경제 성장의 '자연스러운 견인차' 역할을 할 수 있을 것이라고 예측하면서 "비록 1800년에서 멈추기는 했지만 한국을 포함한 동아시아 경제가 세계경제에서 누렸던 우위를 되돌아보는 것은 이 지역에서 현재 일어나고 있는 경제발전이 단단한 역사적 기반을 갖고 있음을 시사하는 것은 물론 앞으로 세계경제의 판도에서 일어날 근본적인 변화의 방향을 가늠할 수 있게 한다"라고 설명했다.[8]

프랑크의 '아시아시대'는 다케우치 요시미가 방법으로, 인문학적으로 선취한 동양과 서양이 서로 고정된 것이 아니라 관계 속에 있다고 하는 개념을 정치경제학과 세계체제론으로, 그리고 '장주기 이론'으로 입증하고자 한 시도이다. 동양의 쇠퇴와 서양의 발흥은 우연한 사건이 아니라 유기적 연관 속에서 일어났다. "그러면 서양은 어떻게 발흥했는가? 한마디로 말해 유럽인은 그것을 '샀다'. 처음에는 아시아라는 열차의 좌석 하나를 샀다가 나중에는 열차 전체를 사들였던 것이다. 유럽인은 무슨 재간으로 그 돈을 손에 넣었을까? 무엇보다도 아메리카대륙에서 발견한 금광과 은광이 자금줄 역할을 했다."[9] 경제적으로만 보면 서양의 패권과 우위, 그것의 담론적 표현인 오리엔탈리즘은 역사의 내적 법칙에 기반한 필연이 아니라 장기 순환의 상승과 하강 과정에서 일어난 역사상의 에피소드일 수도 있다.

현재 보이는 다극 체제로의 이행 경향은 지정학적 대전환의 표현이다. 특히나 러시아의 동방 회귀와 중국의 일대일로는 미국의 세기 뒤에 올 아시아시대를 재촉하고 있다. 인도가 포함된 쿼드를 반중 군사동맹으로 만드는 미국의 프로젝트는 성공적이지 않았다. 그래서 미국은 영국, 호주와 AUKUS를 만들었는데, 여기에 캐나다와 뉴질랜드를 넣고 한국과 일본을 포함해서 인종적 탈색을 시도하고 있다. 미국 헤게모니의 사실상 핵심인 '파이브 아이즈Five Eyes' 정보동맹에도 한국과 일본을 포함시킬 계획이 있다고 한다. 바이든이 2021년에 발주한 인도태평양경제프레임워크IPEF에 한국은 '벌써' 가입했다. 나는 이것을 중러의 세미동맹이라는 지정학적 도전에 대응하는 '인도태평양 지경학적 네트워크'로 정의한다. 그 내용은 현재진행형이다. 우선 입도선매하고 뒤를 보자는 식이다. 그런데 기존의 한미동맹과 서서히 모습을 드러낼 '한미일 삼각동맹', '글로벌 나토' 등 현재 한국이 가입했거나 앞으로 할 예정인 지리·정치·경제적 양자·다자 동맹 리스트는 세계에서 비슷한 예를 찾기 힘들 정도로 넓고 복잡하다.

한국의 지정학적 문화에서 해양은 확장하는 열린 공간이라기보다 일종의 보호막이었고,[10] 육지로 이어진 대륙 방향도 정치·군사·경제적 진출로라기보다는 교통로의 성격이 훨씬 강했다. 즉 우리 역사에는 제국 건설의 경험이 부재했다는 의미이다. 따라서 사대주의는 약소국의 생존전략으로서 또 한때는 국가 경영의 대원칙으로서 나름대로 경제적이고 합리적이었다고 평할 만하다. 하지만 그 이상은 아니다. 사대는 약소국의 귀족계급을 중심으로 철저히 내면화된 지정학적 코드였다. 나는 이것이 20세기에 와서 오리엔탈리즘으로 대체되었다고 이해한다.

메이지유신 때 후쿠자와 유키치의 탈아론적 문제 설정은 동아시아를 철저하게 타자화하고 대상화하는 결과를 초래했다. 이를 통해 오리엔탈리즘이 아시아화되기 시작했다. 그런데 2차 세계대전 후 분단된 한반도의 남쪽 한국은 철두철미하게 탈아입미脫亞入美를 추구함으로써 아예 아시아에서 탈주해버렸다. 미국이 들어온 길을 따라 나간 것이다. 청·일·미로 이어지는 정신적 행로는 한때 사대주의였다가 이제는 오리엔탈리즘의 변주인 친미주의로 변용되었다. 새로운 지정학적 조건은 한국을 '절반의 섬'인 반도에서 정치적 '섬'으로 강제했다. 이 강제된 섬인 한국은 바다가 갖는 원소적elementary 속성으로서 해양의 자유와 개방성을 무역의 자유로 전환시켰고, 결과적으로 보기 드문 성공을 거두기도 했다.

이제 문제는 친미를 핵으로 하는 우리의 지정학적 문화가 대륙의 지각 변동에 순치될 것인가이다. 세 가지 경우의 수가 있다. 지정학적 충격을 흡수할 수 있거나, 흡수했지만 그 충격으로 균열이 생기거나, 충격으로 붕괴되는 경우이다. 현실에선 불가능하니 상상 속에서나마 백인을 꿈꾸는 '상상 백인', '명예 앵글로색슨'으로 살아남는 게임이 시작된다.

2 | **한국의 대전략:
다극 체제와
포스트 한반도평화프로세스**

"우리는 미국 없이 살 수 있나?" 이제 이 질문에 답해야 한다. 키신저의 말 두 마디를 인용하며 대답을 시작하겠다. "미국의 적이 되는 것은 위험하다. 하지만 친구가 되는 것은 치명적fatal이다."[11] 그다음에 긴밀하게 이어지는 이야기는 이것이다. "미국에겐 영원한 친구도 적도 없다. 오직 이익만 있을 뿐이다."[12] 이 말들은 미국은 국제관계에서 아무리 친구라 하더라도 이익이 안 되면 버린다는 치명적 진실을 가리킨다.

2021년 2월 바이든 대통령은 미국의 새로운 외교를 이렇게 정의했다. "우리는 미국의 가장 소중한 민주적 가치에 뿌리내린 외교에서 출발해야만 한다. 그 가치는 자유를 수호하고, 기회를 옹호하며, 보편적 권리를 유지하고, 법치를 존중하며, 모든 인격을 존엄으로 대하는 것이다. 이것이야말로 글로벌 정책과 글로벌 파워의 접지선이다. 이것은 우리가 가진 힘의 무궁무진한 원천이며, 미국의 변하지 않을 장점이다." 그런데 직전에 한 말은 보다 더 구체적이다.

취임사에서 밝혔듯이 우리는 어제가 아니라 오늘과 내일의 도전에 맞서기 위해 동맹을 정비하고 세계에 관여할 것이다. 미국의 리더십은 라이벌 중국의 점증하는 야욕과 우리 민주정치에 위해를 가하고 혼란을 일으키는 러시아의 결의를 포함해 권위주의를 확대하는 새로운 상황에 대응하지 않으면 안 된다.

바이든은 동맹과 파트너 목록을 친히 호명하며 미국의 "가장 가까운 친구들"이라고 말했다. 캐나다, 멕시코, 영국, 독일, 프랑스, 나토, 일본, 한국, 호주가 그들이다. 나토를 빼면 8개국이다. 이들과는 "협력의 관습을 개혁하고 지난 몇 년간 무시와 남용에 의해 위축된 민주동맹의 근육을 재생하겠다"고 선언했다. 우선 캐나다와 멕시코는 국경을 맞댄 인접국이다. 미영동맹만큼은 아니지만 미일동맹 역시 미국 글로벌 전략의 축이라 부를 만하다. 그리고 영국, 캐나다, 호주, 뉴질랜드는 미국과 국제 첩보동맹 파이브 아이스를 구성하고 있다. 오직 앵글로색슨계로만 이루어진 파이브 아이스야말로 미국의 동맹 중의 동맹이라 할 만하다. 여기에 인도·태평양시대를 맞아 몸값이 달라진 이른바 쿼드는 미국, 일본, 호주에 인도를 포함시킨 구성이다. 독일과 프랑스는 나토의 주축이다. 마지막 남은 한국은 미국의 대중국·대러시아 포위라는 전략적 측면에서 1.5급 정도의 대우를 받는다.

그러는 사이 한국에서는 정권이 민주당에서 국민의힘으로 교체됐다. 신임 외교부장관은 새 정부의 대외정책 기조로 '글로벌 가치 외교'를 내세웠다. "자유 민주주의를 지키는 나라로서 국내도 그렇지만, 지역 차원의 자유 민주주의도 중요하다"면서 "자유와 인권이란 보편적 가치를 기반으로 한국이 나름대로 입장을 밝히고 이를 일관되게 유지하면서 국익 외교를 확대할 것"이라고 천명했다. 새 대통령이 한미동맹을 강조한 것과 말을 맞춘 듯하다.

흥미롭게도 신임 대통령 윤석열은 2022년 6월 말에 그 자체로 우리 외교사의 이례적 이벤트였던 나토 정상회담에 참석해서 이렇게 말했다. "한 지역의 문제가 전 세계에 영향을 주는 만큼, 자유와 평화를 위해 국제사회가 공동으로 대처해야 한다. 규범에 입각한 질서가 존중되는 협력을 우리 나토 국가들과 인도태평양 국가들이 연대해서 만들어야 된다. (나토의) 신전략 개념이 반영된 인도태평양 지역에 대한 나토 차원의 관심"과 "한미일 삼각 협력" 등이 그 방법이다. 이런 발언의 배후에는 중국을 체제 변경적 위협으로 규정하여 유럽대서양과 인도태평양 안보의 불가분성에 기반한 나토 신전략과 미국이 가장 자주 말하는 '규칙 기반 국제질서'가 있음이 자명하다.

세계는 지금 거대한 전환기에 진입하고 있다. 미국이 주도한 리버럴 단극 체제는 전례 없는 도전과 균열에 직면해 있다. 우크라이나전쟁으로 인해 중국과 러시아의 접근이 일층 가시화되면서 북한은 이전보다 분명 더 많은 정치군사적 공간을 확보할 것이다. 하지만 한국은 다르다. 일단 한미일의 준동맹적 협력을 요구받게 될 것이고, 머지않아 일본과 기존의 지소미아를 넘어—박근혜 정부에서 추진하다 중단된—상호군수지원협정ACSA을 요구받을 것이다. 지역 차원의 자유 민주주의와 새로운 인도태평양 지역의 질서는 바이든 정부가 추진하는 IPEF에 가입해 대중 경제 포위망에 동참하겠다는 말이다. 쉽게 말해 중국이 RCEP를 주도하니 IPEF를 만들어서 또 다른 줄 세우기를 강요하겠다는 말이다. 그 본질을 중국이 모를 리 없는 이상, 한국은 아시아에서 미중 패권 경쟁에 낀 새우 신세가 될 듯싶다.

포스트 우크라이나 세계라는 새로운 불확실성의 시대는 불안정한 조정기를 겪을 수밖에 없어 보인다. 이 세계가 3차 세계대전으로 갈지 2차 냉전이나 저강도의 열전으로 갈지는 아직 미정이지만, 미국과 EU 대 중국과 러시아의 다층적 역학의 방향과 크기에 의해 규정될 것임은 분명하다.

이제 한국은 '한 번도 경험해보지 못한' 혹독한 시험대에 올라가야 한다. 새로운 구조가 착근되는 동안 달러 주도의 신자유주의 세계화에 편승하여 급속히 선진국에 진입한 한국의 정치경제도 구조 변경을 강요받게 될 것이다. 이 전쟁은 한반도평화프로세스에 부정적 영향을 미칠 것이다. 양극 체제로의 이행이 진행될수록 북한으로 인한 스트레스는 감소할 가능성도 있다. 반면 한국의 세계화 레짐은 어떻게든 새로운 상황에 적응해야만 할 것이다. 바이든의 가치 외교를 모방한 글로벌 가치 외교 정도로는 감당하지 못할 시험이다.

러시아연방에 가입한 돈바스 양대 공화국을 러시아, 시리아에 이어 북한이 세 번째로 법적 승인하고 그 결과 우크라이나가 북한과 단교한 것은 우리 현대사에서 매우 주목할 만한 사건이다. 왜냐하면 양적 비교로만 봐도 북한은 이번 빅스텝big step으로 전 세계 인구의 85퍼센트 이상을 차지하는 브릭스플러스와 상하이협력기구를 비롯한 글로벌사우스 쪽으로 가까이 다가갔다. 반면 한국은 세계 인구의 약 15퍼센트에 불과한 집단서방에 이미 속해 있다. 그 결과 친미, 친젤렌스키 진영에 속한 한국은 경제적, 군사적 이유로 어정쩡한 위치에 놓이게 된다.

'담대한 구상'은 새로운 것이 아니라 10여 년 전 이명박 역도가 내들었다가 세인의 주목은커녕 동족 대결의 산물로 버림받은 '비핵, 개방, 3000'의 복사판에 불과하다. 역사의 오물통에 처박힌 대북정책을 옮겨 베껴놓은 것도 가관이지만 거기에 제식대로 "담대하다"는 표현까지 붙여놓은 것을 보면 진짜 바보스럽기 짝이 없다.

우선 "북이 비핵화 조치를 취한다면"이라는 가정부터가 잘못된 전제라는 것을 알기나 하는지 모르겠다. 역대 선임자들은 물론 하내비('할아비'의 북한어)처럼 섬기는 미국까지 어쩌지 못한 북핵 포기의 헛된 망상을 멋모르고 줄줄 읽어가는 것을 보자니 참으로 안됐다 하는 안쓰러움, 분명 곁에서 잘못 써준 글이겠는데 아직은 뭐가 뭔지도 모르고 냅다 읽어버렸다는 불쌍한 생각이 든다.

세상에는 흥정할 것이 따로 있는 법, 우리의 국체인 핵을 '경제협력'과 같은 물건짝과 바꾸어보겠다는 발상이 윤석열의 푸르청청한 꿈이고 희망이고 구상이라고 생각하니 정말 천진스럽고 아직은 어리기는 어리구나 하는 것을 느꼈다.

권좌에 올랐으면 2~3년은 열심히 일해봐야 그제서야 세상 돌아가는 이치, 사정을 읽게 되는 법이다. 어느 누가 자기 운명을 강낭떡('강냉이떡'의 북한어) 따위와 바꾸자고 하겠는가. 아직 판돈을 더 대면 우리의 핵을 어째볼 수 있지 않겠는가 하는 부질없는 망상에 사로잡혀 있는 자들에게 보내줄 것은 쓰거운 경멸뿐이다. (중략) 제발 좀 서로 의식하지 말며 살았으면 하는 것이 간절한 소원이다.[13]

2022년 8월 18일에 발표한 북한 김여정의 담화는 한 걸음 더 나가고 있다. 여기에 담긴 가시 돋은 조롱과 야유, 그리고 '담대한 구상'이 이명박 정권의 '비핵, 개방, 3000'의 복사판이고 분명 곁에서 잘못 써준 글이라는 비난으로 미루어보면, 북한이 윤석열 정부의 신구상에 응답하리라고 전혀 기대할 수 없다. 그들은 아예 새 정부를 협상의 상대로도 보지 않겠다는 투다.

우크라이나전쟁이 한반도 문제에 미칠 영향은 대략 세 가지 정도로 관측된다. 첫째, 1994년 우크라이나 비핵화 모델이 한반도 비핵화 모델의 지위를 상실함으로써 북한 핵보유 명분이 오히려 강화된다. 둘째, 남북과 미중러일 4개국이 참여하는 한반도 6자회담, 나아가 동북아 다자 안보는 사실상의 미러전쟁인 이번 전쟁으로 실효되었다. 셋째, 한미일과 북중러, 즉 북방과 남방 삼각 간의 동아시아 대결적 동맹 게임이 심화될 것이다.[14]

지금의 정세를 글로벌 차원의 지정학적 대전환과 한반도평화프로세스의 장기 교착으로 요약해도 크게 틀리지 않다. 이에 대한 외교적 해법으로 윤석열 정부의 글로벌 가치 외교가 설득력을 가질 수 있을까? '해석권력'의 전범으로 국제 학계에 군림하는 나치독일의 계관법학자 카를 슈미트는 1960년대에 「가치의 전제」라는 글을 발표했다. '가치는 자기 고유의 논리를 갖고 있다'는 것이 그의 메시지다. 국제질서 또한 자본의 논리와 힘의 논리로 움직이고 운용된다는 것이 필지의 사실이다. 여기에 가치의 논리까지 더하면 어떤 일이 생길까? 가치는 필시 누군가의 '설정'에서 시작된다. 예컨대 정신적, 물질적, 종교적, 도덕적 가치 가운데 무엇이 중요한지 정하는 일에서 비롯된다. '누가 그것을 결정하는가?'라는 문제는 가히 운명적인 질문이다. 누가 미국 외교의 가치를 정하고, 한국 외교의 가치를 결정하는가? 이렇게 설정된 가치는 '집행'을 대기한다. 집행을 통해 비로소 가치가 실현되기 때문이다. 이 과정은 가치를 해석하는 일이며 동시에 독점하는 과정이다. 여기에서 '나는 옳고 너는 틀리다'만 남게 된다. 다른 가치는 틀린 가치로 제거되어도 무방한 것일까? 미국적 가치가 언제나 민주적 가치일 리 없듯이, 민주적 가치가 항상 미국만의 가치일 수는 없다. 즉 가치의 논리는 배제와 불관용을, 나아가 전제의 위험을 내장하고 있다. 외교에 힘의 논리, 자본의 논리에 더해 가치의 논리가 틈입될 때 그 결과가 반드시 민주주의를 담보하지는 않는다.[15]

따라서 누구의 가치인가에 반드시 답해야 한다. 바이든의 가치 외교는 결국 미국의 가치를 말한다. 그렇다면 이를 성급히 '모방 meme'한 한국의 가치 외교는 누구의 가치를 말하는가? 한국의 가치라면 좋은 일이다.

한미를 비롯한 국제사회의 주요 현안 중 하나인 반도체 생산·공급망 '칩4동맹'을 보자. 일각에서 칩4를 동맹alliance으로 일컫는데, 우리 정부는 협의체로 풀이하며 여기에 가담하되 조건을 달겠다고 한다. 나는 이 장면을 보면서 1985년의 플라자합의를 떠올렸다. 달러의 인위적 평가절하를 통해 일본 엔화와 서독 마르크화에 대한 미국의 수출 경쟁력을 억지로 강화한 사건 말이다. 이로 인해 일본 경제는 장기 침체로 접어들었다. 칩4든 플라자합의든, 그 본질은 같다고 나는 본다. '경제외적 강제'를 동원한 글로벌 경쟁력의 임의 변경이다. 더 쉽게 말하면 축구 시합 중에 불리하다고 자기편 골대를 치워버린 것이나 다름없다. 미국은 제국적 지위를 이용해 미중 전략경쟁 혹은 신냉전의 지경학적 조건을 자국에 유리하게 조정하려 한다.

미국에서 발효된 반도체법에 따르면 총 2800억 달러 규모의 연방 자금을 지원받은 기업은 향후 대중국 신규 투자를 할 수 없다. 앞으로 삼성과 SK는 중국에 투자한 시설과 장비에 대한 신규 투자가 불가능하다(당장 내일부터 그렇다는 말은 아니다). 반도체는 자동차와 더불어 한국의 가장 주요한 수출 품목이다. 그리고 생산량의 60퍼센트 이상이 중국(홍콩 포함)으로 수출된다. 2021년 수출액은 500억 달러가 넘는다. 미국의 요구는 삼성과 SK에게 거대한 중국 시장을 포기하라는 것이다. 이미 삼성, SK는 각각 170억 달러와 220억 달러 규모의 대미 신규 투자를 발표했다. 이 투자가 당장은 반도체법의 수혜임은 분명하다. 하지만 앞으로 예상되는 두 기업의 피해와 수익의 균형이 맞지 않는 점 역시 분명하다. 미국의 요구는 앞으로 모든 반도체를 미국에서 생산하라는 것이다.

나는 이런 현상을 신냉전의 전비를 동맹에게 전가하는 동맹 궁핍화라고 표현했다. 그렇다면 여기에서 국가와 외교의 역할은 무엇인가. 미국이 경제외적 강제를 동원해 자국 기업과 산업에 일방적으로 유리한 경쟁 조건을 들이밀 때 국가는 협상을 통해 피해를 회피, 우회, 방어하는 역할을 맡는다. 그래서 칩4에 참여하되 조건을 달겠다는 것이다. 그 결과는 아직 나오지 않았으니 지켜볼 일이다. 그러나 반도체가 신냉전의 '전시물자'로 규정되는 한 전망이 낙관적이지 않다. 칩4는 자유무역의 시대가 저물었음을 알리는 신호탄이다. 그러면서 '관리무역'이 될지 '보호무역'이 될지 모르지만 곧 도래할 새로운 시대, 포스트자유무역을 선언하고 있다. 그토록 자유무역을 사랑했던 한국으로서는 무척 황망한 상황이다.

국제관계는 언제나 소위 국익national interest 앞에 피도 눈물도 없다. 키신저뿐만 아니라 그의 스승 격인 한스 모겐소의 정의를 빌리면, 국제정치란 '권력으로 정의되는 이익interest defined as power'을 추구하는 행위이지 어떤 가치를 추구하는 영역이 아니다. 여기에서 다시 출발하는 수밖에 다른 도리가 없다.

적어도 우리에게 미국은 단지 한 나라 이름이 아니다. 그것은 거대한 관계다. 국제관계를 말하는 것이 아니다. 이것은 국내관계의 문제이다. 한국 안에서 미국은 깊은 해자로 둘러싸인 구조이자 시스템인 동시에 네트워크다. 현재까지도 미국은 강력한 구심력으로서 한국의 권력으로 정의되는 이익을 자신에게 복속시키고 있다. 봉신국에 대한 종주국의 권리인 것처럼 말이다. 미국의 이익이란—키신저의 말처럼—우적友敵을 초월하는 국가 목표인 반면, 우리에게는 이것이 친구의 이익이라는 점에서 구조적 비대칭이 존재한다. 오리엔탈리즘이라는 가림막으로 인해 우리는 이를 인식하지 못할 뿐이다. 현재로서 가능한 대안은 정치사회와 시민사회의 능동적 대응과 동원을 통해 이익에 대한 전 사회적 합의를 다시 정의하는 것이다. 이렇게 가는 도정에서 이익의 최대치는 '친미 중립'에 있다고 본다. 어떤 의미에서 혹은 충분한 숙성의 시간까지 일종의 사회적 타협과 합의를 시도하자는 말이다. 지금까지의 '안미 경중'하고는 다르다. 후자는 이미 기정사실화된 상황과 조건을 반사적으로 정식화한 것이지만, 내가 말하는 친미 중립은 사회적 합의를 통해 그다음 단계까지 시좌에 넣고 보려는 시도이다.

그다음 단계는 무엇일까. 다음으로 건너가기 위해서는 담대한 상상력이 요구된다. 예컨대 2021년 7월 말 미국 『포린어페어』에 주한미군 사령관과 한미연합사 부사령관 등을 역임한 고위 장성들의 글이 실렸다. 제목부터 도발적이다(「북한을 동맹으로 만들자!」). 기고자 가운데 한 명인 임호영 전 한미연합사 부사령관은 인터뷰에서 글을 쓴 배경을 이렇게 설명했다.

> 궁극적으로 북한을 동맹이 주도하는 질서에 끌어들이겠다는 것이다. 이 문제를 놓고 브룩스 사령관과 몇 차례 토의했다. 우리가 군인이지만 전쟁하지 않고 중국에 경제적 의존도가 높은 북한이라는 체제를 우리 측으로 끌어들이면 핵문제와 통일, 북한 동포의 생활 문제 등을 궁극적으로 해결할 수 있다고 보고 큰 전략적 목표를 그렇게 잡은 것이다. 그렇게만 된다면 단순한 비핵화가 아니라 사실상 통일된 거나 마찬가지 아니겠는가. 물론 과정이 지난할 것이다.

여기에서 나는 이 글의 내용보다 발상의 담대한 전환과 상상력을 강조하고 싶다. 과거 프랑스의 드골 대통령은 영국의 유럽연합 가입을 강력히 반대했다. 영국이 미국의 괴뢰국puppet이라는 이유였다. 그의 논리는 매우 명료했다. "첫째, 미국은 유럽에 있지 않다. 둘째, 영국은 섬이다." 만약 드골의 지정학적 통찰을 '지금, 여기'에 적용하면 어찌 될까. 아마도 '첫째, 미국은 아시아에 있지 않다. 둘째, 일본은 섬이다'로 바꿀 수 있을 것이다. 일본은 미영동맹에 묶여 있는 영국처럼 2차 세계대전 이후 사실상 미일동맹에 구속되어 있다. 미국의 영향권에서 벗어나지 못한다는 점에서 우리와 별반 차이가 없다. 앞으로도 그럴 가능성이 높다.

(동)아시아가 (동)아시아의 길을 가자면 지정학적 공간의 비미국화를 피할 수 없다. 여기에 덧붙여서 한국과 일본은 비미국화 과정이 필요하다. 목표는 전략적 자율성 획득이다. 비미국화가 곧바로 동아시아의 평화와 번영을 가져올 것이라는 말은 아니다. 미국이 사라져도 중국과 러시아가 있고, 일본도 있을 것이기 때문이다. 과도한 진영화에 따른 3차 세계대전의 리스크를 줄이고, 서로 충분한 자위력을 보유한 채로 필요한 만큼의 자유로운 무역과 투자를 통해 상호 이익을 추구하는 것을 목표로 삼아야 한다. 각국이 전략적 자율성을 발휘할 중간지대 혹은 중립공간의 창출이 우리 지역에서 만들 수 있는 최대치가 아닐까 싶다.

6장

클라우제비츠와 함께
칸트로?

1.

'전쟁은 다른 수단에 의한 정치의 계속'이라는 클라우제비츠의 명제는 그 자체로 하나의 패러다임이었다. 그러나 이것은 어떤 전쟁이 정당하고 옳은 것이냐는 매우 오래된 질문에는 아무것도 대답하지 않는다. 프랑스대혁명과 뒤를 이은 나폴레옹전쟁을 경험한 프러시아의 장군이 답할 문제가 아니었는지도 모른다. 그에게 중요한 것은 '전쟁이 도대체 무엇인가?'라는 질문이었기 때문이다.

> 전쟁은 다른 수단에 의한 정치적 거래Verkehr의 계속에 불과하다. 여기서 다른 수단이란 전쟁 중에도 정치적 거래는 중단되지 않고 다른 무엇으로 바뀌지도 않으며, 사용하는 수단이 무엇이든 본질에서 계속된다는 뜻이다. 전쟁이라는 사건이 전개되고 묶이는 핵심선은 전쟁에서 평화로 이어지는 정치적 거래의 선에 지나지 않는다. (중략) 전쟁이란 정치의 생각을 다른 종류의 문자나 언어로 표현한 것에 불과하지 않나? 물론 전쟁은 자신의 고유한 문법을 가지고 있지만 고

│ 유한 논리를 갖고 있지는 않다.[1]

　여기서 독일어 '거래'는 교류, 협상, 분쟁, 대화 등의 형태로 상호 관계가 지속되는 방식으로 이해할 수 있다. 얼핏 양극단에 자리 잡은 전쟁과 평화는 이렇게 정치라는 거래의 과정이자 행위의 연속으로 연결되어 있다. 그에게 전쟁과 평화는 천당과 지옥처럼 살아서는 서로 건널 수 없는 속성이 아니다. 남극과 북극처럼 서로 완전히 분리된 것도 아니며, 만리장성 이쪽과 저쪽의 별개 왕국처럼 단절되어 있지도 않다. 또한 부르주아지와 프롤레타리아트처럼 어느 하나가 지상에서 사라져야만 하는 적대적 요소도 아니다. 전쟁을 없애기 위한 인류의 지난하고 정당한 노력에도 불구하고 전쟁은 의연히 살아남아 저 악무한의 거미줄처럼 우리 삶을 옥죄고 있다. 전쟁이 악마의 맷돌처럼 우리의 삶과 미래를 갈아 없애더라도, 그것이 정치라는 선線으로 평화와 연결되어 있음을 인식하는 순간 다시 평화를 상상하고, 사유하고, 실행할 거의 유일한 교두보가 생긴다.

　다만 '전쟁과 평화는 동급·동격인가?'라는 문제는 지극히 논란이 될 만하고 이 책에서 다루는 범위를 훨씬 뛰어넘는다. 아직은 '문제는 정치'라는 인식을 확보하는 데에서 멈출 수밖에 없다. 전쟁은 그 수단일 뿐이다. 그리고 인류는 아직 전쟁이라는 사회적·정치적 관계의 양식을 폐기하지 못했다.

2.

얼마 전 리투아니아의 수왈키 회랑 폐쇄를 놓고 전쟁 위기가 고조되었던 러시아의 칼리닌그라드는 철학자 칸트의 고향이다. 1795년 칸트는 이곳에서 『영구평화론』을 발표했다. 그에게 "전쟁은 그 자체로 특별한 운동 근거를 필요로 하지 않는다. 그것은 인간 본성에 접목된 것으로 보인다. 더군다나 전쟁은 사리사욕적 충동이 아니라 인간을 명예욕에 사로잡히게 만드는 어떤 고귀한 것으로 여겨진다."[2]

칸트는 법적·규범적으로 영구 평화의 '가능 조건'을 찾아내고자 했다. 하지만 그 내용은 사라지고 칸트의 책 제목만 문제의식으로 남았다. 영구한 평화의 상상력과 그 반대편에 있는 영구한 전쟁의 우울증은 동전의 양면일지도 모른다.

> 그 어떤 경우라도 유럽 국제법에 보존된gehegt 전쟁을 반동적이며 범죄적인 것으로 경멸하고, 대신 적과 범죄자를 더 이상 구분하지 못하는 아니 더 이상 구분하지 않으려고 하는 혁명적 계급 적대와 인종 적대를 정전正戰의 미명하에 풀어놓는 것은 인간적이라는 의미에서도 결코 진보라 할 수 없다.[3]

이상은 카를 슈미트의 말이다. 그에게 1555년 아우크스부르크 강화로 종교전쟁이 종결된 시점부터 나폴레옹전쟁에 이르는 250년의 유럽 평화는 '위대한 유럽 공법의 시대'였다. "전쟁과 평화, 전투원과 비전투원, 적과 범죄자 사이에 분명한 구분이 있었다. 전쟁은 교전권을 가진 주권의 담지자들 간에, 국가의 정규군 간에 수행되었고 이들 국가는 전시라 할지라도 상호 존중하였으며 적을 범죄자로 차별하지 않았다. 그 결과 평화 체결이 가능하였으며 이것은 자명하고 정상적인 종전으로 간주되었다."⁴ 슈미트는 유럽의 근대는 전쟁을 규범적으로 비난하면서도 그 반대편에—그것이 혁명전쟁이든 인종 말살이든—정전이라는 위선과 역설을 초래했다고 설명한다. 위대한 유럽 공법의 시대에는 정전이 아니라 '정적正敵, justus hostis'이 있었고, 전쟁은 철폐된 것이 아니라 '보존Hegung'되었는데 차라리 이것이 250년의 평화를 보증했다는 말이다.

미국 의회조사국CRS의 2022년 3월 보고에 따르면 1798년 이후 지금까지 미국은 총 469회나 해외 군사 개입—즉 전쟁—을 실시했다. 이 수치는 독립전쟁, 남북전쟁, 그리고 비밀작전 등은 제외하고 의회가 승인한 사건만 산정한 것이다. 224년 동안 469회이니, 매년 두 번씩 전쟁을 했다는 말이다. 특히 주목할 점은 1798년부터 1990년까지 192년간은 횟수가 218회인 반면, 냉전이 종식된 1991년부터 2022년까지 31년간 총 251회로 폭증했다는 사실이다.⁵ 미국의 단극 체제는 전쟁을 빼고는 말이 되지 않는다. 여기에 미어샤이머의 진단을 인용한다.

> 자유주의적 패권을 추구하는 자유주의 강대국은 불가피하게 국내외에서 심각한 문제에 빠진다. 더 나아가 그들은 자신들이 도와주려고 했던 나라들마저 망치게 될 것이다. 서양의 일반적인 통념과는 반대로, 자유주의는 국가들 사이의 평화를 위한 힘이 아니다. (중략) 문제의 가장 주요한 원인은 자유주의 내부에 행동주의적 멘탈리티activist mentality가 본질적으로 내재되어 있다는 사실이다. 모든 인간은 양도할 수 없는 권리를 가지고 있고 이 권리를 보호하는 것이 다른 문제들보다 훨씬 중요하다는 신념은 자유주의 국가들로 하여

금 다른 나라들이 자국 시민의 권리를 침해할 경우, 그 나라의 문제에 간섭해야만 한다는—실제로 그들은 주기적으로 그렇게 행동한다—강력한 동기를 창출한다. (중략) 따라서 인권을 보호하고 세계 평화를 가져오는 핵심은 자유 민주주의 국가들만으로 구성된 국제 체제를 만드는 것이다.[b]

"지옥 길은 선의good intentions로 포장되어 있다"는 말처럼 민주, 인권, 평화, 법치 등 보편가치에 대한 스스로의 믿음과 또 자신의 이웃도 이런 것을 누려야 한다는 선의와 행동주의 멘탈리티가 결합할 때 필연적으로 팽창적·확장적 경향을 띨 수밖에 없다. 이것은 지상 최초이자 최후의 유일 초강국, 최후최선의 희망으로 미국의 '자기 위임'된 세계사적 소명이 다른 나라에 일종의 구원으로 수용되리라는 확신과 연결된다. 이를 실현하는 미국의 힘, 군사력과 경제력은 필수불가결의 전제다. 결국 미국 패권, 자유주의적 패권의 유지와 확장은 미국 이외의 나라에서 지옥 길을 뜻한다.

3.

우크라이나전쟁은 고전적 의미에서 제한전이다. 외교적 수단이 소진된 후 제한된 수단을 통해 제한된 목적을 상대방에게 강요하는 폭력행위라는 의미다. 외교적 수단의 소진에 러시아가 가장 자주 동원하는 내러티브는 민스크협정 불이행과 2021년 말 미국 바이든 정부의 러시아 안전보장 요구 거부, 즉 나토 동진의 지속이다. 여기에 2022년 3월 우크라이나의 임박한 돈바스 침공설과 2월 16일부터 개시된 우크라이나의 대규모 포격, 젤렌스키의 부다페스트의정서 폐기와 핵무기 획득 발언, 우크라이나 내 생물학연구소 등이 러시아가 주장하는 개전 사유이자 근인近因으로 제시된 바 있다. 러시아의 우크라이나 전역 군사 점령이나 푸틴의 야심, 제국주의 등은 이 책에서 말하는 제한전 개념과 거의 상관없거나 상호 배제적이다. 제한된 정치적 목적—우크라이나의 중립화 혹은 나토 불가입—은 점령이나 정복 없이도 얼마든지 달성할 수 있다. 또한 이스탄불협상에서 사실상 합의된 것이다. 나치 제거나 비군사화 등의 목표도 합의할 수 있다. 오직 '돈바스 해방', 즉 영토 문제가 남는데 이 또한 2014년과 2015년의 민스크협정에서 합의한 돈바스의 특별지위를 중심에 놓고 조정할 수 있는 수준이다. 제한된 수단이라는 점에서도 러시아는 일반적으로 알려진 것과 달리 정식 선전포고에 따른 전쟁과는 엄격하게 다른 교전수칙으로 특수 군사작전을 수행했다.

4.

나토 동진은 전쟁 원인의 중핵에 위치한 담론이다. 이에 대한 러시아의 주장은 독일 통일 이후 지금까지 30여 년에 걸쳐 있다. 이 사안은 어찌 보면 탈냉전기 미국의 리버럴 패권 질서로서의 단극 체제의 본성을 잘 보여주는 대표적인 사안이다. 지금의 전쟁은 조금만 들여다보더라도 충분히 예측 가능하고 또 막을 수 있었다. 30년 동안 충분한 양의 자료와 각 행위자들의 선호와 운동 방향에 대한 경험치가 축적되었기 때문이다. 막을 수 있는 전쟁을 막지 않은 것은 이 전쟁의 기대 이익이 손실보다 훨씬 크다고 인식했기 때문이다. 이 전쟁은 기본적으로 네오콘의 전쟁이다. 어떤 의미에서 이들은 이 전쟁을 아주 오래전부터, 즉 2000년대부터 준비해왔다고 할 수 있다. 이들은 패권을 미국만의 것으로 유지하고 확장하길 원했다. 그러기 위해서는 도전자인 중국과 러시아를 어떻게 해서든 억지·약화·해체시켜야 한다. 유럽 정치의 지정학적 관성에서 보면 중국보다 러시아가 손쉬운 상대이다. 역사적 경로 의존성으로 보면 러시아의 행위와 사고 방식이 상대적으로 익숙하기 때문이다. 그래서 지금의 우크라이나는 과거 러일전쟁 때의 뤼순항이자 1980년의 아프가니스탄이다. 러시아를 이곳으로 끌어내서 쓰라린 패배를 안길 수 있는 각종의 필요충분조건이 높은 수준으로 구비된 곳이다. 러시아를 굴복시키기 위해서는 우선 충분한 무력(군대)이 필요하고, 여기에 러시아가 반드시 개입할 유인 고리가 존재해야 한다. 돈바스 문제는 바로 이 지점에서 최적의 조건이다. 그리고 나토에 의해 잘 훈련된 네오나치 부대와 이들이 영향력을 미칠 수 있는 우크라이나의 억압적 국가기구, 군대, 경찰 및 각종 준군사조직을 잘 만들어놓았다.

새로 공개된 1990년대 미국의 외교 기밀문서를 통해 나토 동진에 대한 미국 등 서방의 약속과 여기에 대한 소련(그리고 러시아)의 기대 사이에 커다란 편차가 존재했음을 확인했다. 소련, 러시아의 불만과 저항에도 불구하고 이를 밀어붙인 것은 다름 아닌 단극체제 미국의 패권이다. 우크라이나전쟁이 과거와 똑같은 상황에 대한 수동적 반응이라고 말할 수는 없다. 동시에 지금의 러시아연방이 과거 소비에트 시절의 글로벌 초강국 지위를 회복하기 위해 벌이는 일전으로 보는 것도 잘못이다. 러시아는 지금 유라시아 프레임워크 혹은 동방으로의 회귀를 위해 배후와 측면의 안전을 원하고 있다. 서방은 이미 쇠퇴 중이라는 판단을 내리고 외교적 방향 전환을 하고 있던 상황에서 우크라이나 방면에서 가해진 서방의 위협은 현 러시아 지도부에겐 수용 가능한 선을 넘는 일이다.

또한 이 전쟁은 2014년에 시작된 돈바스 내전의 연장이자 새 국면이다. 우크라이나 내부의 동서 균열은 우크라이나 민족국가 형성 과정에서 제기된 운명적 고뇌이자 난제였다. 정치적 이익 대변에서 이익의 균형점을 찾아내는 일은 제도(예를 들어 연방제)를 통해서도 가능했겠지만, 무엇보다 운영 주체에게 지난한 노력과 정치력을 요구한다. 우크라이나는 결국 이 문턱을 넘지 못했다. 2014년의 마이단은 국가를 통합하는 새로운 정체성을 확보하는 데 실패했고, 파열된 정체성을 다른 한쪽에 폭력적으로 강제함으로써 내전을 불러왔다. 우크라이나가 독립한 1991년이나 오렌지 혁명이 일어난 2004년에도 비슷한 사례가 있었지만, 당시에는 네오나치가 국가권력에 침투해 있지 않았다. 고전적인 돈바스 대 갈리시아 구도는 분명 있었지만, 2014년처럼 갈리시아 종족의 민족주의가 헤게모니를 행사할 정도는 아니었단 말이다. 마이단은 문제를 더 풀기 힘들게 만들었다. 네오나치들의 '혁명적' 정체성 정치는 상황을 더욱더 급진화했을 뿐이다. 우크라이나 네오나치는 지금도 진화 중이다. 우크라이나 민주주의는—그런 것이 혹 있었다면—여전히 위험하다.

5.

우리가 하는 흔한 오해처럼 '특수 군사작전'은 단순히 러시아의 침략적 본질을 은폐하기 위해 쓰는 닉네임이 아니다. 이 이름은 그 자체로 전쟁의 성격을 규정한다. 그것은 러시아의 '평시' 병력과 개전 직전 승인한 돈바스의 민병대, 체첸군, 그리고 군사기업 와그너의 연합군이 사전에 규정된 목표―돈바스 해방, 나치 제거, 탈군사화 등―를 달성하기 위해 벌이는 군사작전이라는 의미이다. 전쟁의 1단계는 사실상 조속한 평화협상을 위한 과정이다. 이 국면의 성격 규정을 놓고 서로 경쟁적인 내러티브가 있음을 인정해야 한다. 앞에서 우리는 특히 스위스정보사의 자크 보 대령의 글과 '매리너스'라는 익명의 필자 글을 상세히 확인했다. 이는 러시아군을 비롯한 연합군의 의도와 작전을 더 깊이 이해하기 위해서였다. 두 사람뿐 아니라 나 또한 미국 등 나토군은 잘못된 전제와 가설을 과도하게 실체화하면서 러시아 연합군의 작전 의도와 기동을 오판했다고 주장했다. 한마디로 미국과 서방이 언론에 얘기한 '키예프 전투'는 존재하지 않았다. 러시아는 나토가 훈련시킨 우크라이나군보다 훨씬 적은 병력으로 제한된 목표를 달성하기 위해 매우 수준 높은 작전술을 구사했다. 하지만 미국의 대대적 개입과 무기대여법 부활로 조기 종전은 무산되고 장기 전쟁으로 방향이 바뀌었고, 이후 주전장이 돈바스로 이동했다. 동부 전선의 전투는 북부 및 남부와 또 다른 것이었다. 이 과정에서 마리우폴 전투는 하나의 전환점이었고 이후 러시아 연합군은 전략적 우위를 움켜쥘 수 있었다. 돈바스 전투는 그 자체로 새로운 실험 같은 것으로, 매리너스의 개념을 따르면 '포중심 기동전'이었다. 우크라이나군은 갓 징병한 병사들을 버리듯이 전장에 던졌고, 전투할 준비가 안 된 부대에서는 막대한 사상자가 발생했다. 특히 아조프제철소에서 아조프연대가 대규모 투항한 일은 러시아 측의 큰 성과라 할 만하다. 그리고 전쟁 수행 과정은 탈산업화 시대의 물량전 양상을, 즉 러시아의 막대한 군수품(특히 포탄과 미사일) 보급량이 미군과 나토군은 도저히 따라올 수 없는 수준이라는 것을 드러냈다. 더구나 산업 기반을 해외로 이전한 미국의 충격적인 진실을 알려주었다. 동급 혹은 준동급 국가의 재래전은 국내 산업 기반 없이는 수행할 수 없음이 드러났다. 이번 전쟁은 동시에 하이브리드전쟁이다. 따라서 경제전·외교전·심리전·선전전 등 다양한 요소들이 등장한다. 특히 경제전쟁의 요충이 대러 제재였다. 하지만 그 결과는 군사전 못지않은 서방의 참담한 패배였다. 제재는 자해의 다른 이름이었다. 식량과 에너지 가격의 급등은 서방, 그중에서도 EU 국가에 초인플레를 불러왔다. 제재를 통해 푸틴 정권의 사회경제적 기반을 무너뜨리고 대중 봉기를 유도해 레짐 교체를 도모했던 서방이 오히려 레짐을 교체당할 위기에 몰렸다. 오직 한 나라, 미국만 예외였다. 그리고 하이브리드전쟁의 또 다른 주체인 언론은 객관적 보도로 사실을 전달하기를 포기하고 그 자체가 전쟁 수행 당사자였다. 사실과 보도는 체계적으로 분리 자립했고, 언론은 언부mediacracy의 기득권을 지키는 플레이어가 되었다. 나는 이런 현상에 20세기 초의 프랑스 사회심리학자인 르봉의 '군중심리' 개념을 적용해보았고, 나아가 '프레스티튜트'라고 불렀다.

전쟁이 9월에 이르자 양측의 장단점이 비로소 드러나기 시작했다. 이때까지 전쟁은 병력manpower 대 화력firepower의 싸움이었다. 우수한 화력과 작전에 밀려 시종일관 전략적 주도권을 빼앗겼던 우크라이나군은 하르코프에서 러시아군의 약점(병력 공백)으로 인한 빈 공간을 정확히 타격하여 꽤 성과를 거두었다. 하지만 전쟁은 단 한 번의 전투로 승패가 결정되지 않는다. 러시아연방은 일단 점령지를 중심으로 노보로시야(동남 6주 전부가 아니라) 동남 4주에서 주민 총투표를 열고 그곳을 영토로 병합했다. 이 또한 놀라운 강수였고, 이로써 전쟁의 패러다임이 바뀌었다. 명실상부 우크라이나 대 러시아의 전쟁이 되어버린 것이다. 동남 4주가 러시아연방에 가입함으로써 1991년 독립 이후 30년 만에 처음으로 포스트소비에트 공간에 근외국이 규정되었고, 이후 우크라이나 국내에서 국외국으로 간주되던 돈바스에서 소수민족 문제가 최종 결론이 났다. 그리고 '돈바스냐, 노보로시야냐' 문제도 일단락되었다. 하지만 전쟁은 끝나지 않았다.

6.

푸틴에게 우크라이나전쟁의 시작과 미국 주도 단극 체제의 종말은 동의어이다. 이에 대한 푸틴의 랜드마크 연설인 2007년 뮌헨 안보회의 발언 이후 15년이 지났다. 그리고 마침내 "단극 체제는 끝났다"라고 선언한 2022년 상트페테르부르크 선언까지 그것은 한 호흡으로 이어진 악보 연주의 프레이징 같았다. 러시아의 체제 변경적 도전을 지지해온 최대 동력은 중국과 러시아의 준동맹 혹은 전략적 협력 체제였다. 이는 어떤 특정 목적을 위해 만들어진 것이라기보다는 명백히 현존하는 위험, 즉 미국으로부터의 위협에 대처하는 과정에서 형성되었다. 심지어 이란과 '균형자' 인도까지 포괄하는 거대한 유라시아 동맹체의 출현은 미국 외교가 마주한 전대미문의 도전이다. 핵 군사력과 경제력 모두에서 이번 경쟁은 동급 내지 준동급 간의 전선으로 간주할 수 있다. 우크라이나와 전쟁 중인 이 순간에도 러시아의 기본 방향은 동진, 아시아로의 회귀라고 판단하는 것이 현실적이다. 이와 맞물리는 중국의 일대일로는 유라시아를 교직하는 거대한 하나의 운동으로 기록된다. 그리고 이에 맞서 미국은 나토를 인도태평양 공간으로 동진하고, 여기에 조응하는 지경학적 기획으로서 인도태평양경제프레임워크를 작동시켰다. 하지만 미국의 치명적인 약점은 양대 전선을 하나의 나토로 상대해야 한다는 점이다. 두 개의 전쟁, 두 개의 전선 말이다. 게다가 미국의 대전략은 봉신국에 대한 '착취적 패권' 양상을 보이고 있다. 나는 이를 냉전 II의 비용을 봉신국에 전가하고 자신의 정치적 안녕을 구가하는 '동맹 궁핍화'라고 불렀다. 따라서 서방 대 나머지의 매우 불리한 구도가 갈수록 강화될 조짐이 있다. 게다가 이 서방도 (진위 논란이 있는) 랜드연구소 문건이나 전모가 밝혀지지 않은 노르트스트림 2에 대한 사보타주 등에서 보듯 심각한 균열 리스크를 내장하고 있다. 달러 패권 역시 지속 가능하지 않다. 이미 '나머지' 블록에서 대안적 결제 시스템 구축에 들어간 상태고 중국, 러시아, 인도, 사우디아라비아, 이란은 상호 간의 무역을 자국 통화로 결제하고 있다. 달러 헤게모니의 장기 침식은 곧 불가역의 단계로 접어들 것으로 보인다. 미국의 규칙으로 작동하는 글로벌 경제 역시 지속적인 도전에 노출될 전망이다. 현재 모습을 드러내고 있는 신세계질서가 '민주'와 '정의'를 내세웠음을 누구도 부인할 수 없다. 그러나 그것이 권력으로 정의되는 이익의 추구로서 국제정치의 법칙성과 어떻게 조화를 이룰 수 있을 것인지는 다른 문제다.

7.

단극의 해체와 신세계질서로의 재편 경향은 한국 외교와 생존 전략의 새로운 도전이며 지금 이 순간 거대한 지정학적 위기로 표출되고 있다. 새 집권 세력과 파워 엘리트에게 이런 지각변동은 거의 다 처음 듣는 소리 이상이 아니다. 그러나 북한은 이미 기존 한반도평화프로세스에서 발을 뺐거나 뺄 것으로 보인다. 대신 유라시아 프레임워크를 바라보든지 일대일로에 올라타든지, 아니면 새로운 중러 전략 협력과 중러 대 미국의 경쟁으로 발생한 저 바다처럼 넓은 틈새 공간을 만끽하든지 그 사이에서 행동을 결정하려 할 것이다. 즉 새로운 선택지를 찾고 있다. 누구보다 빨리 돈바스 양대 공화국을 승인하고 노동자 파견을 타진한 것으로 봐서 그렇다. 반면에 한국은 여전히 낡은, 현실성 없는 옛날 레코드판만 틀고 있다. 진정으로 담대한 구상이 필요한데도 말이다. '거대한 위기' 외에 다른 설명을 찾기 어려울 지경이다. 칩4는 또 어떤가. 이것을 두고 1980년대 플라자합의를 연상시키는 전형적인 '동맹 궁핍화' 전략 말고 어떤 말로 설명할 수 있을까. 해서 나는 대안의 첫 단계로 '친미 중립'을 사고한다. 이는 우리 다수가 딛고 선 지반에서 출발하자는 의미다. 그런 뒤 중립적 공간, 즉 전략적 자율성의 공간을 확대하는 것이 두 번째 단계다. 이 단계에 통일이 있을지 없을지는 나도 모른다. 하지만 통일에 대한 구상과 내용도 많이 달라질 것으로 본다. 긴 시간 우리는 '공존'을 통일로 사고해야 할지도 모르겠다.

8.

이 전쟁은 언제 끝날 것이며, 평화는 가능한가? 2022년 9월 초 우크라이나군의 총사령관 잘루츠니 및 국가안보방위위원회 부위원장이자 젤렌스키의 정적이기도 한 전 대통령 포로셴코와 매우 가까운 정치인이 공동 기고한 「2023년 군사작전 전망」[7]이 화제가 되었다. 핵심 메시지는 전쟁이 2022년을 넘길 것이라는 점이다. 다음으로 러시아와 우크라이나 양국의 비대칭을 만드는 러시아의 전략적 우위, 혹은 전략적 중력 중심이 어디에 있는지를 묻는다. 그것은 양국이 가진 미사일의 위력과 사거리 격차이다. 러시아 미사일은 2000킬로미터를 날고 우크라이나의 것은 100킬로미터를 난다. 이로부터 도출되는 보복 불가능성impunity이 러시아의 중력 중심이다. 따라서 2023년 우크라이나가 전략적 우위를 역전시키기 위해 이른바 '파트너 국가'가 장거리미사일과 재정을 지원하라는 말이었다. 우크라이나군의 동남 전선 역공세가 개시된 시점을 전후한 9월 10일 키예프에서는 '얄타 유럽전략'이라는 포럼이 비공개 개최되었다. 2014년 크림반도 병합 전에 얄타에서 개최되던 것이 그 이후 키예프로 옮겨 열린 것이다. 폴란드, 라트비아, 독일의 외무장관과 미국 눌런드 국무차관, 그 밖에 미국 상원의원 등이 여기에 모였다. 매우 주목할 만한 사실은 바로 그 주에 바이든 대통령이 블링컨 국무장관을 통해 키예프에 평화협상을 요청했다는 점이다. 이 상황은 젤렌스키 측을 매우 불안하게 만들었고, 얄타 포럼은 미국의 요청에 대한 우크라이나의 응답을 발신하는 자리로 활용되었다. 이 자리에서 젤렌스키는 러시아가 전쟁범죄 행위를 자백하고, 점령지에서 즉각 철수하고, 여기에 더해 돈바스의 양대 공화국과 크림반도를 점령했다고 인정하는 것을 조건으로 제시했다. 그러지 않으면 협상을 거부하겠다는 말이다. 바이든의 메시지를 전달하기 위해 블링컨 장관과 함께 키예프를 전격 방문한 뒤 이 포럼에 참석한 눌런드 차관도 협상 시기는 우크라이나 스스로 선택할 것이라고만 언급했다. 우크라이나 국방장관은 우크라이나와 러시아의 협상을 압박받고 있다고 밝혔다. 하지만 "2월 24일(침공 직후 러시아와 주고받은 휴전안)의 옵션은 더 이상 존재하지 않는다. 대신 1991년 12월 1일(우크라이나가 처음 독립하던 날의 상태를 말한다)이다. 그리고 나가라!"라고 말했다.[8]

이 회의에서 비상한 관심을 끈 지점은 젤렌스키가 다음을 강조했다는 점이다. "이번 겨울이 모스크바를 굴복시키기에 아주 결정적인 시점이다. 왜냐하면 동계 전투에서 러시아가 패배함으로써 모스크바는 수년에 걸쳐 러시아에게 확실한 도움을 주었던 문명 세계에 대한 핵심 지렛대(즉 에너지)를 더 이상 갖고 있지 않음을 입증할 것이기 때문이다." 이어서 젤렌스키는 "우리가, 우리뿐 아니라 존경하는 유럽 국가가 모두 러시아 에너지 자원 없이도 이 겨울을 견뎌낼 수 있을 것이라는 점에 아무런 의문이 없다."[9]

동계 전투에서 푸틴의 핵심 무기가 에너지라는 인식은 9월 말 노르트스트림 2가 사보타주로 폭파되면서 실현되었다. 누군가가 젤렌스키가 9월 초 얄타 비밀포럼에서 생각한 바를 실행에 옮겨—달리 표현하면 '잔도를 태워'—유럽의 '문명국'은 어쩔 수 없이 겨울을 온몸으로 견뎌낼 수밖에 없게 되었다. 이에 블링컨 국무장관은 유럽의 대러시아 에너지 종속이 종식되면서 미국이 엄청난 전략적 기회를 잡았다고 속내를 숨기지 않았다. 유럽은 이제 에너지 독립을 달성한 대가로 미국산 에너지를 일곱 배나 비싼 값으로 사게 되었다. 우크라이나로서야 온 유럽과 함께 떨게 되었으니 그다지 마다할 일은 아니다.

푸틴은 동남 4주가 러시아연방에 가입하던 날 "노르트스트림 파괴는 앵글로색슨의 사보타주"라고 했다. "미국은 두 번에 걸쳐 핵무기를 사용한 세계에서 유일한 나라다. 미국이 선례를 만들었다." 매우 중요한 언급이다. 이로써 전술핵 사용이 가시화를 지나 이제 실물이 되어간다. 물론 언제나처럼 '마지막 수단'으로 말이다. 지금까지 생산된 핵탄두 가운데 가장 강력하다는 사르마트가 2022년 9월 실전 배치되었다.

2024년이 되면 러시아와 우크라이나 모두 대통령 선거가 열린다. 잘루츠니는 지금 이 시점이 아니라 2023년의 전쟁 목표를 이미 밝혔다. 아마 계엄령하에서 대선을 치를 것이다. 대개의 정치인은 나라는 잃어도 권력은 놓지 못한다. 때문에 정치적 이해가 다른 무엇, 특히 평화보다 선행될 것이 분명하다. 따라서 다른 조건이 변하지 않는 한 당분간 평화는 쉽지 않을 전망이다.

9.

결국 문제는 한국이다. 앞에서 논의한 것처럼 문제의 심각성은 지정학적 대전환의 소용돌이 한복판으로 빨려들어가고 있는데 흔들림을 느끼지 못하는 데에 있다. 우리 사회의 '정치계급'들이 말이다.

머리말

1) 나는 이 책에서 이 전쟁을 다소 밋밋하게 들리는 '우크라이나전쟁'이라고 부르기로 했다. 러우전쟁(러시아·우크라이나전쟁)도 잘못된 명명은 아니다. 하지만 이렇게 부르면 내가 이 책에서 드러내고자 하는 전쟁의 주요한 두 가지 본질적 측면—내전의 계속이자 대리전쟁이라는 특성—을 가릴 우려가 있다.

2) 개전 직후 1흐리브냐는 40원 정도였고, 1달러는 약 30흐리브냐였다.

3) https://twitter.com/NadiaInBC/status/1570173916047642624?s=20&t=Ld9JNmLGw3P-mIEw-gGUJA

4) Anne Morelli, *Principes élémentaires de propagande de guerre(utilisables en cas de guerre froide, chaude ou tiède…)*, Quartier Libre, 2001.

1장

1) 촘스키는 개전 이후 수많은 인터뷰를 통해 입장을 개진했다. 이 내용은 독립 언론인 데이비드 버사미언David Barsamian과 한 〈얼터너티브라디오Alternative Radio〉 인터뷰를 요약한 것으로, 2022년 6월 16일에 『톰디스패치*TomDispatch*』에 "Welcome to Science-Fiction Planet: How George Orwell's Double Think Became the Way of the World"라는 제목으로 실렸다. 「촘스키 "외교 통해 푸틴에게 탈출 기회의 명분을 줘야 한다"」, 프레시안, 2022.6.20.에서 재인용.

2 「촘스키 "서방의 '선택적 분노'…미국에도 전쟁범죄자 널려 있잖나"」, 프레시안, 2022.6.21.에서 재인용.

3) Tom Kirk, "Chomsky: Our Priority on Ukraine Should Be Saving Lives, Not Punishing Russia", *Global Policy Journal*, 28 April 2022.

4) 사회진보연대 국제이주팀 옮김, 「"평화주의는 선택지가 아니다" 우크라이나전쟁에 대한 에티엔 발리바르 인터뷰」, 레디앙, 2022.3.14.

5) 에티엔 발리바르, 「난민들과 함께 우크라이나는 이미 사실상 유럽으로 들어왔다」, 웹진 인무브, 2022.3.28.

6) Slavoj Žižek, "Pacifism is the wrong response to the war in Ukraine", *The Guardian*, 21 June 2022.

7) Stephen R. Shalom·Dan La Botz, "Ukraine and the Peace Movement", *Foreign Policy in Focus*, 19 July 2022.

8) 1949년 8월 12일자 「제네바협약에 대한 추가 및 국제적 무력 충돌의 희생자 보호에 관한 의정서(제1의정서)」 제59조 무방호지구Non-defended localities 조항을 참조하라. 그 내용은 다음과 같다. 1. 충돌당사국이 무방호지구를 공격하는 것은 어떠한 방법에 의해서든지 금지된다. 2. 충돌당사국의 적절한 당국은 군대가 접전하고 있는 지대에 인접하여 있거나 또는 그 안에 있는 어떠한 거주지역이라도 적대국에 의한 점령을

위하여 개방되어 있을 경우에는 동 지역을 무방호지구로 선언할 수 있다. 그러한 지구는 다음의 조건을 충족시켜야 한다. 2-가. 모든 전투원과 이동 가능한 무기 및 군사장비는 철수되었을 것. 2-나. 고정군사시설 또는 설비가 적대적으로 사용되지 아니할 것. 2-다. 당국 또는 주민에 의하여 여하한 적대행위도 행하여지지 아니할 것. 2-라. 군사작전을 지원하는 어떠한 활동도 행하여지지 아니할 것.

2장

1) 방종관,「미군도 못 해본 파격…지역분쟁 딱 맞춘 '푸틴 대대전술단' 위력」,『중앙일보』, 2022.2.15.

2) Jeffrey D. Sachs, "Ukraine Is the Latest Neocon Disaster", 개인 홈페이지 jeffsachs.org, 27 June 2022.

3) 미국 네오콘의 '성가정Holy Family'인 케이건 가문이다. 네 명 모두 현역으로 활동하고 있다. 특히 국무부 차관인 빅토리아 눌런드와 그녀의 동서 킴벌리 앨런 케이건이 핵심이다. 킴벌리는 전쟁 국면에서 서방 엘리트의 전황 리포트를 담당하는 전쟁연구소ISW 이사장이다. 연구소의 자금을 미국의 군산복합체인 제너럴다이내믹스와 레이시온 등에서 댄다. 이 연구소는 기본적으로 네오콘의 지향과 구미에 맞게 전쟁의 내러티브를 디자인한다. 흥미롭게도 케이건은 리투아니아게 유대인이고, 눌런드는 우크라이나게 유대인이다. 그런 의미에서 나름대로 동유럽의 연고권을 주장할 만하다.

4) Robert Kagan, "League of Dictators? Why China and Russia Will Continue to Support Autocracies", *The Washington Post*, 30 April 2006.

5) 대리전쟁의 성격을 러시아도 가지고 있다고 봐야 한다. '총력전', '전면전'이 아닌 평시 병력을 동원한 특수 군사작전을 러시아군, 돈바스 민병대, 체첸군, 그리고 군사기업 와그너 등의 '연합군'으로 치르고 있다. 특히 러시아군은 대대전술단을 운용하여 포병 및 공군, 미사일 부대를 지원하는 데에 초점을 맞추었다. 러시아군의 규모가 계속 논란이 되었는데, 약 7~8만 명 수준(2022년 9월 기준)으로 추정될 뿐이다. 하지만 우크라이나 동남 4주 가운데 일부의 러시아연방 가입 절차가 완료된 이후에는 전쟁의 성격이 완전히 달라졌다.

6) Kristina Spohr, "Precluded or Precedent-Setting: The 'NATO Enlargement Question' in the Triangular Bonn-Washington-Moscow Diplomacy of 1990-1991", *Journal of Cold War Studies*, vol.14, no.4, 2012, pp.53~54.

7) NATO, "Russia's top five myths about NATO", Fact Sheet, December 2014.

8) Maxim Korshunov, "Mikhail Gorbachev: I am against all walls", *Russia Beyond*, 16 October 2014.

9) Korshunov(2014).

10) NSARCHIV, "NATO Expansion: What Gorbachev Heard", National Security Archive 홈페이지, 12 December 2017.; NSARCHIV, "NATO Expansion: What Yeltsin Heard", National Security Archive 홈페이지, 16 March 2018.

11) NSARCHIV(2017).

12) NSARCHIV(2017).

13) NSARCHIV(2017).

14) NSARCHIV(2017). 이상은 기밀 해제 문서의 내용을 재구성한 것이다.

15) NSARCHIV(2018).

16) NSARCHIV(2018).

17) 이상은 NSARCHIV(2018)의 나토 팽창 내용을 재구성한 것이다.

18) 채스 프리먼은 사우디아라비아 주재 미국대사와 국방부 국제안보 차관보를 역임한
외교관이다. 그는 미국의 고위 관료로 이 사안을 직접 다루는 담당자였다. 그의
회고를 보면 클린턴 행정부의 이중 플레이는 사태 악화의 책임을 면할 수 없다.
Aaron Maté, "US fighting Russia to the last Ukrainian: veteran US diplomat", The
Grayzone, 24 March 2022를 참조하라.
아론 마테: 궁극적으로 클린턴 대통령이 나토 팽창 쪽으로 갔죠. 소련의 붕괴와 더불어
러시아 국경으로 나토를 확장하는, 그러니까 이전 약속을 어기는 쪽으로 갔어요.
당시의 논쟁에서 당신은 어떤 방식으로 위기에 기름을 부었나요?
채스 프리먼: 글쎄요. 저는 '평화를위한동반자관계PfP'라고 알려진 방식에 상당히
깊게 관여했습니다. 두 가지가 문제였습니다. 하나는 나토 가입을 책임 있게
신청하는 경로였고, 다른 하나는 나토가 유럽의 집단collective 안보 체제라기보다
협력cooperative 안보 체제였다는 점입니다. 그것은 회원국들에게 자신을 유럽인으로
볼 것인지 아닌지를 결정하도록 일임하는 것입니다. 중간선거 기간인 1994년과
대통령선거 기간인 1996년에 일어난 일이 흥미롭습니다. 1994년 클린턴은 양쪽에
다른 말을 했어요. 러시아에겐 나토는 회원국 가입을 서둘지 않을 것이며, 자신이
선호하는 경로는 PfP라고 말합니다. 그런데 동유럽의 루소포비아 국가의 인종
디아스포라ethnic diaspora에게도 모종의 암시를 주었습니다(역사적으로 그들의
루소포비아를 이해하는 것은 어렵지 않습니다). 우리는 최대한 빨리 당신들의 나토
가입을 허용할 거라고 말이죠. 1996년 클린턴은 약속을 명시했습니다. 그는 1994년에
옐친의 분노를 보았죠. 1996년에 또 한 번의 분노를 목도했습니다. 그리고 시간이
흘러 푸틴이 등장했고, 그는 미국과 나토가 러시아의 안보이익을 무시하고 세력을
확장하는 상황을 정기적으로 항의했습니다. 그렇게 보면 지금 벌어지고 있는 일은
놀랍지 않습니다. 지난 28년간 러시아는 어느 시점이 되면 단호하게 행동할 것이라고
경고해왔습니다. 그리고 실제로 그런 일이 벌어진 것입니다. 자신의 이익과 유럽의
평화에 대한 더 넓은 시각에서 보면 매우 파괴적인 방식으로 말이죠.

19) NCARCHIV(2018).

20) Maté(2022)를 참조하라. "우리는 유럽에서 평화를 지속시킬 균형을 달성하는 것에
관심을 가져야만 합니다. 이를 위해선 그것을 뭐라 부르든 러시아를 유럽 내
관리통치기구governing council 같은 형태로 통합시켜야 합니다. 역사적으로 유럽은
평화를 위협하는 모든 강국을 내부에 호선co-opted했을 때만 평화로웠습니다. 그
완벽한 사례는 키신저의 위대한 영웅(메테르니히를 말한다)이 나폴레옹전쟁 이후의
세계를 조정한 빈회의입니다. 다른 나라들도 프랑스를 유럽의 관리통치기구 속에
다시 집어넣을 정도로 좋은 감각을 지니고 있었죠. 이것이 유럽에 100년간 평화를
주었습니다. 물론 사소한 분쟁은 있었지만 대단한 것은 아닙니다. 1차 세계대전 후
승전국―미국·영국·프랑스―은 유럽 문제에서 독일과 신생국 소련을 배제하자고
강변했고, 그 결과가 바로 2차 세계대전과 냉전입니다. 러시아에게 무력 사용을
피하고―그렇다고 이것이 러시아를 유일무이한 나라로 만드는 것이 아님은
자명합니다―국제법을 위반하지 않아야 하는 이유를 제시하고, 제대로 처신할
근거를 마련해주기 위해 노력하는 대신, 우리는 그들이 무력 사용 외에는 아무런

대안을 갖지 못하도록 방치했습니다."

21) 조약문은 다음을 참조하라. https://www.nato.int/cps/en/natohq/official_texts_25468.htm

22) Vladimir Putin, "Speech and the Following Discussion at the Munich Conference on Security Policy", 10 February 2007.

23) Putin(2007).

24) Vladimir Putin, "Text of Putin's speech at NATO Summit, Bucharest", 2 April 2008.

25) NATO, "Bucharest Summit Declaration: Issued by the Heads of State and Government participating in the meeting of the North Atlantic Council in Bucharest on 3 April 2008", 3 April 2008.

26) George F. Kennan, "A Fateful Error", *The New York Times*, 5 February 1997.

27) "West violated key NATO Russia treaty—Lavrov", *Russia Today*, 30 June 2022.

28) Ibid.

29) Sergey Karaganov, "We are at war with the West. The European security order is illegitimate", *Russian International Affairs Council*(RIAC), 8 April 2022(c).

30) Wikileaks Public Library of US Diplomacy, 1 February 2008.

31) Sergey Karaganov, "It's not really about Ukraine", *Russia Today*, 8 February 2022(a).

32) Sergey Karaganov, "Russia's new foreign policy, the Putin Doctrine", *Russia Today*, 23 February 2022(b).

33) Karaganov(2022a).

34) Karaganov(2022a).

35) Karaganov(2022b).

36) The Brzezinski Interview with Le Nouvel Observateur(1998). The University of Arizona 홈페이지 https://dgibbs.faculty.arizona.edu/brzezinski_interview.; 위는 영역본이다. 원래 버전은 "Les Révélations d'un Ancien Conseilleur de Carter: Oui, la CIA est Entrée en Afghanistan avant les Russes", Le Nouvel Observateur, 15~21 January, 1998, p.76.

37) Paul Fitzgerald, "Brzezinski Vision to Lure Soviets into 'Afghan Trap' Now Orlando's Nightmare", HUFFPOST, 20 June 2016.

38) RAND, "Overextending and Unbalancing Russia", 연구소 홈페이지 https://www.rand.org/pubs/research_briefs/RB10014.html#related, 2019(a).

39) RAND, "Extending Russia Competing from Advantageous Ground", 연구소 홈페이지 https://www.rand.org/pubs/research_reports/RR3063.html, 2019(b).

40) RAND(2019a).

41) RAND(2019a).

42) RAND(2019b), p.103.

43) A. Wess Mitchell, "A Strategy for Avoiding Two-Front War", *The National Interest*, 22 August 2021.

44) 이 전말에 대해서는 스웨덴 매체의 기사를 참조하라. https://nyadagbladet.se/utrikes/shocking-document-how-the-us-planned-the-war-and-energy-crisis-in-europe/?fbclid=IwAR0Kap20SAv5P6_FspWVwpzy9lmF6aYdBBKkWITgBUdkGfXi3IeVHshLLFA.

45) 다음을 참조하라. https://redpill78.substack.com/p/newly-leaked-report-from-rand-corporation?s=r&utm_campaign=post&utm_medium=web.

46) 여기서 말하는 '종족', 나아가 '인종', '민족' 등의 개념에 대해서는 김광억 외, 『종족과 민족』, 아카넷, 2003, 19쪽 이하를 참조하라. "우선 종족은 종이라는 말에서 보듯이 생물학적 의미를 내포하고 있어서 실제로 종족을 구분할 때 피부색, 체격과 체질적 특징 등의 생물학적 관찰이 먼저 동원된다. (중략) 종족이 혈통, 언어, 종교, 의식주와 같은 물질생활의 전통, 신화, 역사의식, 생계경제의 유형, 대대로 살아오는 터전으로서의 영토적 경계 등에 의하여 인식되는 문화적인 구성 내지 문화적으로 구축된 경계라는 점에서 생물학적인 특성을 중시하는 인종주의와는 구분"(20쪽)된다. 이처럼 종족이라는 개념은 인종과 민족의 중간에 위치하여 양측의 요소를 다 가지고 있으며 맥락에 따라 다양한 의미로 사용된다.

47) 다음을 참조하라. https://greatgameindia-com.cdn.ampproject.org/v/s/ greatgameindia.com/ukraine-anti-russia-foundation/amp/?amp_gsa=1&amp_js_ v=a9&usqp=mq331AQKKAFQArABIIACAw%3D%3D#amp_tf=%EC%B6%9C%EC %B2%98%3A&ampshare=https%3A%2F%2Fgreatgameindia.com%2Fukraine-anti-russia-foundation%2F.

48) Vladimir Kolosov, "Phantom borders: the role in territorial identity and the impact on society", *Open Edition Journals*, February 2020. "서로 다른 시대에 영토로 편입된 우크라이나의 상이한 지역 간의 경계는 우크라이나어를 사용하는 지역과 러시아어를 사용하는 지역 간의 상당한 지리적 차이에 의해 규정된다. 이것과 정치문화가 밀접히 이어져 있으며, 이 역사적 경계를 선거라는 지도를 통해 아주 잘 볼 수 있다. 우크라이나는 소위 섭틀니 라인을 따라 동과 서로 뚜렷이 분할되어 있다. (중략) 우크라이나의 역사적 핵심은 러시아제국이 오스만제국과 크림칸국을 정복해 우크라이나와 러시아 지역 원주민이 정착한 남부의 땅들이다. 이것의 경계 혹은 오히려 본토와 식민화된 영역 사이에서 점이지대 역시 뚜렷이 볼 수 있다."

49) Gerard Toal, *Near Abroad: Putin, The West and The contest over Ukraine and the Caucasus*, Oxford University Press, 2017, p.201.

50) Alexander Nepogodin, "How Ukrainians voted for the preservation of the Soviet Union in 1991, but still ended up in an independent state later that year", *Russia Today*, 10 August 2022(b).

51) Nepogodin(2022b).

52) Nepogodin(2022b).

53) Alexander Nepogodin, "The seeds of the split: How the Russian-speaking Donbass first attempted to win independence from Ukraine in 2004", *Russia Today*, 11 July 2022(a).

54) 비아체슬라브 코르노빌(1934~99)은 구소련 시절 우크라이나의 대표적 '반체제인사'였다. 주로 서우크라이나 리보프에서 그가 조직한 인민운동당을 중심으로 활동했다. 1989년 그는 연방 가능성에 관해 아래와 같이 언급했다. "나는 미래의 우크라이나가 역사가 진행되는 과정에서 서로 모이는 연방국가, 즉 각 주의 연합union of lands이 될 것이라고 상상한다. 이 연방국가는 자연적, 기후적, 문화적, 종족적, 언어적 차이는 물론 경제, 습관, 관습의 특이성이 '단일한 인민의 독특한 다양성'을 규정하게 될 것이다. 나는 키예프, 포돌리예, 볼리냐, 갈리치나, 부코비나, 트란스카파시아, 겟마치나, 슬로보다우크라이나, 자포로즈예, 도네츠크 지역과 크림이 독립된 이웃 혹은 우크라이나와 동맹을 맺은 자치공화국이 된 우크라이나인민공화국이라는 비전을 그려본다."

55) Nepododin(2022a).

56) Carl Gershman, "Former Soviet states stand up to Russia. Will the U.S.?", *The Washington Post*, 26 September 2013.

57) Carl Gershman, "A Fight for Democracy: Why Ukraine Matters", NED 홈페이지(https://www.ned.org/a-fight-for-democracy-why-ukraine/), 22 January 2015.

58) Keith Darden·Lucan Way, "Who are the protesters in Ukraine?", *The Washington Post*, 12 February 2014.

59) Eric Zuesse, "Head of Stratfor, the 'Private CIA', Says Overthrow of Ukraine's Yanukovych Was 'The Most Blatant Coup in History'", *Transcend Media Service*, 22 Dec 2014.

60) "Ukraine crisis: Transcript of leaked Nuland-Pyatt call", BBC, 7 February 2014. 2014년 2월 22일 야누코비치 정권이 붕괴하기 전에 녹음된 것이 분명한 빅토리아 눌런드 당시 국무부 차관보와 제프리 파이어트의 통화 내용이 유출되었다. 녹취록의 내용은 마이단 '쿠데타' 설을 대중에게 각인하기에 모자라지 않을 정도다. 대화에서 미국은 러시아에 비해 분명하고 명확한 '게임플랜'을 가지고 있었다. 두 사람은 통화에서 소위 우크라이나 야권의 '빅3'를 언급하며 각각의 역할을 지정한다. 눌런드가 말한다. "야세뉵은 정부 경험이 있다고 봐요. 행정 경험 말이죠. 그에게 필요한 일은 클리츠코와 탸흐니보크가 바깥에 있는 거예요." 빅토리아 눌런드가 배정한 대로 과거에 외무장관과 경제장관 및 의원을 역임한 아르세니 야세뉵이 2014년 2월 14일 총리로 임명된다. 남은 두 사람 중 비탈리 클리츠코 민주동맹당 의원은 유로마이단 성공 이후 키예프 시장에 당선되었다. 말 그대로 '바깥에 있었다.' 나머지 한 명인 올레흐 탸흐니보크는 스보보다당, 즉 네오나치 정당의 대표였다. 이어서 눌런드는 말했다. "내가 당신한테 말했는지 기억이 안 납니다. 혹시 워싱턴에만 이야기했을까요. 오늘 아침에 제프 펠트만(유엔 정무 담당 사무부총장)이 유엔 소속의 새 인물 로버트 세리를 소개하더군요. 내가 당신에게 전했던가요?" 이어서 유명한 "Fuck the EU"가 나오고 반기문도 등장한다. "세리와 반기문 사무총장이 연결되어 있어서, 세리가 월요일이나 화요일에 오는 것에 동의했어요. 그렇게 되면 최고죠. 이걸 좀 이어서 붙이고 UN이 도와주게 합시다. 알겠죠. Fuck the EU." 눌런드는 우크라이나 사태에 개입하기를 주저하던 EU에 노골적인 불만을 터뜨리면서 대신 UN을 끌어들였다. 그리고 이 통화에서 미국 행정부 내부의 우크라이나 라인업이 바이든과 설리반, 눌런드, 파이어트로 구성된다는 사실이 부분적으로 드러난다.

61) Medea Benjamin·Nicolas J. S. Davies·Marcy Winograd, "Will the Senate Confirm Coup Plotter Victoria Nuland?", *Common Dreams*, 14 January 2021.

62) Eric Zuesse, "Why did Vladimir Putin (probably) save Volodymyr Zelensky's life?", *Modern Diplomacy*, 12 March 2022.

63) 위 내용은 내털리 볼드윈과 우크라이나 출신 사회과학자 올가 바이샤의 인터뷰 내용을 요약한 것이다. Natylie Baldwin, "Interview: Olga Baysha, UKRAINE: The Real Zelensky", *Consortium News*, 29 April 2022.

64) Stephen F. Cohen, "America's Collusion With Neo-Nazis: Neo-fascists play an important official or tolerated role in US-backed Ukraine", *The Nation*, 2 May 2018.

65) Volodymyr Ishchenko·Oleg Zhuravlev, "How Maidan Revolutions Reproduce and Intensify the Post-Soviet Crisis of Political Representation", *PONARS EURASIA*

POLICY MEMO, no.714, 18 October 2021.

66) 2019년 10월 19일 미국 하원 의원들이 폼페이오 장관에게 보낸 서한. 다음에서 확인할 수 있다. https://mronline.org/wp-content/uploads/2019/10/2019.10.16._rose_fto_letter_to_state.pdf.

67) Ibid.

68) 더 자세한 내용은 다음의 영상과 기사를 참조하라. https://www.thenation.com/article/politics/neo-nazis-far-right-ukraine/.

69) Jonathan Brunson, "Russia isn't the only threat to Ukrainian democracy: the impact of far-right nationalist revolutionaries", *War on the Rocks,* 20 April 2019.

70) Brunson(2019).

71) Brunson(2019).

72) Brunson(2019)

73) Brunson(2019).

74) "Right Sector's Dmytro Yarosh Told 2019 Interview, 'Zelensky Will Hang'", *Executive Intelligence Review,* 6 March 2022. 젤렌스키 취임 직후인 2019년 5월 27일 우크라이나 인터넷 뉴스 사이트 '오보츠레바텔Obozrevatel'과 당시 우크라이나 의용군이자 우익섹터 창립자인 드미트리 야로시의 인터뷰이다. 야로시는 유럽의회에서도 논란이 된 바 있다. 2015년 4월 16일 미구엘 비에가스 의원은 유럽집행위 부의장에게 '군사 고문으로 드미트리 야로시를 임명'했는지 서면 질의를 했다. "우크라이나에서 민주주의와 인권 침해가 일상이 되고 있다. 드미트리 야로시, 나치 파시스트 준군사조직인 우익섹터의 리더가 우크라이나 전역에 테러를 확산시킨 군대의 자문advisor으로 지명되었다는 사실은 우크라이나 현 정부가 지닌 권위주의적이고 반민주적 성격의 또 다른 신호이다. 인터폴 수배범인 야로시는 지난 3월 중순 이후 우크라이나에 주재 중인 미국 교관의 지원을 받아 자원군 대대를 군대에 통합하는 임무를 부여받았다. 본 의원은 집행위원회 부의장이 이 지명 사실을 인지하고 있는지, 이 사실이 우크라이나와 EU 간 협력협정에—이 협정에 따라 EU는 우크라이나를 위기에게 벗어나게 하는 데 수십억 유로를 나눠줘야 하므로—어떤 영향을 미칠 것인지 질의하고자 한다."

75) Kai Biermann·Christian Fuchs·Astrid Geisler·Yassin Musharbash·Holger Stark, "The Brown Internationale", *Die Zeit,* 11 February 2021.

76) 『워싱턴포스트』에 국제 테러리즘 전문가가 기고한 우크라이나 네오나치에 대한 글이다. 2022년 2월 25일 우크라이나전쟁 개전과 더불어 네오나치 아조프연대는 SNS로 국제의용군 참전을 독려했다. 여기에 호응한 세계 각국의 극우 파시스트들이 우크라이나로 모여들었다. 이들은 각종 채팅 어플리케이션을 통해 모인 뒤 폴란드와 우크라이나 국경을 넘어와 소위 의용군에 배치되었다. 기사에서는 이렇게 모인 파시스트의 수가 이슬람국가ISIS 이래 최대 규모라고 한다. 그리고 이들의 진정한 목표는 우크라이나를 허브로 삼아서 파시스트 인종국가를 수립하는 데 있다고 지적한다. 우크라이나 방어가 목적이 아니라는 것이다. 여기서 내가 매우 흥미롭게 보는 대목은 아조프에 호응해 우크라이나로 간 네오나치들의 동선과 시기가 한국인의 이근과 겹친다는 점이다. 과연 이들이 아조프의 이념과 역사에 대해 알고서 국제 모병에 호응한 것인지 확인할 필요가 있다. 어느 여론조사에서는 응답자의 49.77퍼센트가 이근 등의 행위를 '남을 돕기 위한 정의로운 행동'으로 본다고 한다. 그렇다면 한국에도 국제 네오나치 무장 조직이 생길 수 있다는 것일까? 기사 전문은

다음에서 확인할 수 있다. https://www.washingtonpost.com/world/2022/04/06/ukraine-military-right-wing-militias/.

77) Adrien Nonjon, "Olena Semenyaka, The "First Lady" of Ukrainian Nationalism", *Illiberalism Studies Program*, 20 October 2020.

78) Nonjon(2020).

79) "우크라이나 외부에 드미트로 돈초프를 아는 사람은 거의 없다. 돈초프는 카피캣, 싸구려 모방 파시스트에 불과하다. 하지만 그 덕분에 우크라이나는 '인권을 오직 스칸디나비아계 혹은 원게르만proto-Germanic 혈통에게만 인정'하는 인종 차별의 법적 프레임을 갖추게 되었다." 출처는 https://twitter.com/Dosmasdos618/status/1558893749878624256.

80) Dmitry Plotnikov, "Ukraine's neo-Nazi Azov Battalion has built a 'state within a state' and it despises both Russia and the liberal West, *Russia Today*, 25 June 2022.

81) Plotnikov(2022).

82) Plotnikov(2022).

83) 마리우폴의 아조프연대 본부를 점령한 러시아군이 히틀러의 『나의 투쟁』을 발견해 화제가 된 적이 있다. 이 책은 국내에도 여러 종의 번역본이 있다. 1970년대 유신 시절 서울대 황성모 교수가 번역한 것을 권할 만하다. 하지만 일본어판을 참고했기 때문인지 이마저도 치명적인 오역이 있다. 히틀러의 최핵심 개념은 völkisch란 형용사다. 이 개념이 책 전반에 수도 없이 등장한다. 이것을 모조리 '민족적'이라 번역했는데, 좀 거칠게 말하자면 모두 오역이다. 일본어 번역에서 기원한 '국가사회주의' 개념 역시 오역이다. 반세기 넘게 그냥 써온 셈이다. 그렇다면 어떻게 옮겨야 할까? 없다. 여기에 대응할 개념이 한국어와 한자에는 없다. 굳이 번역하면 '인종으로 정의된 민족적'이나 '인종/민족적'이 그나마 근사치다. 민족이란 말은 일본에서 유래한 외래어다. 그것도 20세기 초에 주로 개화파를 통해 번역 소개되었다. 그런데 히틀러가 사고한 '민족' 개념을 성분 분석해본다면 '인종'이 팔 할 이상이다. 그리고 völkisch는 그 기원이 19세기 이전으로 거슬러 오르는 매우 독일/게르만적 개념이다. 20세기 초에 독일 초기 민족운동권과 히틀러 서클이 결합하면서 확산되기 시작했다. 바이마르공화국 시대에는 민족 계열과 보수 혁명파를 표징하는 일종의 표식이었고, 나치 집권 이후 모두가 사용해야 하는 의무 개념이 되었다. 하지만 2차 세계대전이 끝나고 이 말은 금기어가 되어 거의 사멸했다. 최근 들어 독일 내 극우파에서 복권을 주장하고 있다. 아무튼 출간된 지 한 세기가 된 히틀러의 『나의 투쟁』은 이제 교양인의 필독서가 아닌가 싶다. 그것을 완독해야 나치의 정신세계를 알 수 있으니 말이다. 한국어판이 좀 불만스럽지만 그래도 일독을 권한다.

84) 프로이트는 『문화 속의 불편함』(1930)에서 이렇게 주장했다. 작은 차이의 나르시시즘이란 '공격 성향의 안전하고 상대적으로 무해한 충족'이다. 모든 인간 공동체 속에서 동등 위치에 있는 인간 간의 적대적 질투와 시기를 없앨 수는 없다. 하지만 이 공격성이 내부를 향하지 않고, 이웃한 바로 옆 공동체를 향할 때 공동체의 결속을 오히려 더 쉽게 확보할 수 있다.

85) 우크라이나 내부의 언어와 종교의 상이함 때문에 이 나라가 분할되어야 한다는 주장은 억지다. 이런 언어와 종교의 차이에도 불구하고 다민족국가를 이룬 나라가 너무나 많다. 서우크라이나에서는 5퍼센트만 러시아어를 사용하고 95퍼센트는 우크라이나어를 사용한다. 반면 동남우크라이나에서는 85~93퍼센트가 러시아어를 사용하고, 중부 우크라이나 등에선 혼용한다. 종교적으로도 그리스정교와 카톨릭이

섞여 있다. 문제는 차별이다. 젤렌스키 정권은 언어법과 인종법을 만들어 러시아어의 공적 사용을 불법화했고, 또 오직 '스칸디나비안 슬라브'와 '아리안 슬라브'만 완전한 정치, 경제, 사회, 문화적 권리를 향유하는―우리 '서구 문명 사회'의 상식으로는 도무지 납득할 수 없는―조치를 시행했다.

86) Volodymyr Ishchenko(2018), "The unique extra-parliamentary power of Ukrainian radical nationalists is a threat to the political regime and minorities", *The Foreign Policy Centre*, 18 July 2018.

87) Carl Gershman(2015).

88) Bismarck O., *Thoughts and memories*, Moscow: State Socio-Economic Publishing House (in Russia), 1940.

89) Sergey Glazyev, "Events Like These Only Happen Once Every Century", *The Vineyard of the Saker*, 30 August 2022(c).

90) Glazyev(2022c).

91) Karaganov(2022a).

92) 즈그비뉴 브레진스키, 김명섭 옮김, 『거대한 체스판(제2판)』, 삼인, 2017, 162쪽 이하를 참조하라. 이 책의 영문 초판은 1998년에 출간되었다.

93) 브레진스키(2017), 158쪽.

94) 브레진스키(2017), 163쪽.

95) 브레진스키(2017), 214쪽.

96) 브레진스키(2017), 80쪽 이하.

97) 브레진스키(2019), 156쪽.

98) 브레진스키(2019), 240쪽 이하.

3장

1) https://twitter.com/I_Katchanovski/status/1541145038570364928?s=20&t=qgWqNzZxIQYabNk6C3kqMA.

2) "Minsk deal was used to buy time–Ukraine's Poroshenko", *Russia Today*, 17 Jun 2022.

3) https://larouchepub.com/pr/2022/20220306_yarosh.html.

4) "Foreign Minister Sergey Lavrov's interview with the NTV network, St Petersburg, June 16, 2022", BOTSCHAFT DER RUSSISCHEN FÖDERATION, 17 June 2022.

5) Ibid.

6) https://en.wikipedia.org/wiki/Minsk_agreements.

7) https://press.un.org/en/2015/sc11785.doc.htm.

8) https://www.rt.com/russia/557307-poroshenko-comments-minsk-agreement/.

9) 러시아의 "기본 목표는 돈바스의 우크라이나 내에서 특별 지위를 포함하여 어떤 형태에 기반한 항구 평화적 해결을 위한 우크라이나 정부와 반군의 직접 협상을 달성하는 것이었다. 러시아는 민스크에서 마련된 평화 프로세스에 반군이 협력하게끔 설득했다. 러시아의 목표는 매우 제한적이었다." Paul Robinson, "Russia's role in the war in Donbass, and the threat to European security", European Politics and Society, vol.17, 2016, pp.506~521.

10) Toal(2017), p.264.

11) Toal(2017), p.266에서 재인용.

12) Dmitri Trenin, "Russia-Ukraine war alert: what's behind it and what lies ahead?", *Carnegie Endowment for International Peace*, 13 April 2021.

13) 자크 보 대령은 독특한 배경과 풍부한 전문성으로 이번 전쟁에서 가장 많이 언급되는 논자 중 하나다. 그는 *The Postil Magazine*에 칼럼과 두 번의 인터뷰가 실렸고 최근에는 저서 *Operation Z*도 펴냈다. Jacques Baud, "The Military Situation In The Ukraine", *The Postil Magazine*, 1 April 2022.

14) "OSCE Reports Reveal Ukraine Started Shelling The Donbas Nine Days Before Russia's Special Military Operation", Kanekoa's Newsletter, 18 June 2022.

15) 여기에 대한 상론은 이유철, 「우크라이나전쟁에서 강행 규범 간 긴장과 권력 질서: 지배의 윤리에서 초월의 윤리로」, 2022(미간행 논문)를 참조하라.

16) R2P는 2001년 '개입과 국가 주권에 관한 국제위원회(ICISS)'의 논의에서 등장했다. 9쪽 분량의 보고서에서 "어떤 한 국가에서 인종청소를 비롯한 '대규모 인명 피해'가 저질러지고 있다면 국제사회가 인권 보호를 위해 인도주의적 군사 개입을 할 수 있다"는 논리를 폈다. 이후 2005년 유엔세계정상회의 결의문 138절, 139절에 보호책임을 명시하고, 여기에 대한 최초의 유엔총회 결의(A/RES/63/308)를 도출했다. 성립 조건을 보면, 2001년 ICISS 보고서는 국제법상 보호책임 법리의 오남용을 방지하기 위해, 다섯 가지 전제조건을 제시했다. ①더 이상 희생이 일어나는 것을 막겠다는 올바른 의도. ②다른 모든 비군사적 수단을 동원한 뒤의 최후의 수단으로서의 군사 개입. ③군사 개입을 하더라도 규모나 기간을 최소화하는 비례적 수단. ④군사 개입이 사태를 악화시키지 않고 더욱 심각한 인권 침해를 부르지 않아야 한다는 합리적 전망. ⑤유엔 안보리의 개입 결의안 같은 정당한 권위. 자세한 내용은 다음을 참조하라. https://ko.wikipedia.org/wiki/%EB%B3%B4%ED%98%B8%EC%B1%85%EC%9E%84.

17) 유엔헌장 제51조. 이 헌장의 어떠한 규정도 유엔 회원국에 대하여 무력 공격이 발생한 경우, 안전보장이사회가 국제 평화와 안전을 유지하기 위하여 필요한 조치를 취할 때까지 개별적 또는 집단적 자위의 고유한 권리를 침해하지 아니한다. 자위권을 행사함에 있어 회원국이 취한 조치는 즉시 안전보장이사회에 보고된다. 또한 이 조치는, 안전보장이사회가 국제 평화와 안전의 유지 또는 회복을 위하여 필요하다고 인정하는 조치를 언제든지 취한다는, 이 헌장에 의한 안전보장이사회의 권한과 책임에 어떠한 영향도 미치지 아니한다.

18) Maria Gritsch, "Russia's Necessary and Legal Military Response to US/NATO Aggression in Ukraine", *The Saker*, 28 May 2022.

19) "국제원자력기구IAEA 라파엘 그로시 사무총장은 5월 25일 다보스포럼에서 우크라이나가 플루토늄 30톤, 농축 우라늄 40톤을 자포로지예 핵발전소에 비축하고 있고, 국제원자력기구는 여기에 대해 심각한 우려를 갖고 있다고 말했다." 플루토늄 30톤은 약 1.5억 달러, 우라늄은 농축 정도에 따라 가격이 다른데 5퍼센트 미만의 농축은 민수용이고, 80퍼센트 농축은 군수용이다. 지금의 경우는 농축 정도를 알 수 없기 때문에 가격을 평가할 수 없다. "신고하지 않은 핵물질의 보유 사실만으로 대러시아 제재로 인한 피해 전부를 보상해야 할지도 모른다." Thierry Meyssan, "The secret Ukrainian military programs", *Voltairenet.org*, 31 May 2022.

20) Pepe Escobar. "Six months into Ukraine's collapse, the world has changed forever", *The Cradle*, 24 August 2022(b).

21) "An exclusive interview with Volodymyr Zelensky", *The Economist*, 28 March 2022.

22) 우크라이나는 나토조약을 모델로 제시했다. 동맹국이 공격을 받으면 나토가 자동으로 개입하는 구조로, 한미동맹의 인계철선 개념과 동일하다. 우크라이나의 안전 보장은 이미 1994년 부다페스트 의정서에 선례가 있다. 우크라이나의 비핵화를 대가로 미영 그리고 러시아가 우크라이나의 주권과 영토 불가침을 보장했다. 그런데 미국 상원에서 의정서를 비준하지 않았다. 따라서 문제의 본질은 안전 보장 약속의 "법적 구속력legally binding" 여부였다. 이를 위해 이 회담을 중개한 튀르키예는 물론이고 심지어 이스라엘까지 끌어들였다. 과연 누가 이런 부담을 안고자 할까?

23) Ian Kummer, "We Seriously Underestimated Russia; Our Own Propaganda is Killing Us", 블로그 The Reading Junkie, 2 April 2022.

24) Ian Kummer(2022).

25) Will Schryver, "Russia's Destruction of the Ukraine Military", 폴 크레이그 로버츠 개인 블로그, 19 August 2022(b).

26) "전쟁으로 말미암아 농지를 제외한 12조 4000억 달러 상당의 에너지 자원, 금속과 광물을 통제하는 이득이 러시아에게 돌아갔다. 만일 푸틴의 군대가 침공 이후 장악한 우크라이나 영토를 합병하는 데 성공한다면, 우크라이나는 자원의 3분의 2를 항구적으로 상실할 수 있다. 지금 러시아는 우크라이나가 보유한 석탄의 63퍼센트, 석유의 11퍼센트, 가스의 20퍼센트, 철광석 42퍼센트, 그리고 희토류의 33퍼센트를 통제하고 있다. (중략) 우크라이나는 영토와 자원의 상당 부분을 상실할 뿐만 아니라 러시아의 다른 공격에 항상적으로 취약해질 것이다." 워싱턴의 피터슨국제경제연구소 제이컵 퐁크 키르케고르는 이렇게 예상한다. "현재의 분쟁이 동결되어도 앞으로 그 어떤 사기업도 제정신이라면 우크라이나에 투자하지 않을 것이다. 러시아의 통제가 계속된다면 서방 자본의 지원으로 우크라이나를 재건하는 것은 위험해진다." Michael Roberts, "Russia under Putin", 마이클 로버츠 개인 블로그, 14 August 2022.

27) Schryver(2022b).

28) 카알 폰 클라우제비츠, 김만수 옮김, 『전쟁론(전면완역개정판)』, 갈무리, 2016, 797~798쪽.

29) 이상의 내용은 자크 보 대령의 인터뷰 Baud(2022)를 참조하라.

30) Baud(2022).

31) 여기서 보 대령의 이 말은 아마도 우리가 아래에서 보게 될 '매리너스'의 '대기만grand deception' 테제를 염두에 둔 것으로 보인다. 한마디로 러시아군의 키예프를 둘러싼 작전은 '대기만'이 아니라 '작전술'의 일환이라고 주장하는 것으로 보인다. 나 역시 처음부터 성동격서를 주장했는데, 기만도 작전술의 결과일 수 있다고 본다면 양자가 상호 배제되는 것인지 의문이다. 아무튼 핵심은 서방에서 말하는 우크라이나군의 키예프 전투 대승은 존재하지 않는다는 것이다.

32) Baud(2022).

33) Baud(2022).

34) Toal(2017), pp.72~73.

35) Marinus, "The Russian Invasion of Ukraine, Maneuverist Paper, no.22, Part II: The mental and moral realms", *Marine Corps Gazette*, August 2022를 재구성했다.

36) Karaganov(2022c).

37) Schryver(2022b).

38) David Madox, "'Failure of leadership' American public ready to abandon Ukraine as trust in Biden plunges", *Express*, 1 June 2022.

39) "What Happened on Day 94 of the War in Ukraine", *New York Times*, 28 May 2022.

40) Siobhán O'Grady·Paul Sonne·Max Bearak·Anastacia Galouchka, "Ukraine suffers on battlefield while pleading for U.S. arms", *The Washinton Post*, 29 May 2022.

41) Lindsey Snell·Cory Popp, "Ukraine war veterans on how Kiev plundered US aid, wasted soldiers, endangered civilians, and lost the war", *The Grayzone*, 18 August 2022.

42) "젤렌스키는 별문제 없다. 미영 특수부대가 호위할 것이기 때문이다. 이미 그의 가족은 이스라엘 소재의 800만 달러짜리 빌라에 가 있고, 마이애미에 340만 달러짜리 빌라도 소유하고 있으며 이탈리아 토스카니 지방에도 집이 있다. (중략) 우크라이나는 전 세계 부패의 성배이다. 400억 달러는 오로지 두 부류의 사람들에게게만 게임 체인저가 될 뿐이다. 첫째는 미국의 군산복합체 기업, 둘째는 한 무리의 우크라이나 올리가르히와 네오콘 NGO이다. 이들이 무기와 인도적 지원의 암시장에서 해먹은 돈은 카리브해의 영국령 케이먼제도에서 세탁될 것이다. 400억 달러를 쪼개보면 87억 달러는 미국의 무기 재고를 늘리는 데 사용되었고(따라서 우크라이나로 가지 않는다), 39억 달러는 USEUCOM(키예프 정부의 군사 전술을 지시·통제하는 '사무실')으로 갔으며, 50억 달러는 어디인지 모를 '지구적 식량 공급 체인'으로 흘러갔다. 60억 달러만 실제 무기 지원과 군사 훈련을 위해 우크라이나로 보냈으며, 90억 달러는 경제 지원을 명목으로 사용되었다(그러니 이 돈은 몇 놈의 호주머니 속으로 들어갈 것이다). 남은 9억 달러는 난민 지원용이다." Pepe Escobar, "NATO vs Russia: what happens next", *The Cradle*, 24 May 2022(a).
국제탐사보도언론인협회가 "판도라페이퍼스"를 통해 젤렌스키와 그 측근들이 조세 피난처에 페이퍼컴퍼니를 두고 단물을 빨아왔음을 밝혔다. 이것이 우크라이나전쟁이 탄생시킨 영웅들의 본모습이다. 또 푸틴 옆에 아브라모비치가 있다면 젤렌스키 옆에는 우크라이나의 올리가르히 콜로모이스키가 있다. 그는 네오나치 아조프의 스폰서인 동시에 젤렌스키의 스폰서다. 젤렌스키는 집권 후 콜로모이스키를 비호했다. 자세한 내용은 다음을 참조하라. https://offshoreleaks.icij.org/nodes/240381741.

43) 유감스럽게도 우크라이나에 불리한 트위터 계정의 상당수가 이미 삭제되었다. 이 계정(https://twitter.com/DerHaidWachst) 역시 마찬가지다. 본래의 영상은 2022년 5월 8일에 포스팅되었다.

44) Barry R. Posen, "Ukraine's Implausible Theories of Victory, The Fantasy of Russian Defeat and the Case for Diplomacy", *Foreign Affairs*, 8 July 2022.

45) 트위터 Russians with Attitude 계정이다. https://twitter.com/RWApodcast.

46) Yevgeniy Kotenko, "The Azov Battalion: Laboratory of Nazism", *Sputnik International*, 22 May 2022.

47) 우크라이나로 온 국제 용병의 상당수는 극우 나치이다. 국제연대가 진행한 아조프 모병에 자원한 외국 용병 가운데는 기본적으로 극우가 많고, 일부는 테러와도 무관하지 않은 것으로 보인다. 이들은 2022년 5월까지 남부 자포로즈예 전선에 배속되었을 가능성이 높다. 그런데 문제는, 최근 우크라이나 군대에 지원했던 한국인(이근)이 처벌을 면하기 위해 안톤 게라셴코에게 한국 정부에 선처를 구하는 메시지를 보내달라고 부탁한 모양이다. 게라셴코는 전직 우크라이나 의원이자 현재는 내무부 정식 고문이다. 그리고 그는 아르센 아바코프 전 내무장관의 보좌관으로 정치에 입문했다.

또한 게라셴코는 악명 높은 정치테러 사이트 '평화유지자Myrotvorets'를 만들기도
했다. 스스로 자신이 러시아의 '공적 1호'임을 자랑스러워한다고 한다.

48) Kotenko(2022).

49) Kotenko(2022).

50) "Azov: No one has been in contact with the defenders of Mariupol for two weeks",
   Pravda, 10 APRIL 2022.

51) Alexander Dugin, "After the First Interrogations of the "Azovstal" Surrendered houls,
   the Following Picture Emerges…", *Stalkerzone*, 22 May 2022.

52) "EXCLUSIVE! AZOV Battalion Mariupol Headquarters Walkthrough PT 1!", 유튜브
   John Mark Dougan 채널, 19 May 2022.

53) "Wie der Spiegel in einem Interview alles Ungünstige für die Ukraine-Regierung
   herausgeschnitten hat", 유튜브 Politik, Psychologie & anderes 채널, 5 May 2022.

54) Alex Vershinin, "The Return of Industrial Warfare", *The Royal United Services
   Institute*(RUSI), 17 June 2022.

55) Vershinin(2022).

56) Vershinin(2022).

57) https://www.businessinsider.com/us-wants-to-build-artillery-shells-as-it-supplies-
   ukraine-2022-9.

58) Hal Brands, "Ukraine War Shows the US Military Isn't Ready for War With China", *The
   Royal United Services Institute*(RUSI), 18 September 2022.

59) Brands(2002).

60) Brands(2002).

61) Brands(2002).

62) Michael Gfoeller · David H. Rundell, "Nearly 90 Percent of the World Isn't Following Us
   on Ukraine", *Newsweek*, 15 September 2022.

63) Larry C. Johnson, "The Ukrainian Army Has Been Defeated. What's Left Is Mop-Up",
   The Unz Review, 21 March 2022.

64) Karaganov(2022c).

65) 마이클 허드슨, 「세계화는 끝났다. 미래의 승자는 중국/러시아다」, 프레시안, 2022.4.3.

66) Escobar(2022a).

67) 아래에 대해서는 다음을 참고하라. https://www.mckinsey.com/featured-insights/
   inflation/how-inflation-is-flipping-the-economic-script.

68) 프레스티튜트prestitute는 언론press과 매춘부prostitute를 합성한 말이다.
   우크라이나전쟁과 관련해서 언론이 정치권력의 입맛과 시류에 편승해 사실을
   왜곡·조작하는 경향을 이른다.

69) Maté(2022).

70) 귀스타브 르봉, 이재형 옮김, 『군중심리』, 문예출판사, 2013, 31쪽.

71) 르봉(2019), 151쪽.

72) Larry C. Johnson(2022).

73) 마이클 허드슨(2022).

74) Vanessa Beeley, "Journalists who challenge NATO narratives are now 'information
   terrorists'", *Monthly Review*, 29 August 2022.

75) "Breaking News: Ukraine ended its "combat mission" in Mariupol and said fighters were

being evacuated, signaling that the battle at a steel plant was over˝, 트위터 *The New York Times* 공식 계정, 17 May 2022.

76) ˝Ukraine ends bloody battle for Mariupol, evacuates Azovstal fighters.˝

77) 이 방송을 아래에서 시청할 수 있다. 트위터의 언급처럼 3월 30일 러시아군이 철수한 뒤 우크라이나 북부에서 하루 5000명 수준이던 벨라루스행 난민이 1만 5000명으로 급증하더니 곧 2만 명을 넘어섰다. 그래서 철군 시 친러 주민을 동반하라는 요구와, 만일 그렇게 할 경우 우크라이나 측으로부터 민간인 납치라는 비난을 받을 수 있다는 딜레마가 발생한다. https://twitter.com/NieblaGuerra/status/1536643416720822273?s=20&t=pRXdiF3iu7q7mGS-HiEZhQ.

78) Paul Robinson, ˝Russia ups the ante in Ukraine˝, *Canadian Dimension*, 22 September 2022.

79) Gearóid Ó Tuathail, *Critical Geopolitics*, University of Minessota Press, 1996, pp.166. Gearóid Ó Tuathail은 이 책에서 인용한 아일랜드계 지정학자 Gerald Toal과 같은 사람이다. 이 책은 이른바 '비판지정학'의 효시로 언급된다.

80) Tuathail(1996), p.165.

81) Yves Lacoste, *Géopolitique, La longue histoire d'aujourd'hui*, Larousse, 2006, p.26.

4장

1) ˝The President attended the plenary session of the 25th St Petersburg International Economic Forum˝, 러시아 대통령실, 17 June 2022.

2) ˝Meeting with State Duma leaders and party faction heads˝, 러시아대통령실, 7 July 2022.

3) 이하 인터뷰 원문은 미국 국무부 공식 홈페이지에 실려 있다. https://www.state.gov/secretary-antony-j-blinken-with-kiratikorn-naksompop-blauw-of-thai-pbs/

4) 존 J. 미어샤이머, 이춘근 옮김, 『강대국 국제정치의 비극』, 김앤김북스, 2017, 451쪽.

5) 존 J. 미어샤이머(2017), 477쪽.

6) 존 J. 미어샤이머(2017), 449쪽.

7) 존 J. 미어샤이머(2017), 478쪽.

8) Karaganov(2020c).

9) Wolfgang Streeck, ˝Return of the King˝, *New Left Review*, 4 May 2022.

10) Daniel Bessner, ˝Empire Burlesque: What comes after the American Century?˝, *Harper's Magazine,* July 2022.

11) Dmitri Trenin, ˝Russia-Ukraine war alert: what's behind it and what lies ahead?˝, *Carnegie Endowment for International Peace*, 13 April 2021.

12) 브레진스키(2017), 80쪽 이하.

13) Will Schryver, ˝The United States Could Not Win and Will Not Fight a War Against Russia˝, imetatronink 블로그, 8 July 2022(a).

14) Will Schryber(2002a).

15) Andrei Martianov, *Losing Military Supremacy. The Myopia of American Strategic Planning*, Clarity Press, 2018, pp.207~8.

16) Martianov(2018), p.215.

17) Nafeez Ahmed, ˝Up to Six Million People. The Unrecorded Fatalities of the 'War on

Terror'", *Byline Times*, 15 September 2021.

18) S. Kushi·M. D. Toft, "Introducing the Military Intervention Project: A New Dataset on US Military Interventions, 1776–2019", *Journal of Conflict Resolution*, 8 August 2022.

19) Kushi·Toft(2022).

20) Mike Pompeo, "Transcript of Pompeo Speech on Ukraine and a Global Alliance for Freedom", *Hudson Institute*, June 24, 2022.

21) Henrik Larsen, "NATO's response to the Putin Doctrine will shape its operations for years to come", *The Hill*, 5 February 2022.

22) Charles Kupchan, "Putin's War in Ukraine Is a Watershed". *Time for America to Get Real*. 11 April 2022.

23) 허드슨은 다른 대담에서도 이 문제를 짚은 바 있다.
"기본적으로 미국의 외교정책을 네오콘(신보수의자)이 책임지고 있다. (2014년 초 우크라이나 쿠데타 당시 악명을 떨친) 빅토리아 눌런드와 로버트 케이건 부부를 비롯해서 국무장관 블링컨과 안보보좌관 설리번까지 바이든 대통령의 외교안보 라인은 전부 네오콘이다. 그들은 21세기를 새로운 미국의 세기로 만들자고 촉구하며, 미국이 전 세계를 지배하고 자신들만의 현실을 창조할 수 있다고 주장한다. 물론 자신들의 프로젝트가 독일에 엄청난 문제를 일으키리라는 점도 잘 알고 있다. 그들은 자신들의 세계 지배 시도가 독일과 이탈리아를 비롯한 유럽으로 가는 석유와 가스 에너지를 차단하고 비료 생산에 필요한 천연가스 공급을 축소하여 식량 생산도 줄일 것이라는 점도 잘 안다. 그들은 이런 부작용을 잘 알면서도 "이 상황에서 미국은 어떻게 이득을 취할 것인가?"를 생각한다. 최악의 상황에서도 이득을 얻는 방법은 얼마든지 있다. 그중 하나는 유가 상승이다. 기름값이 치솟으면 석유와 가스 공급을 기반으로 외교정책을 펼치는 미국에게 이익이다. 미국의 석유 기업이 세계 석유 무역의 대부분을 지배하고 있으며, 바로 이 사실이 미국 외교의 많은 측면을 설명해준다. 이번 전쟁은 세계 에너지 무역에서 이란과 베네수엘라에 이어 러시아까지 배제한 채 에너지 교역을 온통 미국 기업이 통제하기 위한 싸움이다.
문제는 액화천연가스를 운반할 수 있는 항구가 독일에는 없다는 점이다. 또한 이 가스를 유럽으로 가져갈 선박과 유조선도 부족하다. 그래서 앞으로 몇 년간 유럽은 매우 어려운 시간을 보내게 될 것이다. 그리고 이게 다가 아니다. 서방은 러시아가 생산하는 각종 원자재에 의존하고 있다. 예를 들어 팔라듐은 촉매 변환기에, 티타늄은 항공기 나사 제작에 필요하다. 러시아는 심지어 컴퓨터와 각종 전자 기기에 필요한 네온과 크립톤도 생산한다. 한마디로 유럽의 산업은 러시아의 원자재 공급에 달려 있다.
그런데 미국은 석유와 가스, 각종 원자재 등 유럽과 러시아의 교역을 가로막는 제재 리스트를 작성하면서 자국에 필요한 물자는 제외했다. 예컨대 중유가 그런데, 그 이유는 이미 베네수엘라로부터의 수입을 제재한 상태라 러시아산 중유가 필요했기 때문이다. 이런 식으로 미국은 자국에 필요한 물자들은 예외로 삼았다. 반대로 말해서 미국은 자국 산업의 약점을 러시아에 알려준 것이나 다름없다.

24) Michael Hudson, "Ukraine a Trojan for Germany's US dependence", 개인 홈페이지, 3 June 2022(a).

25) Hudson(2022a).

26) 군사적 우려도 만만치 않다. 2012~18년 독일의 정보기관인 헌법수호처Verfassungsschutz 처장을 역임한 한스 게오르크 마센은 "내 관점에서 보면, 우리가 헬멧이나 붕대가

아니라 무기를 지원하면 이 전쟁의 당사자가 될 리스크가 있다. 우리는 현재
우크라이나 편에 선 교전 당사자이다. 그런데 자칫 이 속으로 빨려 들어가면 러시아를
상대하는 교전 당사자가 된다." Hans Georg Maassen, "Ex-German intel chief warns
of war with Russia", *Russia Today*, 28 May 2022.

27) 놀랍도록 손쉽게 확보할 수 있는 핵심 목표는 독일—따라서 EU—의 경제를 파괴하는
일이다. 여기에서 살아남은 많은 기업을 미국이 헐값에 사갈 것이다. BMW의 밀란
네델리코비치 이사는 로이터통신에 이렇게 말했다. "만약 독일 천연가스 공급의
37퍼센트를 차지하는 러시아산 가스가 끊긴다면 우리 산업은 망할 수밖에 없다."
Escobar(2022a).

28) Hudson(2022a).

29) 랜드연구소 문서는 이곳에서 볼 수 있다. https://redpill78.substack.com/p/newly-leaked-
report-from-rand-corporation?s=r&utm_campaign=post&utm_medium=web.

30) *Political Risk Outlook 2022*, Verisk Maplecroft, 27 June 2022, pp.6~7.

31) Trita Parsi, "Why non-Western countries tend to see Russia's war very, very differently",
The Transnational, 18 April 2022.

32) Andrew Korybko, "Speculation About Russia Becoming A Chinese Puppet Ignores
India's Decisive Balancing Role", 개인 발행 뉴스레터(Andrew Korybko's
Newsletter), 12 August 2022(b).

33) Andrew Korybko, "Towards Dual-Tripolarity: An Indian Grand Strategy for the Age of
Complexity", *The Russian International Affairs Council*(RIAC), 20 June 2022(a).

34) Escobar(2022b).

35) Escobar(2022b).

36) Glazyev(2022c).

37) 페페 에스코바가 진행한 이 인터뷰는 2022년 4월 14일 *The Cradle*에 게재되었다. Sergey
Glazyev, "Russia's Sergey Glazyev introduces the new global financial system", *The
Cradle*, 14 April 2022(b).

38) Glazyev(2022c).

39) "신세계질서의 이데올로기는 사회주의이다. 동시에 신세계질서는 시장 경쟁 메커니즘을
활용한다." Glazyev(2022c). 그러나 그 실례로 중국, 인도, 동남아에 심지어 일본과
한국도 포함시켰다는 점에서 여기에서 말한 사회주의는 일반적인 의미의 사회주의는
아니다.

40) Sergey Glazyev, "The Economics of the Russian Victory", *Stalkerzone*, 18 March 2022(a).

41) Glzayev(2022b)

42) Glazyev(2022a).

43) Hudson(2022a).

44) "WORLD ECONOMIC OUTLOOK UPDATE JULY 2022: GLOOMY AND MORE
UNCERTAIN", IMF, July 2022.

45) Michael Hudson, *The Destiny of Civilization*, Islet, 2022(b), p.276.

46) "Joint Statement of the Russian Federation and the People's Republic of China
on the International Relations Entering a New Era and the Global Sustainable
Development", 러시아 대통령실, 4 February 2022.

47) Ibid.

48) David P. Calleo, *Beyond American Hegemony. The Future of the Western Allinace*, Basic

Books, 1987, p.142.; 찰머스 존슨, 이원태 옮김, 『블로우백』, 삼인, 2003, 302쪽 재인용.
49) "Foreign Minister Sergey Lavrov's interview with the NTV network, St. Petersburg, June 16, 2022", 러시아 외무부, 16 June 2022.
50) 찰머스 존슨(2003), 298쪽.

5장

1) 『광해군일기(정초본)』 187권, 광해 15년(1623) 3월 14일 갑진 첫 번째 기사.
2) 『순종실록』 4권, 순종 3년(1910) 8월 29일 양력 두 번째 기사.
3) Toal(2017), p.10.
4) Toal(2017).
5) 스웨덴의 지정학자 요한 루돌프 첼렌Johan Rudolf Kjellén이 요약한 베른하르디와 리츨러의 견해이다. 스티븐 컨, 박성관 옮김, 『시간과 공간의 문화사 1880~1918』, 휴머니스트, 2004, 507쪽.
6) 고야스 노부쿠니, 이승연 옮김, 『동아 대동아 동아시아: 근대 일본의 오리엔탈리즘』, 역사비평사, 2005, 39쪽 이하.
7) 다케우치 요시미, 서광덕 외 옮김, 『일본과 아시아』, 소명출판, 2004, 168~169쪽.
8) 안드레 군더 프랑크, 이희재 옮김, 『리오리엔트』, 이산, 2003, 22쪽 이하.
9) 프랑크(2003), 435쪽.
10) 일본 메이지 시기의 대표적 정한론자인 소에지마 다네오미는 해양국가 일본의 대외 정책과 관련해 이렇게 말했다. "일본이 바다를 자연적인 방어막으로 생각하고 거기에 안주한다면 국방상의 위험에서 영구히 벗어날 수 없다. 국가의 방위를 확보하기 어렵기 때문에 어떤 방법과 수단을 동원하더라도 대륙에 영토를 확보해야만 한다. 만일 일본이 대륙에 영토를 확보하고자 한다면, 지리적 관계를 고려할 때 최우선적으로 조선을 굴복시키지 않으면 안 될 것이다. 그러나 중국이 이미 종주국으로서 조선을 지배하고 있고 결코 조선을 포기하지 않을 것이기 때문에 일본이 조선을 영유하려고 한다면 중국과의 무력 충돌은 불가피하다." 채수도, 「전전 일본 지정학의 성립과 전개」, 『대구사학』, 제139집, 2020.5., 3쪽. 여기서 일본 지정학이 침략의 나침반 역할을 했다는 점을 확인하는 것은 어렵지 않다. 하지만 바다라는 자연지리 조건을 오히려 팽창과 침략의 근거로 이용했다는 점에서 당시 조선의 자연 이해와는 현저한 차이를 보였다는 점도 간과할 수 없다.
11) 엄밀히 말해 이 구절은 키신저의 발언이나 저술에서 직접 확인되지는 않는다. 다만 위키쿼트Wikiquote는 '신뢰할 만한 2차 문헌'에서 나온 것이니 그의 말이라고 봐도 무방하다고 간주한다. 1970년대 초 베트남전쟁에 관한 대화에서 "닉슨에게 (키신저의) 말이 전달되었다고 한다. 만일 응우옌반티에우(남베트남 총통)가 응오딘지엠(남베트남 초대 대통령, 미국의 지원으로 대통령이 되었다가 미국이 지원한 쿠데타로 실각한 뒤 살해되었다)과 같은 운명을 맞는다면 세계 모든 나라가 이렇게 말할 겁니다. '미국의 적이 되는 것은 위험하지만, 미국의 친구가 되는 것은 치명적이다.'"
12) 키신저의 회고록 *The White House Years*에 나온다.
13) 「[전문] 김여정, "윤아무개" "그 인간 자체가 싫다" 비난 담화」, 조선Biz, 2022.8.19.

14) 이상의 내용은 다음을 참조하라. 장창준,「윤석열 정부의 대미, 대북정책과 한반도 평화프로세스」, 학술심포지움 "5·18과 위기의 한반도 평화프로세스: 우크라이나전쟁 이후 세계질서와 한반도" 발표 논문, 2022.6.25.
15) 이해영,「'가치외교', 가치의 '전제'」,『서울신문』, 2021.3.29.

6장

1) Carl von Clausewitz, *Vom Kriege*(Auswahl), Hrsg.: U. Marwedel, Stuttgart, 1994, S.329f.
2) Immanuel Kant, *zum ewigen Frieden*, Zum ewigen Frieden, Politische Schriften, Stuttgart, 1965.
3) Carl Schmitt, *Der Begriff des Politischen*, Berlin, 1987, S.12.
4) Carl Schmitt, *Theorie des Partisanen. Zwischenbemerkungen zum Begriff des Politischen*, Berlin, 1963, S.16.
5) Benjamin Norton, "US launched 251 military interventions since 1991, and 469 since 1798", *Monthly Review*, 13 September 2022.
6) 존 J. 미어샤이머, 이춘근 옮김,『미국 외교의 거대한 환상』, 김앤김북스, 2020, 358쪽.
7) Valery Zaluzhnyi·Mykhailo Zabrodsky, "Prospects for guaranteeing the military campaign of 2023: the Ukrainian view", UKRINFORM, 7 September 2022.
8) Serhii Sydorenko, "Yalta is close, there will be no negotiations with the Russian Federation." How Zelensky answered the US at the secret YES forum, *European truth*, 10 September 2022.
9) Sydorenko(2022).

외국 문헌

Ahmed, Nafeez, "Up to Six Million People. The Unrecorded Fatalities of the 'War on Terror'", *Byline Times*, 15 September 2021.

Baldwin, Natylie, "Interview: Olga Baysha, UKRAINE: The Real Zelensky", *Consortium News*, 29 April 2022.

Baud, Jacques, "The Military Situation In The Ukraine", *The Postil Magazine*, 1 April 2022(a).; "The Latest on Ukraine from Jacques Baud", *The Postil Magazine*, 1 July 2022(b).; "Our Latest Interview with Jacques Baud, *The Postil Magazine*, 1 September 2022(c).

BBC, "Ukraine crisis: Transcript of leaked Nuland-Pyatt call", BBC, 7 February 2014.

Benjamin, Medea · J. S. Davies, Nicolas · Winograd, Marcy, "Will the Senate Confirm Coup Plotter Victoria Nuland?", *Common Dreams*, 14 January 2021.

Beeley, Vanessa, "Journalists who challenge NATO narratives are now 'information terrorists'", *Monthly Review*, 29 August 2022

Beissinger, Mark R., *The Revolutionary City: Urbanization and the Global Transformation of Rebellion*, Princeton University Press, 2022.

Bessner, Daniel, "Empire Burlesque: What comes after the American Century?", *Harper's Magazine,* July 2022.

Biermann, Kai · Fuchs, Christian · Geisler, Astrid · Musharbash, Yassin · Stark, Holger, "The Brown Internationale", *Die Zeit*, 11 February 2021.

Brands, Hal, "Ukraine War Shows the US Military Isn't Ready for War With China", *The Royal United Services Institute*(RUSI), 18 September 2022

Brunson, Jonathan, "Russia isn't the only threat to Ukrainian democracy: the impact of far-right nationalist revolutionaries", *War on the Rocks*, 20 April 2019.

Brzesinski, Z., "The Brzezinski Interview with Le Nouvel Observateur", 1998.; 원래는 "Les Révélations d'un Ancien Conseilleur de Carter: 'Oui, la CIA est Entrée en Afghanistan avant les Russes···'", *Le Nouvel Observateur*[Paris], 15~21 January 1998.

"Bucharest Summit Declaration", Issued by the Heads of State and Government participating in the meeting of the North Atlantic Council in Bucharest on 3 April 2008.

Calleo, David P., *Beyond American Hegemony: The Future of the Western Allinacem*, Basic Books, 1987.

Clausewitz, Carl von, *Vom Kriege*(Auswahl), Hrsg.: U. Marwedel, Stuttgart, 1994.

Cohen, Stephen F., "America's Collusion With Neo-Nazis: Neo-fascists play an important official or tolerated role in US-backed Ukraine", *The Nation*, 2 May 2018.

Darden, Keith·Way, Lucan, "Who are the protesters in Ukraine?", *The Washington Post*, 12 February 2014.

Dugin, Alexander, "After the First Interrogations of the "Azovstal" Surrendered houls, the Following Picture Emerges···", *Stalkerzone*, 22 May 2022

Economist, "An exclusive interview with Volodymyr Zelensky", *The Economist*, 28 March 2022.

Escobar, Pepe, "NATO vs Russia: what happens next", *The Cradle*, 24 May 2022.; "Six months into Ukraine's collapse, the world has changed forever", *The Cradle*, 24 August 2022.

Fitzgerald, Paul, "Brzezinski Vision to Lure Soviets into 'Afghan Trap' Now Orlando's Nightmare", HUFFPOST, 20 June 2016.

Gershman, Carl, "Former Soviet states stand up to Russia. Will the U.S.?", *The Washington Post*, 26 September 2013.; "A Fight for Democracy: Why Ukraine Matters". NED 홈페이지, 22 January 2015.

Gfoeller, Michael·Rundell, David H., "Nearly 90 Percent of the World Isn't Following Us on Ukraine", *Newsweek*, 15 September 2022.

Glazyev, Sergey, "The Economics of the Russian Victory", *Stalkerzone*, 18 March 2022(a).; "Russia's Sergey Glazyev introduces the new global financial system", *The Cradle*, 14 April 2022(b).; "Events Like These Only Happen Once Every Century", *The Vineyard of the Saker*, 30 August, 2022(c).

Greatgameindia(2022), "Modern Ukraine Was Built On An Anti-Russia Foundation, But A Large Part Of The Country Refused To Play Along, Journal of Geopolitics and International Relations", 2 June 2022.

Gritsch, Maria, "Russia's Necessary and Legal Military Response to US/NATO Aggression in Ukraine", *The Saker*, 28 May 2022.

Hudson, Michael, "Ukraine a Trojan for Germany's US dependence", 개인 홈페이지, 3 June 2022(a).; *The Destiny of Civilization*, Islet, 2022(b).

IMF, "WORLD ECONOMIC OUTLOOK UPDATE JULY 2022: GLOOMY AND MORE UNCERTAIN", IMF, July 2022.

Ishchenko, Volodymyr, "The unique extra-parliamentary power of Ukrainian radical nationalists is a threat to the political regime and minorities", *The Foreign Policy Centre*, 18 July 2018.; —·Zhuravlev, Oleg, "How Maidan Revolutions Reproduce and Intensify the Post-Soviet Crisis of Political Representation", *PONARS EURASIA POLICY MEMO*, no.714, 18 October 2021.

Johnson, Larry C., "The Ukrainian Army Has Been Defeated. What's Left Is Mop-Up", *The Unz Review*, 21 March 2022.

Joint Statement, "Joint Statement of the Russian Federation and the People's Republic of China on the International Relations Entering a New Era and the Global Sustainable Development", 러시아 대통령실, 4 February 2022.

Kagan, Robert, "League of Dictators? Why China and Russia Will Continue to Support Autocracies", *The Washington Post*, 30 April 2006.

Kant, Immanuel, *zum ewigen Frieden*, Zum ewigen Frieden, Politische Schriften, Stuttgart, 1965.

Karaganov, Sergey, "It's not really about Ukraine", *Russia Today*, 8 February 2022(a).; "Russia's new foreign policy, the Putin Doctrine", *Russia Today*, 23 February 2022(b).; "We are at war with the West. The European security order is illegitimate", *Russian International Affairs Council*(RIAC), 8 April 2022(c).

Kennan, George F., "A Fateful Error", *The New York Times*, 5 February 1997

Kirk, Tom, "Chomsky: Our Priority on Ukraine Should Be Saving Lives, Not Punishing Russia", *Global Policy Journal*, 28 April 2022.

Kolosov, Vladimir, "Phantom borders: the role in territorial identity and the impact on society", *Open Edition Journals*, February 2020.

Korshunov, Maxim, "Mikhail Gorbachev: I am against all walls", *Russia Beyond*, 16 October 2014.

Kotenko, Yevgeniy, "The Azov Battalion: Laboratory of Nazism", *Sputnik International*, 22 May 2022.

Kummer, Ian, "We Seriously Underestimated Russia: Our Own Propaganda is Killing Us", 블로그 The Reading Junkie, 2 April 2022.

Kushi, S., & Toft, M. D., "Introducing the Military Intervention Project: A New Dataset on US Military Interventions, 1776–2019", *Journal of Conflict Resolution*, 8 August 2022.

Korybko, Andrew, "Towards Dual-Tripolarity: An Indian Grand Strategy for the Age of Complexity", *The Russian International Affairs Council*(RIAC), 20 June 2022(a).; "Speculation About Russia Becoming A Chinese Puppet Ignores India's Decisive Balancing Role", 개인 발행 뉴스레터(Andrew Korybko's Newsletter), 12 August 2022(b).

Kupchan, Charles, "Putin's War in Ukraine Is a Watershed". *Time for America to Get Real*. 11 April 2022.

Larsen, Henrik, "NATO's response to the Putin Doctrine will shape its operations for years to come", *The Hill*, 5 February 2022.

Lavrov, Sergey, "Foreign Minister Sergey Lavrov's interview with the NTV network, St Petersburg, June 16, 2022", 러시아 외무부, 16 June 2022.

Lacoste, Yves, *Géopolitique, La longue histoire d'aujourd'hui*, Larousse, 2006.

Maassen, Hans-Georg, "Ex-German intel chief warns of war with Russia", *Russia Today*, 28 May 2022.

Maté, Aaron, "US fighting Russia 'to the last Ukrainian': veteran US diplomat", *The Grayzone*, 24 March 2022.

Madox, David, " 'Failure of leadership' American public ready to abandon Ukraine as trust in Biden plunges", *Express*, 1 Jun 2022.

Marinus, "The Russian Invasion of Ukraine, Maneuverist Paper, no.22, Part II: The mental and moral realms", *Marine Corps Gazette*, August 2022.

Martianov, Andrei (2018), *Losing Military Supremacy. The Myopia of American Strategic Planning*, Clarity Press, 2018.

Meyssan, Thierry, "The secret Ukrainian military programs", *Voltairenet.org*, 31 May 2022.

Mitchell, A. Wess, "A Strategy for Avoiding Two-Front War", *The National Interest*, 22 August 2021.

Morelli, Anne, *Principes élémentaires de propagande de guerre(utilisables en cas de guerre froide, chaude ou tiède…),* Quartier Libre, 2001.

NATO, "Russia's top five myths about NATO", Fact Cheet, December 2014

Nepogodin, Alexander, "The seeds of the split: How the Russian-speaking Donbass first attempted to win independence from Ukraine in 2004", *Russia Today,* 11 July 2022(a).; "How Ukrainians voted for the preservation of the Soviet Union in 1991, but still ended up in an independent state later that year", *Russia Today,* 10 August 2022(b).

Nonjon, Adrien, "Olena Semenyaka, The "First Lady" of Ukrainian Nationalism", *Illiberalism Studies Program,* 20 October 2020.

Norton, Benjamin, "US launched 251 military interventions since 1991, and 469 since 1798", *Monthly Review,* 13 September 2022.

NSARCHIV, "NATO Expansion: What Gorbachev Heard", National Security Archive 홈페이지, 12 December 2017.; "NATO Expansion: What Yeltsin Heard", National Security Archive 홈페이지, 16 March 2018.

"OSCE Reports Reveal Ukraine Started Shelling The Donbas Nine Days Before Russia's Special Military Operation", Kanekoa's Newsletter, 18 June 2022.

Plotnikov, Dmitry, "Ukraine's neo-Nazi Azov Battalion has built a 'state within a state' and it despises both Russia and the liberal West, *Russia Today,* 25 June 2022

Pompeo, Mike, "Transcript of Pompeo Speech on Ukraine and a Global Alliance for Freedom", *Hudson Institute,* June 24, 2022.

Parsi, Trita, "Why non-Western countries tend to see Russia's war very, very differently", *The Transnational,* 18 April 2022.

Posen, Barry R., "Ukraine's Implausible Theories of Victory, The Fantasy of Russian Defeat and the Case for Diplomacy", *Foreign Affairs,* 8 July 2022.

Putin, Vladimir, "Speech and the Following Discussion at the Munich Conference on Security Policy", 10 February 2007.; "Text of Putin's speech at NATO Summit, Bucharest", 2 April 2008.; "Meeting with State Duma leaders and party faction heads," 러시아 대통령실, 7 July 2022.

RAND, "Overextending and Unbalancing Russia", 연구소 홈페이지 https://www.rand.org/pubs/research_briefs/RB10014.html#related, 2019(a).; "Extending Russia Competing from Advantageous Ground", 연구소 홈페이지 https://www.rand.org/pubs/research_reports/RR3063.html, 2019(b).

Red Pill News, "Newly Leaked Report From Rand Corporation Reveals The True Motives Behind European Destabilization & The Russia/Ukraine War", *Red Pill News,* 13 September 2022.

Robinson, Paul, "Russia's role in the war in Donbass, and the threat to European security", *European Politics and Society,* vol.17, 2016.; "Russia ups the ante in Ukraine", *Canadian Dimension,* 22 September 2022.

Roberts, Michael, "Russia under Putin", 마이클 로버츠 개인 블로그, 14 August 2022.

Russia Today, "West violated key NATO Russia treaty–Lavrov", *Russia Today,* 30 June 2022.; "Minsk deal was used to buy time–Ukraine's Poroshenko", *Russia Today,* 17 June 2022.

Sachs, Jeffrey D., "Ukraine Is the Latest Neocon Disaster", 개인 홈페이지 jeffsachs.org, 27 June 2022.

Schmitt, Carl, *Theorie des Partisanen. Zwischenbemerkungen zum Begriff des Politischen*, Berlin, 1963.; *Der Begriff des Politischen*, Berlin, 1987.

Schryver, Will, "The United States Could Not Win and Will Not Fight a War Against Russia", imetatronink 블로그, 8 July 2022(a).; "Russia's Destruction of the Ukraine Military", 폴 크레이그 로버츠 개인 블로그, 19 August 2022(b).

Shalom, Stephen R.·Botz, Dan La, "Ukraine and the Peace Movement", *Foreign Policy in Focus*, 19 July 2022.

Snell, Lindsey·Popp, Cory, "Ukraine war veterans on how Kiev plundered US aid, wasted soldiers, endangered civilians, and lost the war", *The Grayzone*, 18 August 2022.

Spohr, Kristina, "Precluded or Precedent-Setting: The 'NATO Enlargement Question' in the Triangular Bonn-Washington-Moscow Diplomacy of 1990-1991," *Journal of Cold War Studies*, vol.14, no.4, 2012.

Streeck, Wolfgang, "Return of the King", *New Left Review*, 4 May 2022.

Sydorenko, Serhii, "Yalta is close, there will be no negotiations with the Russian Federation." How Zelensky answered the US at the secret YES forum, *European truth*, 10 September 2022.

Trenin, Dmitri, "Russia-Ukraine war alert: what's behind it and what lies ahead?", *Carnegie Endowment for International Peace*, 13 April 2021.

Toal, Gerald, *Near Abroad: Putin, The West and The contest over Ukraine and the Caucasus*, Oxford University Press, 2017

Tuathail, Gearóid Ó, *Critical Geopolitics*, University of Minessota Press, 1996.

Vershinin, Alex, "The Return of Industrial Warfare", *The Royal United Services Institute*(RUSI), 17 June 2022.

Verisk Maplecroft, *Political Risk Outlook 2022*, 27 June 2022.

Wikileaks, "Wikileaks Public Library of US Diplomacy", 1 February 2008.

Yarosh Dmytro, "Right Sector's Dmytro Yarosh Told 2019 Interview, 'Zelenskyy Will Hang'", *Executive Intelligence Review*, 6 March 2022.

Zaluzhnyi, Valery·Zabrodsky, Mykhailo, "Prospects for guaranteeing the military campaign of 2023: the Ukrainian view", UKRINFORM, 7 September 2022.

Žižek, Slavoj, "Pacifism is the wrong response to the war in Ukraine", *The Guardian*, 21 June 2022.

Zuesse, Eric, "Head of Stratfor, the 'Private CIA', Says Overthrow of Ukraine's Yanukovych Was 'The Most Blatant Coup in History'", *Transcend Media Service*, 22 Dec 2014.; "Why did Vladimir Putin (probably) save Volodymyr Zelensky's life?", *Modern Diplomacy*, 12 March 2022.

---

2. 국내 문헌

고야스 노부쿠니, 이승연 옮김, 『동아 대동아 동아시아: 근대 일본의 오리엔탈리즘』, 역사비평사, 2005.

김광억 외, 『종족과 민족』, 아카넷, 2003.

귀스타브 르봉, 이재형 옮김, 『군중심리』, 문예출판사, 2013.

다케우치 요시미, 서광덕 외 옮김, 『일본과 아시아』, 소명출판, 2004.

마이클 허드슨, 「세계화는 끝났다. 미래의 승자는 중국/러시아다」, 프레시안, 2022.4.3.

존 J. 미어샤이머, 이춘근 옮김, 『강대국 국제정치의 비극』, 김앤김북스, 2017.; 이춘근 옮김, 『미국 외교의 거대한 환상』, 김앤김북스, 2020.

방종관, 「미군도 못 해본 파격…지역분쟁 딱 맞춘 '푸틴 대대전술단' 위력」, 『중앙일보』, 2022.02.15.

사회진보연대 국제이주팀 옮김, 「"평화주의는 선택지가 아니다" 우크라이나전쟁에 대한 에티엔 발리바르 인터뷰」, 레디앙, 2022.3.14.

스티븐 컨, 박성관 옮김, 『시간과 공간의 문화사 1880~1918』, 휴머니스트, 2004.

아돌프 히틀러, 황성모 옮김, 『나의 투쟁』, 동서문화사, 1976.

안드레 군더 프랑크, 이희재 옮김, 『리오리엔트』, 이산, 2003.

에티엔 발리바르, 「난민들과 함께 우크라이나는 이미 사실상 유럽으로 들어왔다」, 웹진 인무브, 2022.3.28.

이유철, 「우크라이나전쟁에서 강행 규범 간 긴장과 권력 질서: 지배의 윤리에서 초월의 윤리로」, 2022(미간행 논문).

이해영, 「'가치외교', 가치의 '전제'」, 『서울신문』, 2021.3.29.

장창준, 「윤석열 정부의 대미, 대북정책과 한반도 평화프로세스」, 학술심포지움 "5·18과 위기의 한반도 평화프로세스: 우크라이나 전쟁 이후 세계질서와 한반도" 발표 논문, 2022.6.25.

『조선왕조실록-광해군일기』.

『조선왕조실록-순종실록』.

즈그비뉴 브레진스키, 김명섭 옮김, 『거대한 체스판(제2판)』, 삼인, 2017.

채수도, 「전전 일본 지정학의 성립과 전개」, 『대구사학』, 제139집, 2020.5.

찰머스 존슨, 이원태 옮김, 『블로우백』, 삼인, 2003.

노엄 촘스키, 「촘스키 "외교 통해 푸틴에게 탈출 기회의 명분을 줘야 한다"」, 프레시안, 2022.6.20.; 「촘스키 "서방의 '선택적 분노'…미국에도 전쟁 범죄자 널려 있잖나"」, 프레시안, 2022.6.21.

카알 폰 클라우제비츠, 김만수 옮김, 『전쟁론(전면완역개정판)』, 갈무리, 2016.

---

3. 유튜브와 트위터

https://twitter.com/Dosmasdos618/status/1558893749878624256(우크라이나 극우에 대한 2022년 8월 15일 기록).

https://twitter.com/NieblaGuerra/status/1536643416720822273?s=20&t=pRXdiF3iu7q7m GS-HiEZhQ (부차 사건에 관한 이탈리아 Sky TG24 방송).

https://twitter.com/NadiaInBC/status/1570173916047642624?s=20&t=Ld9JNmLGw3P-mIEw-gGUJA(우크라이나 지인에게 들은 현지 상황―머리말에 인용).

https://twitter.com/colonelhomsi/status/1531614237172420613(우크라이나전쟁에 대한 아랍 세계의 여론).

https://twitter.com/DerHaidWachst/status/1522503896844931072?s=20&t=-NRfet-c4m8O7

GPAWvcp3w&fbclid=IwAR0GdDwqlFDxepKXqyX7Y1yXCG1HlVydAGWFLtzKEY
Bt1hwWWC8pHmfWGrs(삭제된 계정).

https://twitter.com/RWApodcast(풍부한 전쟁 관련 정보를 제공).

https://www.youtube.com/watch?v=dSKqqw511do(마리우폴 본부 탐사 영상).

https://www.youtube.com/watch?v=FOkwT20PrSc(독일『슈피겔』이 삭제한 아조프제철소
억류 민간인 인터뷰).

우크라이나전쟁과 신세계질서

2023년 2월 3일 1판 1쇄
2023년 6월 30일 1판 3쇄

지은이
이해영

편집	디자인
이진, 이창연, 홍보람	신종식

제작	마케팅	홍보
박흥기	이병규, 이민정, 최다은, 강효원	조민희

인쇄	제책
천일문화사	J&D바인텍

펴낸이	펴낸곳	등록
강맑실	(주)사계절출판사	제406-2003-034호

주소	전화
(우)10881 경기도 파주시 회동길 252	031)955-8588, 8558

전송
마케팅부 031)955-8595, 편집부 031)955-8596

홈페이지	전자우편
www.sakyejul.net	skj@sakyejul.com

블로그	페이스북	트위터
blog.naver.com/skjmail	facebook.com/sakyejul	twitter.com/sakyejul

값은 뒤표지에 적혀 있습니다. 잘못 만든 책은 서점에서 바꾸어드립니다.
사계절출판사는 성장의 의미를 생각합니다.
사계절출판사는 독자 여러분의 의견에 늘 귀 기울이고 있습니다.
이 책은 저작권법에 따라 보호받는 저작물이므로 무단 전재와 무단 복제를 금합니다.

ISBN 979-11-6981-119-4 03300